SNUFF BOTTLES

鼻煙壺

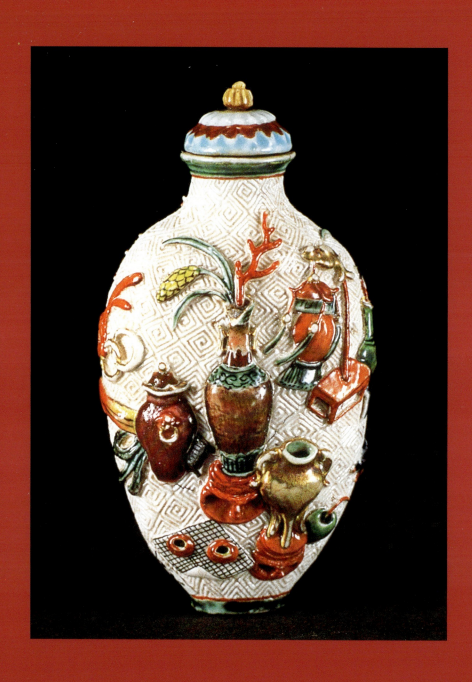

Jürgen Ludwig Fischer

SNUFF BOTTLES

SCHNUPFTABAKFLÄSCHCHEN:
KOSTBARKEITEN
CHINESISCHER KLEINKUNST

Hirmer Verlag München

Für meine Frau Marei

Abbildungen auf der Umschlagvorderseite von links oben nach rechts unten:
»Warzen«-Kürbis-Snuff Bottle, erste Hälfte 19. Jh. – Lapislazuli-Snuff Bottle, 19. Jh. oder später, Ps. Sch. – NEIHUA-Snuff Bottle, Porträt der Kaisermutter bzw. der inoffiziellen Herrscherin Chinas, »Kaiserin« CIXI, der GUANGXU-Periode, erste Hälfte 20. Jh., Ps. Lehmann, Ascona – Aubergine-ocker-tiefblaues, dreifach (!) ummanteltes Überfangglas-Snuff Bottle, 7,4 cm, Hirschdekor (GRC 4.3!), 1750-1780 – Porzellan-Fläschchen (9,7 cm) in Form einer liegenden Dame (MEIREN), GUANGXU-Periode (1875-1908) – »Geschmücktes« (engl. »embellished«) Perlmutt-Snuff Bottle, 5,4 cm, u. a. mit Jade intarsiert, Ende des 19. Jhs. – Keramik-Fläschchen in Form eines Weisen mit hellbrauner Glasur, 19. Jh., Aion, Ascona

Abbildung auf dem Buchrücken:
Saphirblaues, geschnittenes Snuff-Bottle in Form einer glücksbringenden Fledermaus (FU), 1880-1940

Abbildungen auf der Umschlagrückseite von links oben nach rechts unten:
Elfenbein-Snuff Bottle mit flacher Reliefschnitzerei, auf der einen Seite eine chinesische und auf der anderen eine Figurengruppe aus einem Indianer, einem Perser und einer Europäerin (?), 7,4 cm, 1850-1900 – Snuff Bottle mit unterglasurblauroter Porzellan-Malerei, 8,0 cm, KANGXI-Periode, um 1700 – FENCAI-Malerei auf Glas mit Mandarinenten-Paar und Lotos, QIANLONG-Periode (1736-1795) mit eingeschnittenen Vierzeichen-NIANHAO, Palastmuseum BEIJING – Sechsseitig geschliffenes, jadeweißes Snuff Bottle, 6,2 cm, feine Grisaille-Malerei (MOCAIHUA) mit Darstellungen traditioneller, auf der Straße ausgeübter Berufe, MINGUO-Periode – Meisterlich gearbeitetes, großes figurales Silber-Snuff Bottle in Form des Glücksgottes LIUHAI mit dreibeiniger Kröte (SHAN) auf der Schulter und Geldschnüren (CASH), 8,2 cm, frühes MINGUO – Polychrom bemaltes Porzellan mit halbplastischem Dekor BOGUTU (»Altertümer-Überfluß-Design«), QIANLONG-Periode (1736-1795), Palastmuseum BEIJING – Zwei Überfang-Snuff Bottles, 6,6 cm und 5,3 cm, YANGZHOU, 1780-1850

Frontispiz:
Polychrom bemaltes Porzellan mit halbplastischem Dekor BOGUTU (»Altertümer-Überfluß-Design«), QIANLONG-Periode (1736-1795), Palastmuseum BEIJING

Abbildung auf Seite 6:
Hornbill-Elfenbein-Snuff Bottle mit exzellent »weicher« (GUANG) Reliefschnitzerei, Höhe 3,4 cm, frühes 19. Jh.

Bibliographische Information der Deutschen Bibliothek
Die Deutsche Bibliothek verzeichnet diese Publikation in der Deutschen Nationalbibliografie;
detaillierte bibliografische Daten sind im Internet über <http://dnb.ddb.de> abrufbar.

© 2002 Hirmer Verlag, München
Schutzumschlag und Gestaltung: Sabina Sieghardt, München
Lektorat: Dr. Veronika Birbaumer
Produktion: Joachim Wiesinger
Lithographie: Repro Mayer, Reutlingen
Druck und Bindung: EBS Editoriale Bortolazzi-Stei srl, San Giovanni Lupatoto (Verona)
ISBN 3-7774-9580-8
Printed and bound in Italy

INHALT

9 **Vorwort**

15 **1. Einführung**

17 **2. Tabak und Schnupftabak**

25 **3. Geschichte des Snuff Bottles**
34 Mythologische Periode
37 Palastperiode
37 Elitäre Periode
38 Populäre Periode
39 Neuzeit
41 Kleiner Exkurs: Schnupftabakfläschchen, die keine »Snuff Botlles« sind

43 **4. Snuff Bottles aus Glas**
43 Kleine Geschichte des Glases
50 Frühzeit und Entwicklung des Snuff Bottles des Snuff Bottles
55 Herstellung und Dekortechniken
59 Monochrome und gemischtfarbige Snuff Bottles
66 Snuff Bottles mit Emailmalerei
73 Überfangglas-Snuff Bottles
79 Überfangglas-Snuff Bottles aus YANGZHOU
81 Marken
86 Über die besondere Problematik einer periodengemäßen Zuordnung von Snuff Bottles aus Glas

103 **5. Snuff Bottles aus Metall**
103 Snuff Bottles aus Bronze
105 Snuff Bottles aus Gold und Silber
105 Snuff Bottles mit Emailmalerei
110 Cloisonné-Snuff Bottles
113 Marken

117 **6. Snuff Bottles aus Porzellan**
117 Die frühesten Porzellan-Snuff Bottles
119 Herstellung und Dekortechniken
123 Snuff Bottles mit Unterglasurmalerei
127 Snuff Bottles mit Überglasurmalerei

133	Monochromglasierte Snuff Bottles
136	Snuff Bottles mit Mutationsglasuren und Naturmaterial imitierenden Glasuren
136	Typologie der töpferischen Gestaltung
142	Marken
147	Snuff Bottles aus YIXING-Keramik
157	**7. Snuff Bottles aus mineralischem Material**
157	Jade-Snuff Bottles
165	Sonstige Steine für Snuff Bottles
185	**8. Snuff Bottles aus naturorganischem Material**
186	Snuff Bottles aus Bambusholz, anderen Hölzern und Nüssen
189	Elfenbein-Snuff Bottles
196	Horn-Snuff Bottles
197	Flaschenkürbis-Snuff Bottles
200	Lack-Snuff Bottles
207	**9. Snuff Bottles mit Inside-painting**
214	Kurzbiographien bedeutender Inside-Snuff Bottle-Maler
221	**10. Auswahl wichtiger Begriffe, Symbole und Motive und deren Bedeutung für den Dekor des Snuff Bottles**
277	**11. Hinweise und Randbemerkungen für den Sammler**
287	**12. Anhang**
287	Zeittafel der chinesischen Geschichte
288	Snuff Bottle-Perioden der QING-Epoche
289	Regierungsmarken (NIANHAO) der QING-Dynastie
290	Hinweise zur Aussprache chinesischer Begriffe nach dem offizellen PINYIN
291	Das traditionelle chinesische Datierungssystem
293	Kleines deutsch-chinesisches Fachwörterbuch
295	Übertragungstabellen Wade-Giles – PINYIN und PINYIN – Wade-Giles
296	Literaturverzeichnis
304	Register chinesischer Begriffe und Namen
312	Landkarte Chinas mit den bedeutendsten Manufakturzentren zur Geschichte des Snuff Bottles

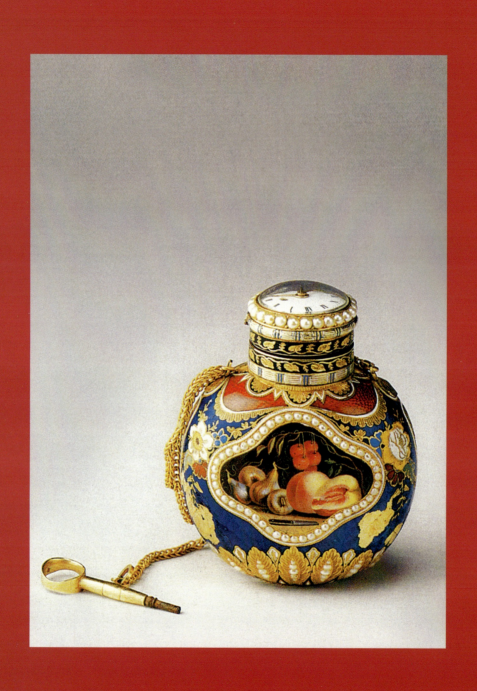

VORWORT

Snuff Bottles oder Schnupftabakfläschchen haben sich in den letzten Jahrzehnten zu dem bedeutendsten Sammelgebiet der chinesischen Kleinkunst entwickelt. Waren sie früher in den Augen europäischer Sammler eher eine Randerscheinung des chinesischen Kunsthandwerks, so sind sie heute Mittelpunkt großartiger Ausstellungen und bedeutender internationaler Auktionen. Die Sammler dieser kleinen Kunstwerke sind durchwegs ästhetizistisch-manische Connaisseurs (eine naher Begriff im Chinesischen lautet Qingguan Yashang, d. h. »der mit klarem Blick des vornehmen Genießers«). Es verbindet sie alle eine zärtliche Affinität mit dem Objekt. Snuff Bottles sind für den Sammler stets Gegenstand immerwährender Freuden des wohltuenden Besitzes, des verzückten Betrachtens und der überraschenden Entdeckungen.

Abb. 2 Elfenbein-Snuff Bottle in Form eines Kranich, QIANLONG-Periode (1736-1795), Palastmuseum BEIJING

Es scheint nun der richtige Zeitpunkt gekommen zu sein, das Augenmerk der Kunstliebhaber noch mehr auf diese einzigartige Kunst zu lenken und vor allem dem Sammler und Händler konkret Informationen anzubieten, die es vermögen, deren Leidenschaft zu verfeinern, beziehungsweise deren Bemühen in erfolgreiche Bahnen zu lenken. Gleichzeitig spiegelt das Snuff Bottle auf vollkommene und umfassende Weise die gesamte chinesische Kleinkunst der letzten dreihundert Jahre wider. Mag der Kunstliebhaber mit diesem Buch zum Sammler werden oder sich nur in die Virtuosität chinesischer Kunstfertigkeit vertiefen – es möge für ihn der Blick in eine ferne Welt nie endender Faszination sein.

Es ist sinnvoll, daß wir generell den englischen, international etablierten Terminus »Snuff Bottle« in diesem Buch verwenden. Das Wort »Schnupftabakfläschchen« ist ein Zungenbrecher, und den Gebrauch eines »Schnupftabakfläschchens« hat es in dieser Form – von einer deutschen, regional-folkloristischen Ausnahme abgesehen – sowohl in der westlichen Hemisphäre als auch in anderen ostasiatischen Ländern nie gegeben. Schnupftabak wurde dagegen seit seiner Verbreitung im 17. Jahrhundert weltweit in kleinen, oft kostbaren Dosen aufbewahrt und auf diese Weise mit sich getragen. Es sollen aber die beiden einzigen, heute noch bekannten, in Europa gefertigten Snuff Bottles nicht unerwähnt bleiben: Es handelt sich um zwei identische, bauchige, aus Kupfer hergestellte Fläschchen, komplett überzogen mit brillantester Emailmalerei in den vor-

Abb. 1 Snuff Bottle mit europäischer Emailmalerei auf Kupfer mit einer Uhr im Verschluß, Geschenk an den Kaiser QIANLONG, wahrscheinlich französische Arbeit, 18. Jh., Natikonalmuseum Taipeh, Taiwan

9

herrschenden kräftigen Farben Blau, Rot und Gold. Beidseitig sind perlenumrandete Medaillons mit Blumen- und Früchtemotiven aufgesetzt; perlengesäumte Verschlüsse in Form einer goldenen Uhr zieren diese einzigartigen Snuff Bottles. Sie waren ein Geschenk Europas an den Kaiser Qianlong (1736-1795). Aus dem Kaiserpalast in Beijing (Peking) in den letzten Bürgerkriegswirren weggebracht, sind sie heute im National Palast Museum in Taipeh auf Taiwan zu besichtigen.

Angesichts des für Außenstehende kaum vorstellbaren heutigen internationalen Stellenwertes des Snuff Bottles als Sammelobjekt, der seinen Niederschlag in unzähligen Ausstellungen, Katalogen bedeutender Sammlungen und Spezialauktionen[1] findet, ist es etwas verwunderlich, daß seit 25 Jahren eigentlich nur ein umfassendes, reich bebildertes, 1976 erschienenes Standardwerk (Nachdruck 1994) in englischer Sprache für den großen Kreis von Sammlern greifbar ist – das von Bob Stevens verfaßte. Längst vergriffen sind die Werke von Perry (1960) und von Moss (1971), Pionieren der Snuff Bottle-Forschung. Ein Büchlein von Kleiner (1994) ist immerhin eine kurze Einführung neueren Datums. In anderen Sprachen gibt es noch einen 1980 erschienenen Führer in Französisch von Viviane Jutheau und in Deutsch und in Vorbereitung in Englisch und Chinesisch das jetzt hier vorliegende einführende Handbuch. Soweit es dem Autor möglich war, den aktuellen Stand zu eruieren, scheint es z. Zt. auch in China fast nur Bildbände mit kurzen Einleitungen, den Katalog des Palastmuseums und wenige kurz gefaßte Bändchen zum Thema »Snuff Bottles« zu geben, abgesehen davon, daß dem nichtchinesischen Sammler diese Literatur nicht zugänglich ist. Dagegen existiert eine Vielzahl von Ausstellungskatalogen bedeutender Privatsammlungen mit mehr oder weniger beschreibenden Texten zu den einzelnen Stücken sowie eine Reihe spezieller Abhandlungen in den »Newsletters« and »Magazines« der »International Chinese Snuff Bottle Society« und der »Snuff Bott-

Abb. 3 Porzellan-Fläschchen (9,7 cm) in Form einer liegenden Dame (MEIREN), GUANGXU-Periode (1875-1908)

1 Im HANSHAN TANG-Books-Katalog (London) Nr. 107/Februar 2002 finden sich allein 147 Titel (!) über Snuff Bottles, von denen 33 Ausstellungs- bzw. Sammlungskataloge und 81 Auktionskataloge sind.

Abb. 4 YINGCAI-Malerei mit roten und grünen Drachen auf craqueliertem Porzellan, 5,8 cm, HONGXIAN-Periode (1916) mit Vier-Zeichen-NIANHAO

le Society Hongkong« und solche von Kaynes und Moss. Als Glanzstück seiner Art mit sehr detaillierten Kommentaren ist das großformatige, zweibändige Werk über die Sammlung J & J von Moss/Graham/Tsang zu erwähnen (1993).

Überraschend ist, daß bisher so gut wie keine Informationen aus authentischen chinesischen Quellen der Qing-Zeit entdeckt werden konnten. Offizielle Historiographien und andere Notizen chinesischer Autoren – ansonsten mit der Detailliebe für amüsante Nebensächlichkeiten nicht sparsam – hellen das Dunkel um die Geschichte des Snuff Bottles kaum auf und überlassen das Feld zweifelhaften Spekulationen. Aus diesem Grunde war es häufig nicht möglich, aus einer umfassenden Literatur zu schöpfen, wie es in anderen Kunstbereichen üblich ist. Weitere Studien und Rückschlüsse ließen die Einführung einer Reihe für die Praxis notwendiger Begriffe, Gliederungen, Hinweise, systematischer Übersichten sowie die Erstellung einer Markensammlung, eines Formenkataloges und eines großen Glossars ratsam erscheinen. Dies alles mit dem Ziel, dem Sammler und Kunsthändler zur Hand zu gehen, aber auch dem kunstinteressierten Leser eine unterhaltsame und inspirierende Lektüre zu bieten.

Snuff Bottles entsprechen in kunsthandwerklicher Sicht weitgehend der chinesischen Kleinkunst der mittleren und späteren Qing-Epoche (ca. 1680-1911), wobei »Kleinkunst« ein hilfreicher europäischer Begriff ist. Deshalb sei dem Leser nahegelegt, sich mit dem kunsthistorischen Umfeld des Snuff Bottles vertraut zu machen (siehe dazu das Literaturverzeichnis).

Fast alle in diesem Buch abgebildeten Fläschchen sind primär als eine textbegleitende Bildinformationen aufzufassen. Sie stammen größtenteils aus einigen internationalen Privatsammlungen, teilweise auch aus chinesischen. Sie sind meistenteils noch nicht publiziert worden und bieten deshalb eine Bereicherung des dem Sammler zugänglichen Bildmaterials. Neben einigen zur Information unerläßlichen Raritäten sind diese gezielt so ausgewählt worden, daß sie der Realität eines in- und ausländischen Marktangebotes entsprechen. Dennoch können aber die Abbildungen immer nur Beispiele einer Kategorie oder Gruppe sein: Die

Abb. 5 Grünes Nephritjade-Snuff Bottle, 19. Jh.

Abb. 6 Zwei vergnügte Chinesen als Porzellan-Fläschchen, Ende 19. Jh., Ps. Sch.

reale Vielfalt an Snuff Bottles ist unermeßlich, der daraus zu schöpfende Reiz deshalb grenzenlos.

Viele der Abbildungen entstanden nach einer speziell vom Autor entwickelten Aufnahmetechnik für Kleinkunstobjekte. Eine kleinere Reihe von sehr seltenen oder ungewöhnlichen Snuff Bottles wurde aus dem Palastmuseum, Beijing, dem National-Palast-Museum, Taipeh, dem Rietberg Museum, Zürich, und mit Erlaubnis der Gallery Hall, London, zur informativen Abrundung in den Bildteil aufgenommen.

Bewußt wurden durchgehend im Text wichtige chinesische Begriffe eingeführt. Sie sollen dem Leser ein Stück Nähe zu Ursprung und Geist der chinesischen Kunst vermitteln, darüber hinaus dem Sammler und Händler ein kommunikatives Handwerkszeug sein. Der nicht mit der Eigentümlichkeit der chinesischen Sprache vertraute Leser möge nicht irritiert sein, daß häufig dasselbe chinesische Wort völlig verschiedene Bedeutungen besitzt. Schließlich kennt die chinesische Schriftsprache – im Gegensatz zur gesprochenen, wortkombinierenden Alltagssprache – nur über 400 einsilbige Wörter mit ca. 50.000 Schriftzeichen und Inhalte, von denen ca. 3000 sehr häufig und weitere 2000 häufig im Alltag verwendet werden. Gelesen hat aber jedes Wort seine spezifische Bedeutung. Aufgrund dieser großen Anzahl an Homophonen entwickelte sich eine überreiche Symbolsprache (Dian), die Dichtung und Kunst in einer für uns unvorstellbaren Weise durchdringt.

Rechte Seite von links nach rechts:

Abb. 7 Polychrom bemaltes Porzellan-Fläschchen in Form einer MEIREN (»Schön-Mensch«), Fuß als Stöpsel, zweite Hälfte 19. Jh., Galerie Sandvoss, Hannover

Abb. 8 Hellblaues Glas-Snuff Bottle (5,1 cm) mit beidseitigen eingeschnittenen Beischlafmotiven (GRC 1.1), eines von ursprünglich zwölf gleichgeformten Fläschchen in zwölf verschiedenen opaken Glasfarben und mit verschiedenen Relief-Darstellungen der von Chinesen favorisierten vierundzwanzig Stellungen, MINGUO-Periode

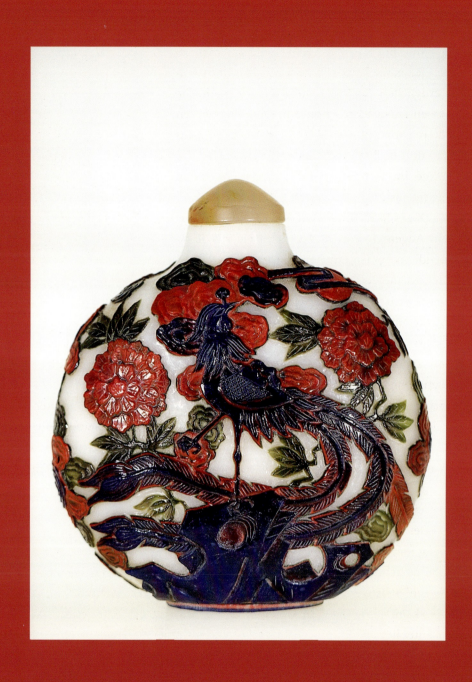

1. EINFÜHRUNG

Snuff Bottles (BIYANHU)² sind Kleinkunstobjekte, die fast alle grandiosen künstlerischen Fertigkeiten der Chinesen in sich vereinen. Die ersten entstanden schon um 1700, die meisten älteren von zeitloser Schönheit erst im 19. Jahrhundert und ein nicht unbedeutender Teil der heute im Handel befindlichen in der ersten Hälfte des 20. Jahrhunderts.

Dieses Buch über Snuff Bottles soll einerseits ein Augenschmaus und andererseits ein Kompendium systematischer Informationen und Übersichten sein. Fast ausnahmslos besteht die in englischer Sprache erschienene Literatur aus Ausstellungskatalogen ausländischer Privatsammlungen, teilweise mit kurzen allgemeinen Einführungen und mit Hinweisen zur Entstehung und Bedeutung der jeweiligen Sammlung. Solche Sammlungen zeigen naturgemäß immer wieder nur seltene oder typologisch sehr nahe stehende Stücke, die für den Großteil der Sammler unerreichbar und unbezahlbar sind. Letzten Endes soll aber Kauf und Besitz eines Snuff Bottles ein urpersönlicher Akt sein, den man sich durch niemanden und durch nichts schmälern lassen darf. Wer so denkt, hat den richtigen Geist eines Kunstfreundes und Sammlers, der von Fortuna begleitet und mit nie nachlassendem Vergnügen belohnt sein wird.

Der Unbedarfte kann sich kaum vorstellen, was ihn bei der Hinwendung zur Kleinkunst des Snuff Bottles an Vielfalt künstlerischer Einfälle und ästhetischer Raffinesse erwartet. Der Kenner und Liebhaber weiß, warum er sich dem Bann dieser kleinen Kostbarkeiten nicht mehr entziehen kann. Daß eine solch einzigartige Kleinkunst in China entstehen konnte, liegt nicht nur an der Neigung des Chinesen, sich an »schönen Dingen« leidenschaftlich zu delektieren und diese zu sammeln, sondern auch an der Geschichte des Tabakschnupfens in China, beziehungsweise an der Koinzidenz zweier Tatsachen: Zum einen war zu Beginn des 18. Jahrhunderts das Tabakschnupfen und die Erfindung des Snuff Bottles ein exklusives Phänomen am kaiserlichen Hof. Zum anderen wurden gegen Ende des 17. Jahrhunderts insgesamt vierzehn kaiserliche Manufakturen innerhalb des Palastbezirkes für die verschiedensten Bereiche der Kunst errichtet, veranlaßt durch den kunstbegeisterten und an allen neuen Kunsttechniken interessierten Kaiser KANGXI (1662-1722). Damit wurde gleichfalls ein einzigartiges kunsthandwerkliches Umfeld für das Snuff Bottle geschaffen.

Abb. 10 Rosarotes Transparentglas-Snuff Bottle in Form eines Elefanten, ca. 1780-1850

Abb. 9 Großes, 12,5 cm hohes Tisch-Snuff Bottle, Überfangglas mit dreifacher grün-rot-blauer Ummantelung, 19. Jh., Ps. Sch.

2 Wörtlich: »Nase-Tabak-Flasche«, mit deutschsprachiger Zunge ausgesprochen: »bi-jaen-chu«, Tonfall: hoch/gleichmäßig/hoch.

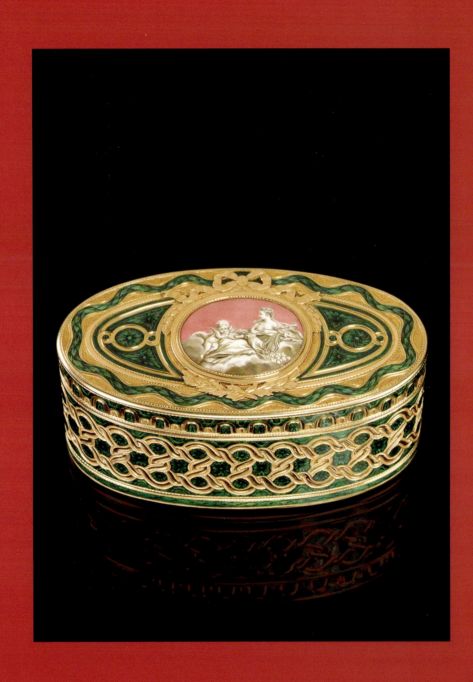

2. TABAK UND SCHNUPFTABAK

Die erste Nachricht von Tabak (YAN, auch mit der Bedeutung »Rauch«) stammt von dem Mönch Romano Pane aus Haiti aus dem Jahre 1496. Dieser soll 1518 Fernandez Cortes Tabaksamen bei dessen Rückfahrt mitgegeben haben. Bekannt ist auch, daß Franzisco Hernandez von König Philipp II. beauftragt worden war, Pflanzen und andere Erzeugnisse aus der »Neuen Welt« zu sammeln und nach Spanien zu bringen. Dazu gehörte sicher auch Tabak. Der französische Gesandte in Lissabon, Jean Nicot – dessen Name prägte den Begriff »Nikotin« und die botanische Bezeichnung der Tabakpflanze »Nicotiana« –, schickte 1561, offensichtlich infolge einiger Experimente mit Tabaksamen, Tabakblätter und auch schon zu Pulver (!) zerriebenen Tabak (»tabac à priser«) nach Paris. Er rühmte die heilende Wirkung des geschnupften Tabaks, so unter anderem als Mittel gegen Erkältungen, Schnupfen und Kopfweh. In Amerika war pulverisierter Tabak bzw. Schnupftabak bisher unbekannt, Tabak wurde dort bislang nur geraucht. Von Paris ausgehend, verbreitete sich der Gebrauch von Schnupftabak zunächst in höfischen und etwas später in bürgerlichen Kreisen. In der ersten Hälfte des 17. Jahrhunderts war Schnupftabak in ganz Europa bekannt und beliebt. In Sevilla war schon gegen Ende des 16. Jahrhunderts eine Schnupftabakfabrik gegründet worden, die Kunden in ganz Europa belieferte. Dieser Schnupftabak wurde als »Spaniol« bezeichnet. Später entstanden Fabriken in Frankreich und Italien und in der ersten Hälfte des 18. Jahrhunderts auch in Deutschland.

Im Laufe des 16. Jahrhunderts wurden der Tabak und das Tabakrauchen, jedoch noch nicht der Schnupftabak, durch Seefahrer und Händler weltweit bekannt. Es ist wahrscheinlich, daß es die Portugiesen als erste europäische Handelsnation in China waren, die die Chinesen, zumindest in Südchina, mit dem Tabakrauchen vertraut machten. Die Portugiesen brachten die Tabakpflanze im letzten Drittel des 16. Jahrhunderts auf die Philippinen und errichteten dort Plantagen. Ungefähr zur gleichen Zeit wurde der Tabak durch Portugiesen und Spanier in Japan eingeführt; er soll bei Nagasaki angepflanzt worden sein. Dies bestätigt auch Thurnberg in seinem Bericht über seine Reise in Japan im Jahre 1775, wobei es sich allerdings nur um geringe Mengen zu handeln schien: »Tabak ward sehr sparsam gebauet. Die Portugiesen haben dieses Kraut zuerst hier eingeführt, und es ist das einzige, was hier noch von ihnen übrig ist. Die Japaner nennen es auch Tobako, und rauchen es aus ganz kleinen metallenen Pfeifen« (aus »Magazin von merkwürdigen neuen Reisebeschreibungen«, 14. Band, Wien 1792, Seite 271). Im gleichen Bericht bestätigt Thurnberg

Abb. 12 Rotes, achtseitig geschliffenes Glas-Snuff Bottle mit farblos-transparentem Überfang, 7 cm, Blütendekorschnitt und Kalligraphie in Normalschrift auf acht Seiten, auf der Basis gravierte Vier-Zeichen-Siegelmarke QIANLONG NIANZHI, 1760-1795

Abb. 11 Feine Goldemail-Tabatière, auf dem Deckel eine Miniatur en grisaille »Die muse Clio mit einem Cupido«, Meistermarke: Mathieu Coincy, 1755 bis nach 1788; Pächterstempel: Jean-Jaques Prevost, 1762-1766, Privatsammlung Ascona

Abb. 13 Kolorierter Kupferstich: »Chinesische Bauernfamilie«, entnommen aus »Gallerie der Menschen«, Dritter Teil, Leipzig 1801, Seite 86

den zumindest medizinischen Gebrauch von Schnupftabak in Japan in dieser Zeit. »Gegen den Schnupfen, den man sich hier zu Land durch den Wechsel der Wärme und des kalten Windes sehr leicht zuziehen kann, gebrauchen die Japaner sehr feinen, beynahe dem spanischen ähnlichen Schnupftabak, den die Chinesen (!) in kleinen grünen(!) durchsichtigen Glasflaschen einführen« (Seite 296). Das Sensationelle an diesem Bericht ist, daß die Chinesen Schnupftabak damals nach Japan exportierten beziehungsweise die Japaner selbst keinen herstellten. Ansonsten scheint das Schnupfen keine wesentliche Bedeutung besessen zu haben. Im übrigen findet sich in seinem Anhang ein kleines Wörterbuch wichtiger japanischer Begriffe, worunter auch das Wort »Schnupftabak« (Fanno tabaco oder Kagi) aufgeführt ist.

Es gibt glaubwürdige Hinweise, daß Ende des 16. Jahrhunderts, das heißt in der WANLI-Periode (1573-1620) der MING-Zeit, der Tabak und das Tabakrauchen, zuerst von Japan über Korea kommend, in der Mandschurei und im nördlichen China eine erste Verbreitung fanden. Tatsache ist, daß das Pfeifenrauchen den Unwillen des letzten Kaisers der MING-Dynastie, CHONGZHEN, auf sich zog, denn 1639 wurde der Handel mit Tabak unter Androhung strengster Strafen erstmals von ihm verboten. Spätestens in der zweiten Hälfte des 17. Jahrhunderts dürfte Tabak dann auch in China angepflanzt worden sein, und zwar auf der Insel Formosa, die damals zur Provinz FUJIAN zählte. Eine ausführliche Zusammenfassung des damaligen Wissens über China mit genauer Beschreibung aller Produkte und Orte des Landes (»Sammlung aller Reisebeschreibungen...« 6. Band, Leipzig 1750, Seite 64) erwähnt noch im Jahre 1750 nur Formosa als Anbaugebiet für Tabak. Spätestens um diese Zeit dürfte man allerdings auch auf der kontinentalen Seite von FUJIAN begonnen haben, Tabakpflanzungen anzulegen.

Die allgemeine Ächtung des Tabakrauchens im 17. Jahrhundert war weltweit eine gesundheitspolitische(!) Entscheidung, nachdem die anfangs behauptete medizinische Wirkung von vielen Regierungen, auch von der Kirche, angezweifelt wurde, so daß schließlich die Befürchtung körperlicher Schäden überwog. Das Rauchen wurde damals als eine Eigenart der unteren sozialen Klasse angesehen. Verschiedene Länder erließen nun Verbote gegen das Tabakrauchen, so unter anderem England und Rußland, ab 1612 Japan, das auch das Tabakkauen untersagte (und wo erst ab 1651 das Rauchen im eigenen Haus gestattet werden sollte), sowie China am Ende der MING-Dynastie. Insgesamt wurde das Tabakrauchen im 17. Jahrhundert von fast allen europäischen Regierungen und von der Kirche hartnäckig so lange bekämpft, bis das Laster eine gewisse fiskalische Größe erreichte. Ab dem 18. Jahrhundert ergaben sich mehr und mehr alle Regierungen den immensen Einnahmen aus der sorgenvoll eingeführten Tabaksteuer, und niemand mußte mehr eine Obrigkeit beim Rauchen und Schnäuzen fürchten.

Abb. 14 Ein europäisches Fläschchen: Kleines, rundes und flaches, reliefgeschnitztes Elfenbein-Fläschchen als Parfümzerstäuber mit Pumpmechanik, auf jeder Seite ein anderes allegorisches Motiv, Frankreich (?), 16. Jh., Ps. Prof. R.R.

Schließlich durchbrach die Lust des Tabakrauchens endgültig alle gesellschaftlichen Schranken. In China wurde nach der Errichtung der QING-Dynastie (1644) das Tabakrauchen immer mehr zu einem Vergnügen der wohlhabenden Bevölkerung. Von den Philippinen importiert, pflanzte man Tabak auf TAIWAN gegenüber der südlichen Provinz FUJIAN erstmals auch in China an. Unbekannt ist, wann die ersten Tabakpflanzungen auf dem Festland in FUJIAN und in der südlichen Nachbarprovinz GUANGDONG errichtet wurden. Jedenfalls konnten schon Anfang des 17. Jahrhunderts sowohl die südlichen als auch die nördlichen Provinzen mit einheimischem Tabak versorgt werden.

Dem Tabak gaben die Chinesen den Namen TANBAKU, eine dem Wortklang des portugiesischen Wortes »tabacco« nachempfundene Bezeichnung. Andere rein chinesische Namen waren YANCAO (»Rauch-

Abb. 15   Snuff Bottle aus fossilem Kalkstein, 5,5 cm, 19./20. Jh.

Kraut«) oder XIANGSICAO (»Kraut der Inspiration«) oder JINSIXUN (»Goldfadenblatt«). Die ganze versteckt-lustvolle Fröhlichkeit des chinesischen Wesens zeigt sich in den Namen, die dem Tabak sonst noch gegeben wurden, wie zum Beispiel »Freund der Muse«, »Kraut der immerwährenden Freude« oder »der Glückseligkeit«, »Blüte des Rauchs«, »Ernährer des Geistes«, »Seelentröster«, »Liebeskraut« usw.

Es ist nicht bekannt, wann wirklich erstmals Tabak geschabt oder gemahlen und dann geschnupft wurde. Es könnte eine Idee von dem schon erwähnten Jean Nicot gewesen sein, und zwar gegen Mitte des 16. Jahrhunderts. Jedenfalls verbreitete sich allmählich, von Spanien und Frankreich ausgehend, die Sitte und Lust des Tabakschnupfens im Laufe des 17. Jahrhunderts über ganz Europa, obgleich das Schnupfen 1624 von Papst Urban, 1650 von Innozenz XII. (nur noch auf die Peterskirche beschränkt) mit dem Kirchenbann belegt wurde, der erst vom leidenschaftlichen »Schnupfer« Benedikt XIII. 1723 wieder aufgehoben wurde.

Im Gegensatz zum Tabakrauchen wurde Tabakschnupfen zunächst eher zu einem Akt der Blasiertheit und des Müßiggangs der oberen Klassen sowie zu einem gesellschaftlichen eitlen Ritual mit der Zurschaustellung edler Tabakdosen. Während eines Gesprächs zu schnupfen vermittel-

Abb. 16   Karneol- (beide links) und Achat-Snuff Bottles, 19. Jh. oder später, Ps. Sch.

te auf elegante Weise Desinteresse und Langeweile. Stevens erwähnt, daß »not to be sneezed at« als eine feste Redensart ausdrückte, ob ein Gespräch als angenehm und interessant empfunden worden war. Im Gegensatz zum Tabakrauchen hielt sich die Überzeugung, daß Schnupfen auch der Gesundheit förderlich sei. Eine in den fünfziger Jahren des 20. Jahrhunderts durchgeführte Umfrage der Firma gebrüder Bernhard in Regensbureg, Hersteller einer Vielzahl von Schnupftabaksorten, ergab tatsächlich, daß langjährige Schnupfer in zunehmendem Alter weitgehend keine Brille benötigten, »von Grippeepidemien verschont geblieben sind, daß sie von Kopfschmerzen, Augenleiden, Stirnhöhlenkatarrh, Bronchitis und Schlaflosigkeit geheilt wurden und daß sie Linderung für nervöse Beschwerden aller Art gefunden haben«.

Abb. 17   Kugelfläschchen mit Unterglasurblau-Malerei, auf HUASHI-Porzellan mit »Hundert-Knaben«-Dekor (BAIHAI), 19. Jh.

Was liegt nun näher, um kurz die Herstellung des Schnupftabaks zu beschreiben, als eine Quelle zu benützen, die für den Zeitrahmen, in dem wir uns bewegen, am authentischsten ist: »Die Fabrikation des Schnupftabaks erfordert die meiste Arbeit. Man wählt dazu die dicken, fetten und dunkelfarbigen Blätter aus, die entweder gleich roh in Pulver verwandelt und dann erst gebeizt, oder im ganzen Zustande sauciert, dann zu Stangen gebildet, welche man zu spindelförmigen Körpern, sogenannten Karotten, zusammenpreßt und hernach rappirt, d.h. durch eine Reibevorrichtung in ein gröbliches Pulver verwandelt werden. Die Beize für den Schnupftabak soll nicht nur den natürlichen Geruch des Tabaks heben, sondern auch der Waare einen angenehmen Reiz und die nöthige Flüchtigkeit ertheilen. Die gewöhnlichen Materialien für die Schnupftabakbeize sind: Kochsalz, Salmiak, Potasche, Salpeter, Weinstein, Essig, Wein, Most, Honig, Citronensaft, Tamarinden, Rosinen, Zimt, Wacholderbeeren, Feilchenwurz, Kalmus, Lobeerblätter, Tonkabohnen, Süßholz, Rosenwasser, ätherische Öle und dergleichen. Die verschiedenen Schnupftabaksorten erhalten verschiedene Namen.« (Aus W. Binder, »Allgemeine Realencyclopädie oder Conversationslexicon für das katholische Deutschland«, Regensburg 1848, 9. Band, Seite 1048)

Schnupftabak wurde also auf verschiedene Weise hergestellt. Im 17. und zu Beginn des 18. Jahrhunderts handelte man Schnupftabak meist in gepreßten Stangen und Spindeln (»Karotten«), die dann portionsweise vom Schnupfer selbst mit einem Tabakschaber, das heißt einem speziellen Reibeisen, in schnupfbereite Form zubereitet (»rapiert«) wurden. Diese Tabakschaber sind heute sehr seltene Sammelobjekte. Sie wurden im 18. Jahrhundert aus Elfenbein – berühmt ist die französische Hafenstadt Dieppe (Haute Normandie), die damals wichtigster Importhafen für Elfenbein in Europa war –, aus Fruchthölzern und anderen Hölzern, aus Email und aus Porzellan hergestellt und waren oft prachtvoll geschnitzt, intarsiert oder bemalt. Später wurde Schnupftabak in zerkleinerter Form aber auch weiterhin in verschiedenen festen Konsistenzen im Handel angeboten. Dieser nur leicht feuchte, klassische Schnupftabak unterscheidet sich von dem im Laufe des 19. Jahrhunderts entwickelten »moderneren« Typ (siehe oben) insofern, als die Herstellung weniger aufwendig war und der Tabak häufig weder fermentiert noch aromatisiert wurde. Im allgemeinen wird Schnupftabak (»Snuff« ist heute hierfür der internationale Begriff) heute hergestellt, indem man den schon fermentierten Tabak mit einer geschmacksbestimmenden Sauce anfeuchtet und ihn dann nochmals einer Fermentierung unterzieht. Die Zusammensetzung der Saucen und sonstigen zugemischten Aromen – wichtigstes Fabrikationsgeheimnis des Herstellers – und der kontrollierte Verlauf der Fermentierung sind die ausschlaggebenden Faktoren für Qualität und Sortenspezifikation. Es gibt Sorten, die erst nach Jahren der Lagerung und Fermentierung die gewünschte Qualität erreichen und entsprechend hoch geschätzt werden. Danach wird der Tabak mit Stampf- und Wiegemessern zerkleinert, gemahlen und schließlich mit aromatisierten Saucen nochmals angefeuchtet oder mit Ölen vermischt. Während er heute in mehr oder weniger kleinen Verpackungen gebrauchsfertig in den Handel kommt, wurde er früher in verschieden großen Fässern aufbewahrt und erst vom Händler in gewünschten Portionen an den Verbraucher verkauft. Die älteste deutsche Schnupftabakfabrik wurde 1733 von den aus dem Elsaß stammenden Gebrüdern Bernard in Offenbach gegründet. Sie existiert noch heute in Regensburg und exportiert unter anderem ihren Schnupftabak nach China (!) und Thailand. Der größte Hersteller von »Snuff« ist zur Zeit die 1902 gegründete Firma Alois Pöschl bei Landshut. Sie beherrscht den Weltmarkt mit einem Anteil von ca. 40% mit dem Export in 40 Länder, in Deutschland beträgt der Marktanteil nach Pöschl ca. 87% von einer Gesamtproduktion von ca. 340.000 kg (1997).

Abb. 18 Originalverpakkung des »letzten« chinesischen Schnupftabaks, Ende MINGUO

Der chinesische Schnupftabak, der in China nicht mehr im Handel zu finden ist, jedoch vom Autor in alten Originalverpackungen und alten Snuff Bottles entdeckt werden konnte, besteht aus einem relativ trockenen und vor allem staubfeinen Tabakpulver, dem teilweise Gewürze und Kräuter zugesetzt wurden. Ein ähnlicher Schnupftabak wird heute noch aus

Indien nach Tibet exportiert. Schnupfen ist gegenwärtig in China so gut wie unbekannt, nur bei Randvölkern in Tibet, in YUNNAN und in der Inneren Mongolei soll sich dieser Brauch teilweise erhalten haben.

Wann Schnupftabak erstmals nach China kam, ist sehr umstritten. Der Versuch, die Anfänge des Tabakschnupfens auf ein sehr frühes, bis heute allerdings nirgends belegtes Datum festzusetzen, liegt in der Annahme begründet, einige datierte und signierte Bronzefläschchen aus den Jahren 1644-1653 würden dies schon zu Beginn der QING-Dynastie beweisen. Auch könnte es einen frühen Gebrauch des Schnupftabaks unter den aus dem Norden in China eingedrungenen Mandschu-Kriegern und Gründern der QING-Dynastie gegeben haben. Doch warum sind dann keine noch vor Ende der MING-Dynastie entstandenen Snuff Bottles aus diesen Regionen bekannt?

Abb. 19 Chalcedon-Snuff Bottle, 1780-1820

Jedenfalls hielt in China ein kultiviertes, aber exzessives Genießen des Schnupftabaks erst im Laufe des 18. Jahrhunderts seinen Einzug. Ende des 19. Jahrhunderts wurde dieser recht abrupt von der einem süchtigen Vergnügen mehr dienenden Zigarette (XIANGYAN) abgelöst. Natürlich zeichnete sich dieser Wechsel zunächst in den Städten ab; auf dem Lande dagegen blieb Pfeifenrauchen und Schnupfen noch für eine längere Zeit die wichtigste Form des Tabakgenusses, wie Filchner in seinem Bericht über seine Reise durch China noch im Jahre 1903 feststellte. (»Männer und Frauen aller Klassen sind leidenschaftliche Raucher; ebenso verbreitet ist das Schnupfen«, aus Wilhelm Filchner, »Tschung-Kue«, Berlin 1925, Seite 150).

3. GESCHICHTE DES SNUFF BOTTLES

鼻煙壺 Ein Snuff Bottle (BIYANHU) wurde aus den unterschiedlichsten Materialien hergestellt. Es handelt sich um einen ca. fünf bis acht Zentimeter kleinen, wasserdichten, häufig flaschenartigen Behälter mit einer engen Öffnung, die durch einen Stöpsel (HUSAI, englisch »stopper«) verschlossen wird. Dieser setzt sich unterseitig aus einem Korkpfropfen mit einem schmalen Elfenbein-, Knochen- oder Metalllöffelchen und oberseitig aus einem halbkugelförmigen Oberteil aus Halbedelstein, Glas, Silber oder aus dem gleichen Material wie dem des Fläschchens zusammen. So gut wie nie tragen ältere Fläschchen heute noch den ursprünglichen Stöpsel. Sie gingen entweder verloren oder wurden ausgetauscht. Da sie fast alle neueren Datums und meist von gewöhnlicher Qualität sind, sollte man sie für eine Zuordnung des Snuff Bottles zu einer Periode grundsätzlich außer acht lassen.

Mit dem winzigen Löffelchen wurde der Tabak wann immer gewünscht auf den leicht angefärbten Schnupferhandrücken oder zu Hause auf ein winziges, schlichtes Tellerchen aus verschiedenen Materialien akkurat plaziert und dann von dort mittels Daumen dem Nasenloch herzhaft zugeführt. Noch heute wird in der medizinischen Terminologie der Teil des Handrückens zwischen Daumen und Zeigefinger als »Tabatière« bezeichnet. Deutscher Erfinderdrang kreierte Ende des 19. Jahrhunderts die Kuriosität einer »Handschnupfmaschine« aus Holz mit einer Federzugvorrichtung, die den Schnupftabak mit einem kräftigen Luftstoß in die Nase blies und bei häufigem Gebrauch in der Folge eine zunehmend bräunliche Gesichtsfärbung hervorrief.

Abb. 21 Kleines Chalcedon-Fläschchen mit Silbermontur und plastischem Relief, den Unsterblichen LAN CAIHE darstellend, 19. Jh.

Linke Seite

Abb. 20 Kugeliges Überfangglas-Snuff Bottle, mit schwarz-rotem Doppelüberfangglas (SHUANGTIAO-LIAO), QIANLONG-Periode, ca. 1750-1780, Ps. Sophie LIN, China

Abb. 22 Verschiedene Snuff Bottle-Stopper mit Löffelchen, 19. und 20. Jh.

Abb. 23 Elfenbein-Holz-Snuff Bottle, wahrscheinlich mongolisch, 19. Jh.

Im Grunde wurde ein Fläschchen (Hu) dann als »Snuff Bottle« bezeichnet, wenn es für Schnupftabak oder andere zu schnupfende Substanzen Verwendung fand oder hierfür vorgesehen war. Zur Gattung der Snuff Bottles zählt man auch alle sonstigen Fläschchen, ursprünglich gefüllt mit pulveriger Medizin oder mit Arzneikügelchen, da eine Unterscheidung weder sinnvoll noch ernsthaft möglich ist. Im übrigen wurden in den ersten Jahrzehnten des 20. Jahrhunderts in den Ateliers von Fabergé und Cartier vereinzelt chinesische Achat- und Chalcedon-Snuff Bottles aus dem 19. Jahrhundert zu Taschenparfümfläschchen mit einem kostbaren Verschluß umfunktioniert.

Snuff Bottles wurden entweder am Gürtel in seidenen Beutelchen oder in den als Tasche dienenden, traditionell überlangen Ärmeln der chinesischen Gewänder am Körper getragen. Im 19. Jahrhundert wurden deshalb diese die Hände völlig bedeckenden Ärmel von den Chinesen auch scherzhaft als »Ärmel voller Schnupftabak« bezeichnet.

Der tatsächliche Beginn des Tabakschnupfens in China (XIBYAN[3], englisch »snuff-taking«) und – damit einhergehend – Idee und Gebrauch des Snuff Bottles liegen weitgehend im dunkeln. Die wenigen Hinweise und Notizen chinesischer Autoren erweisen sich bei näherer Betrachtung eher als Vermutungen oder Legenden. Trotzdem sollen nachfolgend vorsichtige Schlußfolgerungen gezogen werden, die einige Aspekte erhellen mögen, welche bisher in der Literatur im Nebulösen geblieben sind.

Der früheste, einzige und scheinbar »handfeste« Hinweis, der gerne von Autoren als Beleg des frühen Tabakschnupfens angeführt wird, ist – wie bereits erwähnt – eine kleine Reihe bronzener, floral gravierter und sehr seltener Fläschchen. Sie sind alle von einem CHENG RONGZHANG signiert und mit Datierungen aus den Jahren 1644-1653 versehen: aus einem Zeitraum, der mit der Periode des ersten Kaisers der QING-Dynastie, SHUNZHI (1644-1661), zusammenfällt. Danach aber scheint das Tabakschnupfen und der Gebrauch von Snuff Bottles zu einem »schlafenden Drachen« geworden zu sein. Weder wurde die Verwendung von Schnupftabak bis 1684 (siehe unten) und damit die Benutzung von Snuff Bottles bis zum Beginn des 18. Jahrhunderts in der chinesischen Literatur erwähnt oder auf Bildern gezeigt, noch sind bis heute aus dieser Zeitspanne weitere Fläschchen entdeckt worden. Es fällt deshalb schwer zu glauben, daß angeblich am Ende des 17. Jahrhunderts die kurzlebige Sitte des Schnupfens der SHUNZHI-Periode plötzlich wieder aus der Geschichtslosigkeit auftauchte. Tatsache ist, daß erst aus der Zeit um 1700 einige sehr seltene Snuff Bottles aus Glas und

[3] Weitere humorige Begriffe sind: »Lust des Schnupfens«, XINGXIBIYAN, »Lust-einatmen-Schnupftabak« oder im Sinne einer »zügellosen Lust«, YINGXIBIYAN, und »Lust des Niesens« (XINGTIPEN) oder im »heftigen« Sinne, XINGTATIPEN.

aus Porzellan erhalten geblieben sind, deren Authentizität von keiner Seite angezweifelt wird.

Es wird vermutet und teilweise auch behauptet, daß die Sitte des Tabakschnupfens schon im 16. Jahrhundert von Seeleuten bei den Mandschus aus dem heutigen Nordostchina verbreitet wurde; diese überrannten bekanntlich China 1644 und gründeten die QING-Dynastie. Auch diese Annahme ist sehr unwahrscheinlich. Bekannt ist hingegen die Tatsache, daß der nach China importierte Tabak aus den Philippinen (seit Mitte des 16. Jahrhunderts) und aus Japan (seit Ende des 16. Jahrhunderts) in typischen langstieligen Pfeifen (YANDAI) mit kleinen Pfeifenköpfen (YANGUO) geraucht wurde – dies zumindest schon während der WANLI-Periode (1573-1620) der MING-Dynastie. In diesen beiden Ländern wurden im 16. Jahrhundert von portugiesischen Händlern Tabakplantagen angelegt. Bekannt ist auch, daß das Tabakrauchen vom letzten MING-Kaiser CHONGZHEN (1628-1643) heftig bekämpft wurde, wobei sogar dem Verkäufer von Tabak die Enthauptung mit Zurschaustellung des Kopfes angedroht wurde. Dagegen war Schnupftabak offensichtlich völlig unbekannt. Die erwähnten Bronze-Fläschchen allein können kaum der Beweis für das Tabakschnupfen in dieser Zeit sein. Das erste historisch gesicherte Datum von der Existenz von Schnupftabak in China ist das Jahr 1683/1684: Einem offiziellen Bericht zufolge erhielt der Kaiser KANGXI (1662-1722) in NANJING anläßlich seiner Inspektionsreise Geschenke von zwei Jesui-

Abb. 24 Zwei Silber-Snuff Bottles, links: Kürbisform, rechts: Drachenrelief, 6,6 cm, 19. Jh.

Abb. 25 Bernstein-Snuff Bottle, Ende 18. Jh., Galerie Sandvoss, Hannover

ten, die er alle, mit Ausnahme des Schnupftabaks (!), höflich zurückwies. Dieses Datum soll deshalb als Stichtag gelten, an dem Schnupftabak mit Sicherheit in China Eingang fand. Man darf nun davon ausgehen – alle Informationen aus dieser Zeit bestätigen dies –, daß die Sitte des Tabakschnupfens zunächst für längere Zeit auf die kaiserliche Familie und deren naher Umgebung beschränkt blieb. Interessant ist in diesem Zusammenhang auch eine Importliste aus dem Jahre 1687 über Waren aus Japan für den kaiserlichen Hof: Daraus geht hervor, daß auch Tabak, der möglicherweise zu Schnupftabak verarbeitet wurde, importiert worden war.

Von chinesischem Schnupftabak ist erstmals bei dem Literaten WANG SHIZHEN (1634-1711) die Rede, der 1705 festhielt, Tabak aus den Philippinen (!) werde in BEIJING zu Schnupftabak verarbeitet und in »Glasfläschchen« aufbewahrt. Belegt ist auch, daß KANGXI 1703 den Hofbeamten GAO SHIQI und WANGHAO jeweils ein Snuff Bottle aus seinem Besitz schenkte. Diese erstmalige Überlieferung von Snuff Bottles und die Erwähnung, sie seien aus Glas, schließt mit einer gewissen Wahrscheinlichkeit aus, daß es zu diesem Zeitpunkt schon Snuff Bottles aus anderen Materialien gab, abgesehen von einigen aus Porzellan. Bis dahin waren Schnupftabakdosen (BIYANHE) in Gebrauch, die weiterhin für eine kurze Zeitspanne noch neben den aufkommenden Snuff Bottles existierten. Die Aussage von WANG dokumentiert endgültig die so geniale »Erfindung des Snuff Bottles«, das heißt die Herstellung von Fläschchen ausschließlich zur Aufbewahrung von Schnupftabak: Sie kann nur kurz vor dem Ende des 17. Jahrhunderts stattgefunden haben, da bekanntlich KANGXI (1762-1722), ein großer Liebhaber und Förderer der Künste und des Kunsthandwerks, erst 1696 eine Werkstätte für Glas und erst 1713 eine für Emailarbeiten einrichten ließ. Die frühesten Snuff Bottles mit Emailmalerei dürften aus dieser Zeit stammen. Insgesamt wurden ab 1680 vierzehn verschiedene Manufakturen innerhalb des Palastbezirkes unter der Leitung des ZAOBANCHU (»Amt für kaiserliche innere Angelegenheiten«) für den kunsthandwerklichen Bedarf des kaiserlichen Haushaltes von KANGXI gegründet. Unter YONGZHENG (1723-1735) erfolgte die zusätzliche Einrichtung einiger Werkstätten, wie zum Beispiel für Glas und Emailarbeiten, in dem bei BEIJING gelegenen Sommerpalast YUANMINGYUAN (1860 durch englisch-französische Truppen geplündert und zerstört). In der Regierungszeit von QIANLONG (1736-1795) gab es sogar zeitweise dreißig Manufakturen. Die Handwerksbetriebe für Glas und Emailmalerei standen einige Zeit europäischen Jesuiten, die als Missionare nach China gekommen waren, zur

Seite. Glas soll teilweise bis Anfang der QIANLONG-Periode (1736) nach einer fehlerhaften europäischen Rezeptur hergestellt worden sein: Dabei führte ein versehentlich zu großer Alkaligehalt zu unschönen Trübungen und einer »pudrigen« Oberfläche. Emailmalerei auf Kupfer dagegen war bekanntlich eine rein europäische Erfindung, die Mitte des 15. Jahrhunderts aus Flandern kam und im 16. Jahrhundert (unter anderem in Limoges) zur höchsten Blüte gelangte. Es ist deshalb kein Zufall, daß die frühesten und heute seltensten Snuff Bottles aus monochromem Glas oder aus Kupfer mit Emailmalerei sind. Die Zahl der damals gefertigten Snuff Bottles dürfte noch sehr gering gewesen sein. Überhaupt kann diese Zeit als eine Periode des Experimentierens betrachtet werden. Nach wie vor dürfte das Schnupfen weitgehend auf das Umfeld der kaiserlichen Familie beziehungsweise auf den Palastbezirk und auf hohe Beamte der Provinzregierungen beschränkt gewesen sein. Bemerkenswert ist, daß noch in den zwanziger und dreißiger Jahren des 18. Jahrhunderts unter den Gaben europäischer Herrscher an den chinesischen Kaiser Schnupftabak den Rang eines königlichen Geschenkes innehatte. So auch im Falle der 1727 dem Kaiser YONGZHENG und 1739 dem Kaiser QIANLONG überreichten Geschenke durch den König von Portugal – nicht zuletzt eine wertvolle Zuwendung wegen der damit verbundenen kostbaren europäischen Tabaksdosen.

Abb. 26   Glas-Snuff Bottle, goldgesprenkelt (Aventurin-Imitation), 1780-1820, Ps. Sch.

Im übrigen wird in chinesischen Quellen berichtet, daß zweimal jährlich von der Süd-Provinzregierung GUANGDONG »Schnupftabak schon von dem letzten Drittel der KANGXI-Periode an« (!) bis gegen Ende der QING-Dynastie in Form von jeweils zwei Kisten mit acht Gefäßen als Tribut an den Hof geschickt wurde. Aus derselben Provinz notierte aber noch 1752 der Schiffsarzt Osbeck während seines Aufenthaltes in GUANGZHOU (Kanton), daß die Chinesen (dort) weder Tabak kauen noch schnupfen, sondern diesen nur rauchen!

Abb. 27   Achat-Snuff Bottle, 1780-1820, Galerie Sandvoss, Hannover

Das Tabakschnupfen begann sich erst allmählich gegen Mitte des 18. Jahrhunderts in BEIJING innerhalb der gebildeten und wohlhabenden Kreise auszubreiten, um dann bis Ende des Jahrhunderts von Norden her ganz China zu erreichen. Dies bezeugt auch eine Bemerkung von J.A.E. Löhr in seinem fünfbändigen Werk aus dem Jahre 1815 »Die Länder und Völker der Erde« (Band »Asien« S. 203): »Schnupftabak scheint nur bei sehr Vornehmen im Gebrauch zu seyn, die ihn in Gläsern, statt der Dosen, führen und auf den Rücken der Hand schütten, um ihn mit der Nase einzuziehen.« Geht man davon aus, daß solche Informationen in der damaligen Zeit sicher erst zwanzig Jahre später Erwähnung fanden, dann ist dies ein

Beleg, daß das Tabakschnupfen in breiten Bevölkerungskreisen erst gegen Ende des 18. Jahrhunderts Eingang fand. Außerdem ist dies ein seltener Hinweis, wie das Tabakschnupfen – für Europäer nicht verwunderlich – auch in China gehandhabt wurde. Auch in der höfischen Malerei erscheinen beiläufig immer häufiger Snuff Bottles, wie zum Beispiel die Darstellung eines rubinroten Snuff Bottles auf einem Porträt der Lieblingskonkubine des Kaisers YONGZHENG, die Robert Kleiner erwähnt. Ab der zweiten Hälfte des 18. Jahrhunderts wurden Snuff Bottles zu hoch geschätzten und kostspieligen Sammelobjekten der wohlhabenden Bevölkerung.

Snuff Bottles aus verschiedenen Materialien wurden im Laufe des 18. Jahrhunderts an unterschiedlichen Orten produziert: Dazu zählen seit

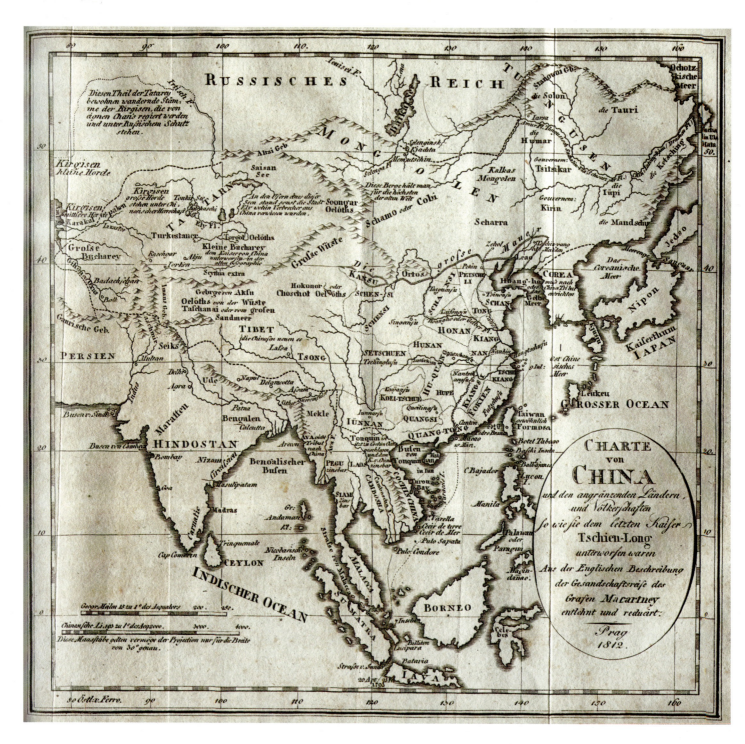

Abb. 28 Alte Landkarte von China, entnommen aus »Neueste Länder- und Völkerkunde«, Band 12 (Asien), Prag 1812, Seite 138

Abb. 29 Kolorierte Lithographie, von links: Chinesischer Beamter, Kaiser und buddhistischer Lama, entnommen aus »Vollständige Völkergallerie«, Meissen 1830/40

1710 – wie ein Bericht an den Hof beweist – Porzellan-Snuff Bottles in Jingdezhen, dem Porzellanzentrum Chinas seit der Yuan-Dynastie (1268–1379), Achat- und schwarz-weiße Jade-Snuff Bottles in Suzhou, sowie seit der Mitte des 18. Jahrhunderts Snuff Bottles mit Emailmalerei in Guangzhou (Kanton) und spätestens gegen Ende des 18. Jahrhunderts Glas-Snuff Bottles in Yangzhou und in Zibo (Shandong).

Im 19. Jahrhundert erreichte das überall und in allen Schichten ausgeübte Tabakschnupfen seinen Höhepunkt, und das Sammeln von Snuff Bottles wurde bedenkenlos zur Leidenschaft für jeden, der es sich leisten konnte. Aus dieser Zeitspanne stammt der Großteil der älteren, heute im Handel anzutreffenden Snuff Bottles. Während in der ersten Hälfte des 18. Jahrhunderts monochrome und reliefgeschnittene, seltener mit Schmelzfarben (Emailfarben) bemalte Glas-Snuff Bottles und Email-Snuff Bottles neben solchen aus Nephritjade vorherrschten, gewannen in der zweiten Hälfte des 18. Jahrhunderts mehr und mehr Überfangglas- und Mischglas-Snuff Bottles, Porzellan-Snuff Bottles und Snuff Bottles aus Achat/Chalzedon, Bernstein und Jadeit neben Nephrit an Bedeutung. Andere Materialien wurden bis dahin nicht oder nur vereinzelt verarbeitet. Erst im 19. Jahrhundert entwickelte sich eine breite Palette aus den verschiedensten Materialien und Steinen, wenn sie auch nie insgesamt stückzahlmäßig der Bedeutung von Glas, Porzellan, Achat/Chalzedon

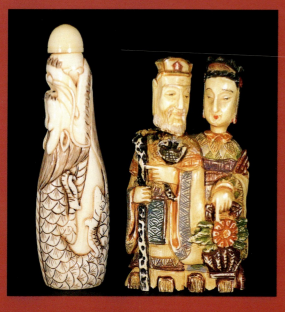

und Jade nahekam. Von da an konnten sich der verspielte Einfallsreichtum und die kunsthandwerklichen Fähigkeiten der Chinesen grenzenlos entfalten – eine Tatsache, die heute dem Sammler eine faszinierende Vielzahl von Perspektiven und Spezialisierungen möglich macht. Es dominierten jetzt Porzellanfläschchen, bemalt mit Emailfarben oder Unterglasurfarben, sowie prachtvolle Glasfläschchen mit farbigem, in Relief geschnittenem Überfang. Erst gegen Ende des 19. Jahrhunderts, dann endgültig mit dem Untergang der QING-Dynastie 1912 beziehungsweise der Gründung der Republik (MINGUO) kam das Tabakschnupfen fast schlagartig aus der Mode, so daß sich in China das Sammeln von Snuff Bottles von nun an auf einen kleinen Kreis reiner Kunstfreunde beschränkte. Die Innenglasmalerei von Snuff Bottles, eine späte Kategorie für sich, erlangte erst gegen Ende des 19. Jahrhunderts und im Laufe des 20. Jahrhunderts eine größere Bedeutung. Solche Fläschchen waren nie Behältnis für Schnupftabak, sie waren das Medium für eine faszinierend kunstfertige Maltechnik.

Versucht man die Gesamtheit des Marktes beziehungsweise der hergestellten Snuff Bottles der letzten zweihundert Jahre zu überblicken, so läßt sich quantitativ eine ungefähre Reihenfolge von Kategorien feststellen:

Überfangglas (einfach), Achat/Chalzedon, Überfangglas (mehrfach), Porzellan, Nephrit/Jadeit, Innenglasmalerei (20. Jh.), Monochromglas, Bernstein, YIXING-Keramik, sonstige Steine aller Art sowie verschiedene Materialien, wie Lack, Elfenbein, Bambus, Emailmalerei (Kupfer und Glas).

Abb. 33 Zwei JIAOLIAO-Snuff Bottles, 6,5 cm / 7,0 cm, 1780-1850

Die **Geschichte des Snuff Bottles** läßt sich insgesamt in folgende Perioden einteilen:

Mythologische Periode	SHENMIQI	1644-1684
Palastperiode	GONGTINGQI	1684-1740
Elitäre Periode	SHANGLIUQI	1740-1780
Populäre Periode	DAZHONGQI	1780-1912
Neuzeit	JINQI:	
	MINGUO-Periode (Republik)	1912-1949
	RENMIN-Periode (Volksrepublik)	ab 1949

Linke Seite von links oben nach rechts unten

Abb. 30 Drei Perlmutt-Snuff Bottles, 19. Jh., zwei davon Ps. Sch.

Abb. 31 Zwei japanische Elfenbein-Snuff Bottles, links als Drache, Ende 19. Jh., rechts als Figurenpaar, koloriert, erste Hälfte 20. Jh. Ps. Prof. R. R.

Abb. 32 Überfangglas-Fläschchen, 1760-1820

Mythologische Periode (SHENMIQI 1644-1684)

神秘期

Außer der schon erwähnten kleinen Reihe von datierten und mit schlichtem Dekor versehenen Bronzefläschchen aus den Jahren 1644 bis 1653 ist bis zur Gründung der kaiserlichen Werkstätten Ende des 17. Jahrhunderts kein einziges Fläschchen, welches für die Aufbewahrung von Schnupftabak hätte dienen können, bekannt. Erst in der späten KANGXI-Periode entstanden nachweislich die ersten Snuff Bottles aus Glas (frühestens gegen 1700), aus Kupfer mit Emailmalerei (ab 1713), aus Porzellan mit Unterglasurmalerei (um 1700) und aus in einem Model formgewachsenen kleinen Flaschenkürbissen. Der Gebrauch von Schnupftabak und möglicherweise schon von Schnupftabakfläschchen in China ist zumindest bis 1684 als nicht bewiesen anzusehen. Deshalb bezeichnen wir diese Zeitspanne als »mythologisches Zeitalter« (SHENMIQI) des Snuff Bottles. Auch die kuriose Nachricht des großen holländischen Fernost-Reisenden Tavernier um die Mitte des 17. Jahrhunderts, daß in Tibet der »Unflath« des Dalai-Lama als »große Rarität« getrocknet und pulverisiert in »Büchsen« aufbewahrt, von den Vornehmen des Landes »geschnupft« (das Schnäuzen dürfte bei dieser heiligen Materie tunlichst vermieden worden sein) oder für eingeladene Freunde über das Essen gestreut wurde, dürfte nichts erhellen. Von Schnupftabak kann wohl nicht gesprochen werden, jedoch interessanterweise von der damals nicht fremden »Idee des Schnupfens«. Möglicherweise ist dies ein Hinweis, daß im 17. Jahrhundert oder früher im chinesischen Machtbereich schon vereinzelt Gewürze und andere als Medizin erachtete Substanzen »geschnupft« wurden. Doch konkret weiß man wieder nichts. Ungeachtet all dessen zitiert der chinesische Autor DENG YOUMEI im ersten Kapitel seines spannend zu lesenden, in deutscher Sprache vorliegenden Romans »Das Schnupftabakfläschchen« die nirgends belegte Behauptung von ZHAO ZHIQIAN in dessen Buch über Schnupftabak aus dem Jahre 1869 (!), daß im neunten Jahr der Regierung WANLI der MING-Dynastie, also 1582, der Schnupftabak von dem europäischen Missionar und Jesuiten Matteo Ricci nach China gebracht worden wäre! Bekanntlich durfte Ricci bis 1601 BEIJING nicht betreten, und die uns überlieferte Aufzählung seiner Geschenke beinhaltete weder eine Tabakdose noch eine »Prise« Schnupftabak. Überhaupt wurde in Europa das Tabakschnupfen erst im Laufe des 17. Jahrhunderts populär, und warum sollte ausgerechnet ein jesuitischer Missionar dem Schnupftabak eine solche Bedeutung beigemessen haben, um ihn dem Kaiser als Geschenk anzubieten? Völlig kurios ist jedenfalls auch DENGS Behauptung, daß von der Regierung WANLI (1582) an bis zu der Regierung QIANLONG (1736-1795) »der Schnupftabak sein goldenes Zeitalter [erlebte] und jedermann am Hof wie im Volk, Alt oder Jung, ihm ergeben war. Wer in dieser Zeit nicht schnupfte, wurde [...] als alter Narr angesehen.« Mit Sicherheit haben ZHAO und DENG Tabak mit Schnupftabak historisch durcheinandergeworfen und 200 Jahre zu früh das »goldene Zeitalter« des Tabakschnupfens angesetzt. Wäre im übrigen der Gebrauch

Abb. 34 Kürbisförmiges Snuff Bottle mit Rochenhaut überzogen, 19. Jh., Galerie Sandvoss, Hannover

des Schnupftabaks in China für die Zeit von 1582 bis 1644 oder vielmehr bis 1684 (erstmals belegt) überhaupt denkbar, so müßte man sich fragen: Wieso existieren keine Snuff Bottles oder wenigstens frühe Schnupftabakdosen vor 1644 oder zwischen 1653 und 1684? Oder: Worin wurde dann der empfindliche Schnupftabak aufbewahrt? Entsprechende Dosen existieren auch nicht, obwohl europäische Schnupftabakdosen in China von Anfang an bekannt waren und anfänglich auch benützt wurden. Der Beginn des Tabakschnupfens sowie die »Erfindung« und Herstellung von Fläschchen anstatt Döschen sind in China zunächst zwei verschiedene Dinge. Es ist jedenfalls anzuzweifeln, daß die einzigen uns bekannten frühen und datierten Fläschchen aus den Jahren 1644-1653 dem Genuß des Schnupftabaks dienten. Bekannt ist, daß es kleine Fläschchen gab, YAO-PING HU (»Medizin-Fläschchen«), die immer schon für jede zu schnupfende (?) oder pulverisierte Medizin und für die typisch chinesischen Arzneikügelchen verwendet wurden. Wie bereits erwähnt galt auch der Schnupftabak von Anfang an, neben seiner Eigenschaft als Genußmittel, als vorzügliche Medizin. Der berühmte Schriftsteller WANG SHIZHEN schrieb im Jahre 1705: »Das Land Luzon [Philippinen] produziert ein als ›tabacco‹ bezeichnetes Blatt zum Rauchen, das bei uns als ›Goldfadenduft‹ (JINSIXUN) bekannt ist. Wenn es in die Hauptstadt kommt, wird es zu Schnupftabak gemacht, von dem gesagt wird, daß er die Augen klärt und, was noch wichtiger ist, Infektionen beseitigt. Um ihn aufzubewahren, werden Glasfläschchen (!) in jeglicher Gestalt und Farbe hergestellt. Die Farben sind rot, purpurn, gelb, weiß, schwarz und grün; das Weiß ist wie Kristall und das Rot wie Feuer – entzückende Dinge! Es gibt einen Elfenbeinlöffel, der, nachdem man mit ihm eine Prise entnommen hat, wieder zurückgesteckt wird. Sie alle werden im Palast (!) hergestellt. Imitationen (!) werden zwar von gewöhnlichen Leuten gemacht, aber sie erreichen niemals die Qualität der Originale« (zitiert nach Hall). Welch eine Farbpalette schon zu dieser Zeit! Diese zeitgenössische Notiz ist ein Glücksfall und wie ein Fenster in die Jahre kurz nach 1700. Ergänzend sind zu diesem Zitat noch zwei weitere, bisher übersehene Folgerungen anzubringen: WANG SHIZHEN wurde noch in der MING-Epoche geboren und war bei der Machtübernahme der QING immerhin schon zehn Jahre alt. Wäre das Tabakschnupfen ab Ende der MING-Epoche und erst recht im Zeitraum von 1644 bis 1684 schon bekannt gewesen, so hätte WANG dies mit Sicherheit an dieser Stelle vermerkt, anstatt offensichtlich »entzückt« von einer Neuigkeit zu berichten. Dasselbe gilt für den Gebrauch der Schnupftabakfläschchen, die damals ihm, einem hoch angesehenen und bestens informierten Hofliteraten, nur aus Glas bekannt waren. Deshalb ist der frühest denkba-

Abb. 35 Achat-Snuff Bottle, 19. Jh. oder später, Ps. Sch.

re Zeitpunkt der »Erfindung des Snuff Bottles« identisch mit der Gründung der kaiserlichen Glasmanufaktur im Jahre 1696. Allerdings gab es bis dahin höchstwahrscheinlich vereinzelt einfache Fläschchen (YAOPING) für medizinische Zwecke oder Duftstoffe aus chinesischem Glas.

Abschließend noch ein Gedanke zu der in der Literatur ständig wiederholten Behauptung, die Chinesen hätten als Aufbewahrungsbehälter das Fläschchen der Dose aus Gründen der hohen Luftfeuchtigkeit in China vorgezogen. Dieses Argument ist wenig glaubhaft. Speziell im Norden, in BEIJING als Geburtsort des Snuff Bottles, herrscht meist ein sehr trockenes Klima vor. Erst im Laufe der zweiten Hälfte des 18. Jahrhunderts erreichte das Tabakschnupfen auch das feuchte Südchina, und erst dann wäre es vielleicht von Vorteil gewesen, ein Fläschchen gegen eine Dose auszutauschen. Es gibt weitaus wichtigere Gründe, die für die »Erfindung« des Snuff Bottles in China sprechen: Dosen sind für den feinpulverigen chinesischen Schnupftabak ausgesprochen unpraktisch. Beim Öffnen muß sorgfältig darauf geachtet werden, daß das Pulver nicht stäubt. Die Duftstoffe entweichen aus einer Dose außerdem schneller als aus einem Fläschchen. Fläschchen waren zudem für medizinische Pulver und Kügelchen immer schon bekannt, Dosen hierfür nicht. Dosen sind ein recht »unchinesisches« Objekt, aber ideal für europäische Hosentaschen. Sie verlangen eine Mechanik, die aus Metall gefertigt sein muß, weshalb fast alle Dosen für Schnupftabak in Europa aus Metall sind – ein in China vergleichsweise selten hierfür verwendetes Material. Dosen erlauben kaum Löffelchen unterzubringen, mit denen man »chinesisch« akkurat den Schnupftabak plazierte. Fläschchen erfüllen als Behältnis die gleiche Funktion wie Dosen bei einer wesentlich kleineren Größe, der Größe

Abb. 36 Verschiedene Nephritjade-Snuff Bottles, 19. Jh., Ps. Sch.

einer handschmeichelnden Kostbarkeit, und konnten so besser in chinesischen Gewändern untergebracht werden. Fläschchen konnten bestens aus allen denkbaren und den von Chinesen besonders geschätzten Materialien wie Jade und Lack, Porzellan und Glas variantenreich und kunstvoll gefertigt werden.

Palastperiode (Gongtingqi 1684-1740)

宫庭期

Aus der Abgeschiedenheit des kaiserlichen Palastes wurde über das Tabakschnupfen leider nichts überliefert. Hinweise, weshalb der Gebrauch eines Schnupftabakfläschchens aufkam, sind in keinem der vielen Palastberichte zu finden. Immerhin tauchte in China Schnupftabak erstmals in einer europäischen Dose auf, die wahrscheinlich selbst eine Kostbarkeit war. Wie vollzog sich der Gedankensprung von der Dose zum Fläschchen? Wer kam auf die Idee, mit einem Löffelchen den Tabak zuerst auf den Handrücken oder auf ein Tellerchen zu plazieren, anstatt ihn gleich auf deftig europäische Art mit Zeigefinger und Daumen dem Handrücken oder direkt der Nase zuzuführen?

Mit einer gewissen Phantasie ist es nicht schwer sich vorzustellen, mit welchem staatstragenden Ritus einzelne Snuff Bottles von Zeit zu Zeit aus der imperialen Sammlung illustrer Fläschchen ausgewählt wurden, um daraus zum ästhetischen oder körperlichen Vergnügen, zur Vorbeugung oder Bekämpfung von Unpäßlichkeiten aller Art eine Prise zu entnehmen. Wir können uns weiterhin ein Bild machen, wie aus der kaiserlichen Manufaktur geordete Snuff Bottles dem kritischen Liebhaberblick des Kaisers und seinen Angehörigen zur Auswahl vorgelegt wurden, welches Wetteifern der Entscheidung zugrunde lag und welche Belobigungen ausgesprochen wurden. Innerhalb des kaiserlichen Umfeldes, dem diese Snuff Bottles vorbehalten waren, können drei Personengruppen unterschieden werden:

– der Kaiser selbst und die Kaiserin sowie die Prinzen ersten Grades,
– alle Prinzen anderer Stufen und sonstige Familienangehörige sowie einige hohe kaiserliche Konkubinen,
– und schließlich Personen, die durch ihren Rang oder durch ihre großen Verdienste ein kaiserliches Snuff Bottle vom Kaiser zum Geschenk erhielten.

In dieser Periode entstanden in den Palastmanufakturen für Glas und Emailarbeiten die exklusivsten und heute kostbarsten Snuff Bottles.

Elitäre Periode (Shangliuqi 1740-1780)

上流期

Allmählich zog die Sitte oder das Vergnügen des Tabakschnupfens immer weitere Kreise, zunächst in der näheren Umgebung des Kaisers und dann außerhalb des Palastes in der wohlhabenden und gelehrten Schicht der

Hauptstadt. Im Reich selbst waren es einige hohe kaiserliche Beamte, die, aus der Hauptstadt kommend und mit hohen Aufgaben in den Provinzen betraut, diesem Luxus frönten. Zum Luxus wurde das Tabakschnupfen durch den gesellschaftlichen Zwang, möglichst kostbare oder ungewöhnliche Snuff Bottles während des Antichambrierens oder in freundschaftlicher Runde vorzeigen zu können, beziehungsweise eine entsprechend erlesene Privatsammlung zu besitzen. Es war Teil des uralten gesellschaftlichen Spiels »Gesicht zu gewinnen« (ZHENG MIANZI). Folgerichtig wurden Snuff Bottles auch zu einer Art »Währung« im Wettstreit um Beziehungen und Hierarchien.

Es war die Zeit, in welcher alle Kriterien eines Snuff Bottles dem Geschmack der hauptstädtischen Elite unterworfen waren, in welcher Kunstliebhaberei und Eitelkeit eine Unzahl kleiner und großer Privatsammlungen entstehen ließen. So wird berichtet, daß der korrupte, jahrzehntelang amtierende Erste Minister und Freund des Kaisers QIANLONG, HESHEN – sicher der reichste Mann seiner Zeit (angeblich mit einem zusammengerafften Vermögen von heute umgerechnet einer halben Milliarde Euro!) –, zum Zeitpunkt seines erzwungenen Selbstmordes 1799 eine im Palast versteckte Sammlung von nicht weniger als 2309 Snuff Bottles aus Bernstein, Achat, Jade und anderen edlen Steinen besaß. Es dürfte die größte und erlesenste Sammlung von Snuff Bottles aller Zeiten gewesen sein. Die Stücke seiner Sammlung ließ Kaiser JIAQING öffentlich versteigern. Leider ist es heute unmöglich nachzuweisen, welche Exponate aus dieser einzigartigen Privatsammlung stammten.

In der Elitären Periode beschränkte sich die Produktion noch auf wenige Materialien. Neben Glas und einer geringen Anzahl von Emailmalereien wurden hauptsächlich Jade, Chalcedon sowie Bernstein verarbeitet, in der zweiten Hälfte dieser Periode zunehmend Snuff Bottles aus Glas und Porzellan.

Abb. 37 Korallen-Snuff Bottle, »Reise des XUAN ZHANG nach Indien« (zwecks buddhistischer Schriften), 6 cm, 1780-1880, Gallery Hall, London und Paris

Populäre Periode (DAZHONGQI 1780-1912)

大眾期

Gegen Ende des 18. Jahrhunderts wurde es in ganz China immer mehr Sitte und tägliche Gewohnheit, Tabak, aber auch andere Kräuter lustbetont zu schnupfen. So war die Populäre Periode (1780-1912) durch eine schnelle Ausbreitung des Tabakschnupfens und dementsprechend durch eine gewaltige Nachfrage nach Snuff Bottles aller Art gekennzeichnet. Sie läßt sich in eine erste Hälfte von 1780-1850 und in eine zweite Hälfte von 1870-1912 einteilen. Das Snuff Bottle wurde endgültig im Alltag für fast jedermann zu einem »Lifestyle-Accessoire«, zu einem liebevoll beachteten oder stolz gezeigten Gegenstand der persönlichsten Art. Man bewies hiermit Stand und Geschmack, Charakter und Lebensfreude, Gemeinschaftssinn und Wohlstand. Mehr denn je wurde das Snuff Bottle für einen großen Teil der Bevölkerung zu einem Objekt des Sammelns und der Passion für die »kleinen Künste«. Nicht zuletzt war es auch ein Objekt des Schenkens, Mittel einer reichen Symbolsprache – den Freunden zur Freude, den Alten zum ehrenvollen Trost.

Außer der Tatsache, daß man das tägliche Schnupfen zu den Lebensgenüssen zählte – unter Freunden bot man sich gegenseitig eine Prise an –, galt es bei den etwas hypochondrisch veranlagten Chinesen auch als vorbeugende Medizin gegen die verschiedensten Befürchtungen hinsichtlich ihres Leibes und gegen Infektionen und Krankheiten, welche, chinesischer Phantasie zufolge, recht zahlreich sind. Die explosionsartig anwachsende Nachfrage nach Snuff Bottles zog das Interesse vieler Zweige des Kunsthandwerks an. Manufakturen in verschiedenen Zentren des Reiches schufen eine grandiose Vielfalt an Ideen, Dekorationen, Materialien, Formen und handwerklichen Techniken, die heute dem Liebhaber und Sammler das Gefühl vermitteln, jedes Snuff Bottle sei ein Einzelstück, ein Meisterstück (JIESZUO) des Künstlers: »Die groben, gelben Finger (wußten) köstlich geformte, harmonisch ausgewogene Dinge zu gestalten, und aus den Mandelaugen hinter den hohen Backenknochen leuchtet ein mildes Licht und verweilt mit Lust auf allem schön Gebildeten« (nach LIN YUTANG, bedeutender Dichter der MINGUO-Periode). Gegen Ende des 18. Jahrhunderts wurden Snuff Bottles aus Lack, Elfenbein, Schildpatt, Koralle, in Cloisonné sowie immer mehr aus Glas in prachtvoll farbigen Kombinationen hergestellt. Erst zu dieser Zeit entwickelte sich eine umfangreichere Produktion von Snuff Bottles aus Porzellan. Da, wie schon erwähnt, viele Snuff Bottles auch als Medizinfläschchen für allerlei Pülverchen oder für Arzneikügelchen gedacht waren, waren die Öffnungen dieser Fläschchen häufig etwas weiter, und einige mit zylindrischer oder eckiger Form scheinen in erster Linie hierfür gedacht gewesen zu sein.

Abb. 38 Überfang-Snuff Bottle mit Karpfenmotiv, 6,8 cm, Farbtöne enstehen durch unterschiedliche Schnittiefe (GRC 1.4-0.7), 19. Jh. oder später

Aufgrund der unvorstellbaren Verwüstungen von JINGDEZHEN (Zentrum der Porzellanindustrie) und anderer Regionen Mittelchinas durch die TAIPING-Rebellion (1851-1864) wurde die Produktion von Snuff Bottles weitgehend unterbrochen. Erst nach einer Wiederaufbauphase normalisierten sich ab 1870 die Verhältnisse. Es ist deshalb sinnvoll, wie oben angesprochen, die Populäre Periode in eine erste Hälfte bis 1850 und in eine zweite Hälfte bis zur Ausrufung der Republik (1912) zu unterteilen.

Neuzeit (JINQI ab 1912)

Die Neuzeit (JINQI) läßt sich wiederum in zwei Zeiträume gliedern: vom Beginn bis zum Ende der Republik (MINGUO 1912-1949) und ab der

Abb. 39   Unterglasurblaue Malerei auf HUASHI-Porzellan, erste Hälfte 19. Jh.

Gründung der Volksrepublik (RENMIN) im Jahre 1949. Im Jahre 1912 dankte der letzte Kaiser XUANTONG (ab 1949 in Gefangenschaft mit dem Namen PUYI) ab, und das 2133 Jahre alte Chinesische Kaiserreich erlosch in aller Stille. Sein letztes Machtgebiet war der Kaiserpalast, den er bis 1924 bewohnen durfte. Vor dessen Toren wurde die erste »Republik China« von SUN YATSEN ausgerufen. Doch ihr erster Präsident wurde YUAN SHIKAI, mächtigster General der untergegangenen QING-Dynastie. Er versuchte 1916 noch einmal eine neue Dynastie (HONGXIAN) zu gründen, die bei seinem Tod (oder Ermordung) nach 82 Tagen zusammenbrach. Danach zerfiel das Land in einem Chaos der unzähligen Machtbereiche einzelner rivalisierender Generäle (engl. »Warlords«). Nach und nach wurde zur politisch dominierenden Figur CHIANG KAI-SHEK, Vorsitzender der China regierenden GUOMINDANG-Partei und Gegenspieler der 1921 gegründeten Kommunistischen Partei, bis seine Soldaten im Jahre 1949 von der »Roten Armee« besiegt wurden und die »Volksrepublik China« (RENMINGONGGUO) von MAO ZEDONG begründet wurde, die das kontinentale China wieder einte. CHIANG KAI-SHEK floh mit einem Großteil der Kunstschätze des kaiserlichen Palastes in BEIJING auf die Insel TAIWAN und führte dort die sogenannte »Republik China« fort. Kunstgeschichtlich ist die Regierungsperiode von YUAN SHIKAI (1912-1916) insofern von Bedeutung, da er als eifriger Kunstliebhaber seine Macht nutzte und Befehl gab, Porzellan und anderes Kunsthandwerk von höchster Qualität für seinen Palast mit der Marke JUREN TANGZHI (»für die von Wohlwollen erfüllte Halle gemacht«) und ab 1916 mit seiner kaiserlichen Regierungsdevise HONGXIAN herzustellen. Solche Stücke sind heute sehr selten und hochgeschätzt. Porzellan mit der Marke HONGXIAN NIANZHI wurde merkwürdigerweise allerdings in minderer Qualität auch noch nach 1916 für einige Jahre hergestellt.

Abb. 40   Verschiedene Glas-Schnupftabakfläschchen, unbekannte Manufaktur aus der Region »Bayerischer Wald«, Deutschland, 18. und 19. Jh., Bayerisches Nationalmuseum, München

Allgemein liegt der Schwerpunkt in der Neuzeit bei der Herstellung von Glas-Snuff Bottles, die als Überfang-Fläschchen meist alten Vorlagen folgen beziehungsweise sich in derem stilistischen Rahmen bewegen, oder bei solchen mit innenseitiger Bemalung (NEIHUA), die heute in großen Mengen den Reisenden angeboten werden.

Kleiner Exkurs:
Schnupftabakfläschchen, die keine »Snuff Bottles« sind

Es gehört zu den Launen der Kunstgeschichte, daß eine praxisnahe Idee an zwei kulturell und geographisch völlig unterschiedlichen Orten gleichzeitig und gleichartig auftritt. Obwohl außerhalb Chinas der Schnupftabak von Anfang an in Dosen aufbewahrt und mit sich getragen wurde, erfand vor ca. 300 Jahren eine findige Glasindustrie in Böhmen und vor allem im Bayerischen Wald in Bayern das »Tabakbüchsl« oder »Schmaiglasl« oder »Brasilflaschl« (der größte Teil des Tabaks kam aus Brasilien). Es handelt sich um kleine, bunte Taschenglasfläschchen (ohne Löffelchen) zur Aufbewahrung und Konsumierung von Schnupftabak. Noch in unseren Tagen gehört in dieser Region Schnupftabak zu den alltäglichen Genüssen und prophylaktisch zur Erhaltung der Gesundheit. Diese Fläschchen, viel später vereinzelt auch aus Porzellan und Steingut, wurden und werden noch heute in überraschend ähnlichen oder analogen Techniken wie in China kunstvoll und variantenreich hergestellt und dekoriert. Es gab gleichfalls Überfangglas-Fläschchen – bis zu sieben Mal farbig ummantelt –, ferner solche mit farbigen Faden- und Bandeinlagen oder effektvollen Glaseinschlüssen. Vereinzelt gab es auch eine Emailfarbenmalerei. Die frühesten Stücke entstanden zeitgleich mit jenen in China Anfang des 18. Jahrhunderts. Sie waren auch hier der Stolz des Besitzers und spielten eine große Rolle im sozialen Leben der bäuerlichen Bevölkerung. So überreichten die Hochzeiterinnen am Morgen des Hochzeitstages dem Bräutigam das »Houzadglasl«, das dann am Abend allen Gästen zu dienen hatte. Wohlhabende Bauern oder Handwerker hatten selbstredend mehrere Fläschchen, häufig für bestimmte Anlässe oder einfach für jeden Wochentag ein anderes. Es gab auch große Stammtischflaschen. Nicht selten – wie auch vereinzelt in China im 18. Jahrhundert – wurde ein »Tabakbüchsl« dem Toten sogar mit ins Grab gegeben. Diese Fläschchen stellen heute in Bayern ein eigenes folkloristisches Sammelgebiet dar und können im Bayerischen Nationalmuseum in München und in lokalen volkskundlichen Museen bewundert werden. Herrliche Einzelstücke werden aber auch noch heute von Glaskünstlern im Bayerischen Wald hergestellt. Im übrigen sei auf die zwei umfassenden Werke von Heiner Schaefer (siehe Literaturverzeichnis) verwiesen.

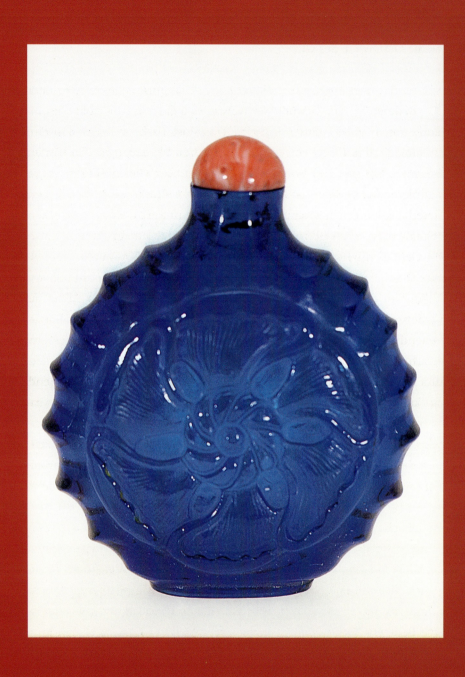

4. SNUFF BOTTLES AUS GLAS

Kleine Geschichte des Glases

Für das Verständnis der chinesischen Glaskunst ist es von größter Bedeutung, sich bewußt zu machen, daß das Kunstprodukt Glas im Laufe von über zweitausend Jahren kulturhistorisch und bereichsweise technologisch in China einen gänzlich anderen Werdegang als im Westen durchlief. Ein größerer Kontrast ist kaum denkbar. Gleichzeitig ist es ein faszinierendes Beispiel dafür, wie zwei große Kulturkreise dem gleichen Material so unterschiedliche Bedeutung zu so unterschiedlichen Zwecken beimaßen. So besaß Glas in China bis in die Neuzeit hinein einen minimalen Gebrauchswert. Allein im Kunsthandwerk hatte Glas analog zu »edlen« (Bao) Steinen einen – allerdings – hohen Stellenwert. Während von Anfang an im Westen die Nützlichkeit des Materials für den Alltag im Vordergrund stand, sah der Chinese im Glas einen geheimnisvoll herzustellenden »Stein«, der ihm gegossen, kunstvoll geschnitten oder plastisch verarbeitet die Möglichkeit gab, seine Vorliebe für Farben und Formen zum Ausdruck zu bringen. Diese Nähe zum Stein bestimmte durchgehend die künstlerische Auseinandersetzung mit diesem Material. Das gilt im überragenden Maße für die Glaserzeugnisse des 18. und 19. Jahrhunderts. Die technologisch vielfältigen Möglichkeiten des Glases zu nutzen, kam dem Chinesen nicht in den Sinn. Im Mittelpunkt der Glasverarbeitung stand dominierend das »Glasschneiden«, welches exakt der traditionellen Steinschnitzerei entsprach. Glasobjekte waren deshalb fast ausschließlich reliefiert oder skulptiert und immer von einer typisch massiven Schwere. Kostbar und rar, fand Glas nur für wenige hochgeschätzte Dinge im Alltag Eingang. Schließlich bekam Glas in der Qing-Epoche als künstlerisch vielseitiges und farbenreiches Material für Schnupftabakfläschchen, neben einigen Schalen und Vasen, eine überragende kunsthistorische Bedeutung.

»Glas ist jener bekannte, leicht zerbrechliche, meist krystallhelle und durchsichtige, gewöhnlich farblos, wasserklar, jedoch auch in schönen Farben vorkommende Körper, der in der Folge dieser Eigenschaften, sowie durch seine Unlöslichkeit durch Wasser und selbst durch die stärksten Säuren, zu einer Menge nützlicher Verwendungen im Leben dient, sowie in der Technik zu verschiedenen Gefäßen den brauchbarsten, oft allein anwendbaren Stoff bietet. Das Glas ist eines von denjenigen Körpern, deren Erfindung nothwendig vorausgehen mußte, deren Anwendung nothwendig allgemein, wie die des Eisens, verbreitet seyn mußte,

Abb. 41 Saphirblaues, geschnittenes Fläschchen in Blütenform, 1760-1820, Ps. Sch.

ehe die Civilisation, die Cultur und Ausbildung der Industrie diejenige Höhestufe erreichen konnte, auf der sie sich befindet und die sie noch zu erreichen vermag. Auf welcher niederen würde sich ohne diesen, gewaltig auf die menschlichen Societäts-Verhältniss eingewirkt habenden Körper noch immer die Astronomie, die Physik und die ganze Chemie befinden, deren Fortschritte wieder die des ganzen Menschengeschlechtes beschleunigt, unterstützt, befördert haben! Zugleich ist es einer der wenigen Körper, die mit ihrer enormen Nützlichkeit eine allseitig anerkannte Schönheit verbinden; welches reiche Material bietet dieser Körper dem Comfort und Luxus!« (aus W. Binder »Allgemeine Realencyclopädie oder Conversationslexicon für das katholische Deutschland«, Vierter Band, S. 830, Regensburg 1847). »Der Erfinder dieses nützlichen Stoffes ist nicht bekannt, vielmehr finden wir schon in den ältesten Zeiten Spuren von Bekanntschaft mit dem Glase. Jedoch wird von den Alten die Erfindung allgemein den Phöniziern, dem betriebsamsten Handelsvolke im Alterthume, zugeschrieben und man erzählt (nach dem römischen Schriftsteller Plinius, Anmerkung des Autors) in dieser Beziehung eine artige Geschichte. Es sollen nämlich phönizische Seeleute in einer sandigen Gegend Syriens gelandet sein, und als sie auf dem Lande keine Steine fanden, um zur Bereitung ihrer Speisen einen passenden Herd zusammenzustellen, hätten sie von ihrer Schiffsladung einige große Stücke Salpeter geholt und zwischen diesen das Feuer angemacht. Da wäre nun ein Teil des Salpeters geschmolzen, hätte sich mit Asche und Sand verbunden und wäre zu Glas erstarrt, das die Phönizier nach dem Erlöschen des Feuers fanden. Hierauf kamen sie dann bald in den Besitz der Glasbereitungskunst, welche die Ägypter später noch mehr vervollkommneten« (aus: »Bilder-Conversations-Lexikon für das deutsche Volk«, zweiter Band, S. 224, Leipzig: F.A. Brockhaus 1838).

Glas tauchte erstmals in Ägypten und Mesopotamien im 3. Jahrtausend v. Chr. auf. Es handelte sich um einen undurchsichtigen, blasigen Glasfluß, teilweise schon in leuchtenden Farben durch den Zusatz von Metalloxiden. Zunächst wurde es ausschließlich für Schmuck verwendet. Schon im 14. Jahrhundert v. Chr. gab es ein halbtransparentes Glas. Um die gleiche Zeit entstanden auch die ersten kleinen, geschnittenen Gefäße. Ab dem 8. Jahrhundert v. Chr. produzierte man in Nahost ein dickes Glas, das geschnitten und auch schon geschliffen wurde. Die Erfindung der Glasbläserei läßt sich noch vor Christi Geburt nachweisen, als Glas zunehmend für Flaschen, Becher und Schalen verwendet wurde. Im ganzen Mittelmeerraum entwickelte sich Glas zu einem Material für Alltagsobjekte der wohlhabenden Bevölkerung, und die Glasherstellung wurde durch eine Reihe römischer Erfindungen und Gründung vieler Manufakturen zu einem hochentwickelten und bedeutenden Kunsthandwerk. Einige Höhepunkte der Geschichte des römischen Glases sind das sogenannte Fadenglas, das Netzglas, das Millefioriglas, das Goldglas und das Überfangglas. Neueste Forschungen von Seibel (siehe Artikel »Der Spiegel«

Nr. 29/2001, S. 142) weisen darauf hin, daß spätestens im 3. Jahrhundert n. Chr. innerhalb des Römischen Reiches in Palästina und Ägypten Export-Rohglas bei 1300 °C in Wannenöfen mit den nur dort vorkommenden Rohstoffen für die Glasindustrie u. a. in York, Nimwegen, Köln, Trier, Autun, Avenches und Rom produziert wurde, so daß die Fertigglasproduktion in Europa (entsprechend den von den Archäologen freigelegten Öfen) mit einer Arbeitstemperatur von nur 800 °C auskam.

Frühestens ab dem 5. Jahrhundert v. Chr. ist Glas (allgemein BOLI, als buntes Glas LIULI, hier aber als LIAO mehr im Sinne von künstlerisch bearbeitetem Glas, so auch LIAOQI »Glaswaren«, CAILIAO »farbiges Glas«) auch in China nachweisbar. In Gräbern vom Ende der ZHOU- und in der HAN-Epoche (ca. 300 v. Chr.-220 n. Chr.) fand man verschiedene Glasobjekte wie Glasperlen mit aufgesetztem farbigen Glasdekor in prächtigen Farben, Imitationen von Jade- und Bronzeobjekten (zum Beispiel als Bi-Scheibe, Zikade, Spiegel, Räuchergefäß) sowie farbige Glaseinlegearbeiten in Bronze (Champlevé). Diese Funde umfassen einen Zeitraum von der ZHANGGUO-Periode (453-221 v. Chr.) der ZHOU-Dynastie bis zu der HAN-Dynastie (206 v. Chr.-220 n. Chr). Aber es gab auch schon erste Beispiele für die Anwendung der Technik, mit Hilfe einer »Glasmacherpfeife« (in Form eines Eisenrohrs) mundgeblasene Flaschen herzustellen. Nebenstehend abgebildet (Abb. 42) ist ein smaragdgrünes, ca. sieben Zentimeter großes, mundgeblasenes Fläschchen aus der HAN-Epoche aus transparentem, stark blasigem Glas. Es handelt sich um ein mit duftendem Pulver gefülltes Riechfläschchen (»Vinaigrette«).

Abb. 42   Riechfläschchen aus tiefgrünem, transparent blasigem Glas, ca. 7 cm, HAN-Epoche, 206 v. Chr. bis 220 n. Chr.

In einer anderen Abbildung (Abb. 85) sind drei, vom Autor in China in einer Privatsammlung entdeckte mundgeblasene Fläschchen zu bewundern. Es handelt sich um zehn Zentimeter große, sogenannte JINGSHUI-Flaschen aus der TANG-Epoche (618-906). Sie sind aus dickem, halbtransparentem, verschiedenfarbigen Glas und bestehen entweder aus miteinander vermischten, verschiedenfarbigem Glasmassen (»Marmorierungs-Effekt«) oder einem direkt in die Glasmasse eingemischten oder auf den Korpus aufgebrachten Farbdekor – frühe, unglaublich geschickte Varianten des sogenannten Mischfarbglases (JIAOLIAO) beziehungsweise des partiellen Überfangs. Es sind Fläschchen, die nach buddhistischem Glauben das Lebenselixier (JINGSHUI/»reines Wasser«) enthalten und in der chinesischen Kunst fast immer in der linken Hand des Boddhisattva GUANYIN (»Gott der Barmherzigkeit«) als sein wichtigstes Attribut dargestellt sind. Als Glasfläschchen waren sie eine Grabbeigabe (MINGQI) in der TANG-Zeit, die künstlerisch vom buddhistischen Glauben geprägt war. Neben dem Stoff »Glas« im modernen Sinn gab es in der ZHOU-Epoche bunte, getüpfelte Schmuckperlen aus einem Glastyp, der aber eher unserem Begriff der Fayence entspricht. Sie sind sehr rar, wurden aber, im Gegensatz zu anderen sehr seltenen antiken chinesischen Glasobjekten, in neuerer Zeit massenhaft für den Antik-Markt kopiert.

Abb. 43 Drei Glasfiguren, zwei Jahres-Tierkreiszeichen (links Schwein, rechts Schlange), MING-Epoche (1368-1643) oder früher

Abb. 44 Hofdame, polychromes Glas, ca. 16 cm, SONG-Epoche (906-1279)

Relativ selten formte und dekorierte man Glas farbig im halbfesten Zustand zu kleinen Figuren (Abb. 43), wie Beispiele der MING-Epoche (1368-1643) zeigen – technisch den figuralen venezianischen Glasarbeiten von Murano (seit dem 12./13. Jh.) nahestehend. Wichtige Techniken waren bereits bei frühen Glasarbeiten aus der ZHANGUO- und HAN-Epoche (ca. 453 v. Chr. bis 220 n. Chr.) das Gießen analog dem Bronzeguß und das Dekorglasschneiden, wie zum Beispiel aus der HAN-Zeit ein vierfüßiges, rechteckiges und mit geometrischen Mustern geschnittenes türkisblaues Räuchergefäß (DING) und BI-Scheiben belegen. In der späteren HAN-Zeit kam die Technik der Glasbläserei auf. Das Mundblasverfahren zur Herstellung von Flaschen und Schalen soll erstmals im 1. Jahrhundert v. Chr. in Syrien angewendet worden sein. In China dürfte es, wenn man von einer möglichen eigenständigen chinesischen Erfindung absieht, kurz darauf vom Westen her Eingang gefunden haben.

Die in den Gräbern der ZHOU- und HAN-Dynastie gefundenen Glasobjekte bestehen aus einer typischen **Blei-Barium-Verbindung**, die nirgendwo in der Antike eine Parallele hat. Dieses Glas besitzt deshalb auch ein größeres spezifisches Gewicht als das Glas der gleichen Zeit aus dem Westen, so daß China durchaus eine eigenständige technologische Entwicklung der Glasherstellung durchlief. Gleichfalls scheint es den Chinesen gelungen zu sein, transparentes Glas herzustellen, wie das Fläschchen aus der HAN-Ära (Abb. 42) beweist. Transparentes Glas war im Westen kurz zuvor nur vereinzelt aufgetreten. Daneben soll es, zeitweise, importiertes Glas aus Rom und wahrscheinlich später unter der TANG-Dynastie (618-906) aus Nahost gegeben haben. In dieser Zeit wurde Glas, speziell jadeweißes, auch zu einem buddhistischen Symbol der Reinheit. Ein dem Autor vorliegender jadeweißer, transluzenter Glasteller der TANG-Zeit ist hierfür ein exzellentes Beispiel. Faszinierend hieran ist vor allem – selbst unter einer Lupe – das praktisch blasenfreie Material, welches technologisch aufgrund der damit verbundenen Läuterung des Glasflusses ein sehr

Rechte Seite von links oben nach rechts unten

Abb. 45 Poloball aus JIAOTAI-Keramik und mythologische Tierfigur aus JIAO-LIAO-Glas, ca. 8,6 cm, Ende TANG-Epoche (618-906)

Abb. 46 Musiker und Tänzerin, polychrome Glasfiguren, SONG-Epoche (906-1279)

Abb. 47 Verschiedene Glas-»Augenperlen«, Ende der ZHANGUO-Periode (475-221 v. Chr.) und der HAN-Epoche (206 v. Chr.- 220 n. Chr.)

Abb. 48 HENG-Anhänger mit Drachenköpfen, türkisblaues Glas, zweite Hälfte der ZHANGUO-Periode (475-221 v. Chr.)

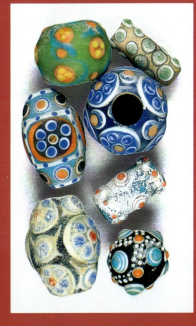

hohes Niveau voraussetzt. Allerdings kam bei einem Fund allerneuester Zeit aus dieser Epoche auch ein sehr blasenreicher farbiger, fast opaker Glastyp, der nur zum Guß verwendet wurde, zum Vorschein. QING-Snuff Bottles besitzen dagegen mehr oder weniger leicht erkennbare, feine Luftbläschen.

Kurz vor Abschluß des Buches erfuhr der Autor von kürzlich in China gemachten sensationellen Funden frühen Glases. Einige Stücke, die sich jetzt teilweise im privaten Besitz befinden, konnte der Autor fotografisch dokumentieren. Sie erhellen schlagartig, daß während einiger Perioden eine hohe Glaskunst zumindest kurzzeitig existierte. Es bleibt dabei rätselhaft, weshalb solche Funde so selten sind. Konkret scheint es sich zur Zeit um drei Funde zu handeln, und zwar aus der HAN-, der späten TANG- und der SONG-Epoche. Die Objekte aus der HAN-Zeit sind runde BI-Scheiben, Spiegelimitationen und eine größere Anzahl ungewöhnlich verschieden geformter und geschnittener transparenter Scheiben – sie alle dienten eindeutig kultischen Zwecken. Die Farbtöne sind, wie man hört, grünlich, bräunlich und bläulich, selten rot und gelb. Die Funde aus der späten TANG-Zeit sind plastisch geformte Tierfiguren aus einer prachtvollen, opaken, mit gelben, braunen und grünlichen Farbtönen marmorierend gemischten Glasmasse (JIAOLIAO). Der Naturalismus und die Schönheit der Figuren zeugen von höchstem künstlerischen Können des Glasmachers. Die Figuren sind mit einer mit der Zeit entstandenen dünnen, teilweise von den Ausgräbern belassenen, mineralischen Schicht überzogen, die entweder einheitlich hellgrau ist oder faszinierenderweise exakt den farblichen Maserungen des Glases folgt, aber häufig völlig andere Farben angenommen hat als die des Glases (wie dunkelbraun und rosa) – ein ungewöhnlicher Patina-Effekt. Diese JIAOLIAO-Stücke sind kunsthistorisch auch deshalb von besonderer Bedeutung, weil zur gleichen Zeit eine seltene, marmorierte Keramik (JIAOTAI) erfunden wurde oder Keramik marmorierend mit Glasurfarben bemalt wurde. Die JIAOTAI-Keramik bestand aus zwei verschiedenfarbigen Tonmassen, die nach dem Brand mit einer transparenten Glasur überzogen wurden. Die SONG-Objekte sind Figuren aller Art, u.a. in Form von Musikanten, Tänzerinnen, Beamten, Kriegern, Tieren, Drachen, usw. Sie sind aus einem halbtransparenten, verschieden intensiv farbigen Glas im plastischen Zustand geformt und oft farbig überfangen. Diese drei Funde allein sind ein Glücksfall für die frühe Geschichte des Glases in China. Zu bedauern ist ihre Seltenheit und damit verbunden die geringsten Chancen für den Sammler, solche Stücke zu erwerben.

Frühe Glasmanufakturen wurden bis heute noch nicht identifiziert. Wahrscheinlich gab es für längere Zeit einige in der Provinz GANSU entlang der Seidenstraße, die mit Sicherheit dazu beitrug, Glas und Technologie aus dem Westen in China bekannt zu machen. Spätestens aus der TANG-Epoche (618-906) darf man Manufakturen auch in SHAANXI und HENAN vermuten. Seit der MING-Epoche (1368-1643) kennt man Glasproduktionszentren in den Provinzen SHANDONG (BOSHAN/YANSHEN, heute ZIBO), ANHUI (SUZHOU), GUANGDONG (GUANGZHOU/Kanton) und sogar in YUNNAN. Über den Beginn und den Zeitraum einer Produktion ist, wie leider so häufig in der Geschichte des chinesischen Kunsthandwerks, kaum etwas bekannt. Anzunehmen ist, daß es einige kleine Manufakturen gab, die noch nach dem 16. Jahrhundert arbeiteten. In jedem Falle kann die Produktion von Glas (Fensterglas war unbekannt, man verwendete hierfür geöltes Papier) nur vergleichsweise gering gewesen sein. Erst Anfang des 18. Jahrhunderts fand Glas auch für Vasen, Teller, Schalen und vor allem für Snuff Bottles Verwendung. Generell erreichte Glas hier nie den gleichen Stellenwert wie in Europa, nicht zuletzt, weil es als ein kostbares, halbedelsteinähnliches und schwierig herzustellendes Material galt. Alle Gebrauchsgegenstände des täglichen Lebens wie Trinkgefäße, Flaschen, Kannen, Schalen und Vasen, die in Europa mehr oder weniger schon seit zweitausend Jahren aus Glas gefertigt wurden, waren traditionell in China fast ausschließlich aus hochwertiger Keramik und nach und nach seit der YUAN-Dynastie (1279-1368) aus Porzellan.

Abb. 49 Zwei frühe Medizin-Glasfläschchen (YAOPING), links ca. 1644-1680, rechts als Grabbeigabe der TANG-Dynastie (618-960)

Auf der Suche nach kleinen Glasfläschchen aus der Zeit vor Ende des 17. Jahrhunderts – gewissermaßen als Beweis für die Existenz kleiner gläserner Fläschchen, wenn auch für medizinische Substanzen (YAOPING) – konnte der Autor nach mehrmaligen Besuchen in China endlich ein sehr schmales, 6,5 cm kleines, aus einem Stück herausgeschnittenes und ausgehöhltes Fläschchen angeblich aus der Zeit der späten MING-Epoche (ca. 1550-1643) und ein rundes, winziges (3,5 cm hoch), mundgeblasenes, angeblich und wahrscheinlich aus der frühen KANGXI-Periode (ca. 1660 bis 1680) stammendes Fläschchen entdecken (Abb. 49). Das sogenannte MING-Fläschchen verrät aber seine unseres Erachtens viel frühere Entstehungszeit durch eine typische, in Regenbogenfarben irisierende, leicht rauhe und mit vielen Gebrauchsspuren übersäte Oberfläche. Es besteht aus einem dicken, unregelmäßig blasigen, farblosen, halbtransparenten Glas. Es ähnelt frappierend einigen seltenen kleinen Fläschen aus der TANG-Epoche (618-906), weshalb der Autor dazu neigt, es eher dieser Zeit zuzurechnen. Eine völlig andere Form, die frappierend einer seit dem 1. Jahrhundert n. Ch. geläufigen römischen Flaschenform entspricht, besitzt das QING-Fläschchen. Es ist zylindrisch mit einem Hals mit starker Lippe. Das dünnwandige, nur wenig blasige Glas ist farblos transparent, glänzend poliert und innen durch Pulverspuren getönt. Die runde Basis zeigt in konzentrischer Weise Unebenheiten. Beide Formen sind völlig

Abb. 50 Vierfüßiges, rechteckiges, türkisblaues und halbtransparentes Glas-Gefäß, (DING), 11,8x7,4x7,2 cm, gegossenen und dekorgeschnitten, HAN-Epoche (206 v. Chr.- 220 n. Chr.)

verschieden (!) von allen so vielfältigen Formen späterer Fläschchen. Bemerkenswert ist bei dem zylindrischen Fläschchen, daß eine perfekt beherrschte Technik des Mundblasens angewandt wurde, die in dieser Form (Basis) bei keinem Snuff Bottle bekannt wurde. Man könnte auch dazu neigen, daß es ein altes europäisches Fläschchen ist – doch daß solche schlichten Fläschchen nach China importiert wurden, erscheint absurd. Wahrscheinlicher ist, daß durch Kontakte oder Glashandwerker aus dem Westen die Technik des Mundblasens möglicherweise mehr als einmal bekannt wurde und danach aber wieder in Vergessenheit geriet. Erst in der frühen QING-Zeit dürfte sie wieder und endgültig »entdeckt« worden sein, wohl gleichfalls initiiert durch Handelsleute oder Jesuiten aus dem Westen. Bis dahin wurden die sehr seltenen Glasgefäße wie bei der Steinschnitzerei durch Aushöhlung massiver Glasrohlinge hergestellt. Jedenfalls blieb der Glashandwerker bei seiner Vorliebe für schwere, dickwandige Fläschchen.

Die Frühzeit und Entwicklung des Snuff Bottles

Neben Porzellan waren die allerfrühesten Snuff Bottles Ende des 17. Jahrhunderts aus monochromem, möglicherweise aus rubinrotem Glas, gefolgt von mit Emailfarben bemalten Kupferfläschchen Anfang des 18. Jahrhunderts. Ausgenommen bei Porzellan, waren sie alle Glas-Snuff Bottles (LIAOYANHU) und zunächst »mondscheibenförmig« (YUEXING). Diese Form soll in direkter stilistischer Linie zu der flachen, runden Reiterflasche beziehungsweise zu der von ihr abgeleiteten, erstmals in der YONGLE-Periode (1403-1424) der MING-Epoche in Erscheinung getretenen Vasenform stehen.

Die Sternstunde der neueren chinesischen Glaskunst und des Snuff Bottles begann, als der Kaiser KANGXI von der Schönheit einiger Geschenke aus europäischem Glas so begeistert war, daß er 1696 eine Werkstatt im Palastbezirk errichten ließ und diese zeitweise der Aufsicht von Missionaren unterstellte (anderen Quellen zufolge soll es schon ab 1680 eine Werkstatt gegeben haben, möglicherweise handelt es sich bei der Errichtung von 1696 um eine Reorganisation). Angeblich sollen die Missionare eine Rezeptur eingeführt haben, die einen zu hohen Alkaligehalt auswies. Viele Stücke litten deshalb bis in die vierziger Jahre des 18. Jahrhunderts an dem Übel, daß im Laufe der Zeit im Glaskörper feine Fissuren entstanden, das Glas »trüb« erschien und teilweise eine »pulverige« und rauhe Oberfläche entstand. Für Sammler hat dies den Reiz einer gewissen »Patina« und Authentizität, weshalb diese frühen Stücke sehr gesucht sind. In der gleichen Zeit gab es aber auch Glasobjekte aus BOSHAN, die diesen Fehler seltsamerweise nicht besitzen! Auch das erwähnte, angeblich frühe QING-Fläschchen besteht aus einem klaren, fast blasenfreien Glas. Bei der Suche nach einer Erklärung für dieses Phänomen wurde die Vermutung geäußert, daß nach BEIJING geschickte Glasarbeiter aus Kanton – ein Zentrum der Glasindustrie, aber auch das Zentrum für Glasimporte (!) aus Europa – europäisches, auf der Schiffsreise zerbrochenes Glas in BEIJING der Glasmasse aus BOSHAN mit der Absicht einer qualitativen Verbesserung beimengten und dabei den Alkaligehalt, Ursache der »Trübung« des Glases, unwissentlich erhöhten. Abgesehen von dieser Art »Glaskrankheit«, war also generell Glas aus dem 18. Jahrhundert von Natur aus mehr oder weniger feinblasig und deshalb oft leicht trüb-transparent. Diese Trübung wurde später bis in die Neuzeit häufig bewußt imitiert.

Insgesamt sind deshalb folgende technisch-qualitative und optische **Kategorien des Glases** bei Snuff Bottles zu unterscheiden:
– »klar-durchsichtiges« (TOUMING),
– durch chemische oder herstellungstechnische Einflüsse »halb-transparentes« (BANTOUMING) beziehungsweise »alt- oder antik-trübes« sowie
– »undurchsichtiges« oder opakes (BUTOUMING) und »weiß-gefärbtes« (BAILIAO) Glas.

Anfang des 18. Jahrhunderts wurden unter Anleitung von Missionaren Fabrikationsanlagen für Fensterglas gebaut. Dieses benötigte man erstmals für den Bau des berühmten kaiserlichen Sommerpalastes YUANMINGYUAN bei BEIJING, der bekanntlich der damaligen europäischen Schloßarchitektur teilweise nachempfunden war. Leider wurde 1860 dieser kulturhistorisch einzigartige Palast von englisch-französischen Truppen geplündert und zerstört.

Belegt ist seit Anfang des 18. Jahrhunderts auch die immer wieder vom ZAOBANCHU (»Verwaltung kaiserlicher Palastwerkstätten«) befohlene Mitarbeit hochqualifizierter Glasarbeiter aus den Manufakturen von BOSHAN und GUANGZHOU (Kanton): Dies beweist beispielsweise ein Palast-Archiv mit zwölf gravierten, von einem ZHEN aus GUANGZHOU im Jahre 1708 gefertigten Trinkschalen. Der 1723 dem Kaiser KANGXI nachfolgende Kaiser YONGZHENG ließ zusätzlich eine Manufaktur im Sommerpalast YUANMINGYUAN einrichten, und unter der intensiven Förderung des 1736 YONGZHENG nachfolgenden Kaisers QIANLONG erreichte die chinesische Glaskunst endgültig ihre Blütezeit. Die am häufigsten gefertigten Objekte waren Schalen und Vasen sowie Snuff Bottles. Diese frühen Snuff Bottles brillierten durch klare Formen und einen unverwechselbaren ästhetisch subtilen Dekor.

In der von BEIJING nicht weit entfernten Provinz SHANDONG im Bezirk BOSHAN (ZIBO) entstand schon früh ein Produktionszentrum für Glas. Hier fanden sich alle notwendigen Mineralien zur Glasherstellung wie

Quarz, Feldspat, alkalihaltige Gesteine, Fluorit, Salpeter und Kupfer. Glas wurde von BOSHAN seit Ende des 17. Jahrhunderts in Form von stangenartigen »Glasrohlingen« nach BEIJING an die kaiserlichen Werkstätten und später auch an private Manufakturen geliefert. In der YUAN-Dynastie (1279-1368) und der MING-Dynastie (1368-1643) war BOSHAN bis Anfang des 15. Jahrhunderts Sitz einer Reihe von Glasmanufakturen, wie Ausgrabungen in ZIBO ergaben. Völlig im dunkeln liegt, ob und welche Art von Glas innerhalb des Zeitraums vom 15. bis Ende des 17. Jahrhunderts produziert wurde. Konkret kennt man bis heute – auch aufgrund fehlender Forschung – zweifelsfrei kein Glasobjekt aus diesem Zeitraum aus BOSHAN, obwohl es wahrscheinlich ist, daß einige kleine Manufakturen weitergearbeitet haben. Ende der MING-Zeit brachen in BOSHAN große Hungersnöte aus, die die Glasproduktion endgültig zum Erliegen brachten. Es ist aber überliefert, daß 1665 wieder neue Glasmanufakturen errichtet wurden. Jedenfalls zeichnet sich seit über achthundert Jahren ZIBO/BOSHAN, in der von BEIJING südöstlich gelegenen Provinz SHANDONG, durch eine äußerst wechselhafte Geschichte aus. Dabei gab es lange Perioden, in denen die Produktion sehr gering war oder fast völlig zum Erliegen kam. Abgesehen von frühen Glasobjekten, kann erst seit der ersten Hälfte des 18. Jahrhunderts unter der Vorgabe der kaiserlichen Werkstätten von einer Blütezeit der Glaskunst in China gesprochen werden. Gegen Ende des letzten Bürgerkriegs in den vierziger Jahren des letzten Jahrhunderts wurde die Produktion der kunsthandwerklichen Manufakturen in ZIBO und BEIJING unterbrochen und erst 1951 auf Betreiben der Regierung wieder aufgenommen. Hierbei unterliegt die Herstellung von Snuff Bottles noch heute weitgehend traditionellen Arbeitstechniken.

Abb 51 »Buddha-Handfrucht« (FOSHOU), hellgelbes, halbtransparentes Glas, TANG-Epoche (618-906)

Ein anderes bedeutendes altes Zentrum der Glasherstellung war GUANGZHOU (Kanton), in der Süd-Provinz GUANGDONG angesiedelt. Während das frühe Glas aus BOSHAN lichtdurchlässig bis opak war, war GUANGZHOU bekannt für ein eher transparentes Glas.

Aus **historisch-technologischer Sicht** ist es erstaunlich, daß es schon in der sogenannten **Palastperiode**, also in der KANGXI- und der kurzen YONGZHENG-Periode, fast alle Erscheinungsformen von Glas-Snuff Bottles (BIYANLIAO HU) gab:

- monochrome (DANCAILIAO DU) Snuff Bottles in erstaunlich vielen Farben und die ersten gemischtfarbigen (JIAOLIAO HU), sowohl mit als auch ohne Dekorschnitt,
- auf wenige Formen und Sujets festgelegte, mit Emailfarben (FALANGCAI) bemalte Snuff Bottles (HUALIAO HU) und
- die ersten Snuff Bottles mit einem Überfang (TAOLIAO HU).

Abb. 52 Zwei JIAOLIAO-Snuff Bottles, 6,1 cm/6,4 cm, 1770-1820

Die QIANLONG-Periode war dagegen die Zeit der Variationen – eine erste Phase großartiger Vielfalt. Die Stücke besitzen tendenziell ein größeres Gewicht als die aus der vorhergehenden und den nachfolgenden Perioden. Die **Elitäre Periode** läßt sich mit folgenden Kategorien umschreiben:

– monochrome Snuff Bottles (DANCAILIAO HU) mit einer Vielzahl von Farben und neuen Formen,
– eine Vielfalt »gefleckter« (SA), »farbgesprenkelter« (DIAN) oder »farbendurchmischter« (JIAO) Snuff Bottles, die den absoluten Höhepunkt dieser Kategorie darstellen,
– Glasimitate von Steinen und Halbedelsteinen (FANGSHILIAO HU), die zur Gruppe der JIALIAO-Snuff Bottles zu zählen sind,
– Snuff Bottles mit Emailmalerei (HUALIAO HU),
– Snuff Bottles mit Emailmalerei und Innen- oder Hinterglasmalerei (NEIHUA), bis heute nur ein Beispiel (Abb. 101) bekannt, und
– Snuff Bottles in der Technik des geschnittenen Überfangglases mit einer Überfangglasfarbe (TAOLIAO HU) und immer häufiger mit mehreren (DUOSE TAOLIAO HU).

Während in der vorhergehenden Periode neben Glas-Snuff Bottles Jade, Chalcedon, Achat, Bernstein und andere Mineralien dominierten, läßt sich in der **Populären Periode** des 19. Jahrhunderts eine explosionsartige Materialvielfalt beobachten, wobei mehr denn je und jetzt zusätzlich Porzellan eine zentrale Rolle zukam. Die wichtigsten Produktionzentren für Snuff Bottles aus Glas waren – wie schon zuvor – BEIJING, wo neben der kaiserlichen Manufaktur nun viele private Werkstätten tätig waren, sowie BOSHAN/ZIBO (Provinz SHANDONG) und GUANGZHOU (Provinz GUANGDONG) im Süden. Das jedem Geschmack und Wunsch entgegenkommende Angebot wurde einerseits geprägt unter dem Druck einer wei-

> **Typologie des Glases bei Snuff Bottles:**
>
> - **Typ TOUMING**, klares, transparentes, optisch weitgehend reines Glas mit nur wenig Einschlüssen von Luftbläschen
>
> - **Typ GULIAO** (»altes Glas«), alt-trüb-transparentes beziehungsweise BANTOUMING, »halb-transparentes« Glas mit mehr oder weniger feinblasiger bis grobblasiger oder diffuser Struktur in folgenden Varianten:
>   - HUNLIAO (transluzent »leicht trüb«)
>   - Typ MOSHALIAO (»sandig«)
>   - Typ XUEHUALIAO (»Schneeflocken«)
>   - Typ HANZASHILIAO (»unrein«, d.h. unregelmäßig stark trüb)
>   - Typ BINGLIAO (»krankes Glas«, frühes 18. Jh.). Älteres, farbiges (SE oder CAI) GULIAO-Glas ist fast ausschließlich nur »leicht trüb« oder »sandig«.
>
> - **Typ BUTOUMINGSE**, »farbig-opakes« Glas
>
> - **Typ BAILIAO**, »weißes Glas« mit folgenden Varianten:
>   - Typ CHUNBAI (»Opakweiß«/»Reinweiß«)
>   - BAI oder YUBAI (»Mondweiß« oder »Jadeweiß«), homogenes Grauweiß, leicht transluzent
>   - Typ RUBAI oder NAIBAI (»Milchweiß«), etwas unregelmäßig-milchig, leicht transluzent.

Abb. 53 Massives, aus einem Stück geschnittenes amethystfarbenes Glasfläschchen in Form eines Knaben mit Karpfen (»mögest Du immer im Wohlstand leben«), 19. Jh.

te Bevölkerungskreise erfassenden Art von Sammelmanie und andererseits durch eine starke Konkurrenz und eine zunehmende Spezialisierung der einzelnen Manufakturen. Jede Manufaktur bemühte sich, eine gewisse Spezialität zu kreieren. Die Vielfalt konzentrierte sich auf neue Farbtöne, auf den Dekor und auf eine Reihe neuer Variationen gemischtfarbigen Glases (JIAOLIAO).

Zwei Höhepunkte des Snuff Bottles dieser Periode beweisen, daß der chinesische Kunstsinn, selbst entgegen dekadenter Zeitströmungen, immer seinen exzellenten Ausdruck fand. Es ist zum einen die »Erfindung« der »innenseitigen Glasmalerei« (NEIHUA) und zum anderen das Auftreten eines ganz speziellen Typs, des Überfangglas-Snuff Bottles aus YANGZHOU.

Die »Hinterglasbemalung« eines Snuff Bottles, englisch »Inside-painted«-Snuff Bottle, ist sowohl von der Maltechnik als auch von der Materialwahl her gesehen (Glas, Kristall, Chalcedon, Bernstein) als eine eigene Kategorie aufzufassen und wird nachfolgend im Kapitel 9 behandelt.

Die **Neuzeit** (JINQI) ist fast völlig beherrscht vom Blick auf die vorhergehenden Perioden. Im Mittelpunkt steht dabei das Überfangglas-Snuff Bottle, welches handwerklich gewisse qualitätsmindernden Vereinfachungen erfährt, und das Porzellanfläschchen. Andere Glasfläschchen, wie mit Emailfarben bemalten, sind recht selten, aber häufig von hoher Qualität. Während Snuff Bottles aus Porzellan relativ leicht von älteren zu unterscheiden sind, kann es in Einzelfällen bei Glas-Snuff Bottles von hoher kunsthandwerklicher Qualität schwierig werden, eine Entstehungszeit festzulegen. Ähnliches gilt auch für vorhergehende historische Perioden.

Aus diesem Grund haben sich in der Praxis und auf Vorschlag von Moss sehr weit gefaßte, allerdings flexibel gehandhabte **Zuordnungsperioden für Snuff Bottles** (siehe Anhang) herausgebildet.

Eine andere Schwierigkeit bei Snuff Bottles des 18. und 19. Jahrhunderts besteht in der Abgrenzung zwischen solchen, die aus einer kaiserlichen Manufaktur und solchen, die aus privaten Manufakturen der Hauptstadt stammen. Private Studios bemühten sich erfolgreich, dem Standard der kaiserlichen Vorgaben nachzustreben beziehungsweise deren Produkte zu kopieren. Das führte immerhin dazu, daß Glasprodukte aus BEIJING und solche, die diesem Standard entsprachen, ein so hohes Ansehen genossen, daß sie bald im Handel alle unter dem Sammelbegriff »BEIJING-Glas« (JINGLIAO/»Hauptstadt-Glas«) zusammengefaßt wurden. Also auch Erzeugnisse, die außerhalb BEIJING hergestellt wurden, aber in Art und Qualität denen aus BEIJING entsprachen, erhielten dieses Prädikat. Umgekehrt entwickelten andere Stätten der Glasherstellung mit ihren Spezialitäten einen ganz eigenen Stil, wie seit Ende des 18. Jahrhunderts YANGZHOU in der Provinz JIANGSU.

Abb. 54   Rosarot-transparentes, dekorgeschnittenes Snuff-Bottle mit floralem Dekor (GRC 1.2), 5,4 cm, QIANLONG-Periode (1736-1795)

Herstellung und Dekortechniken

Nach Meyers Lexikon (1990) ist Glas »ein fester, in seiner überwiegenden Masse ein nichtkristalliner, spröder anorganischer Werkstoff, der keinen definierten Schmelzpunkt besitzt, sondern mit steigender Erwärmung stetig in einen weichen und schließlich flüssigen Zustand übergeht.« Die relative Arbeitstemperatur bewegt sich um 1300°C.

Grundsätzlich kannte man in China sechs verschiedene Techniken zur Herstellung von Gegenständen, Schmuck und Hohlgefäßen aus Glas:

– **Formgießen:** Analog dem Bronzeguß wurde geschmolzene Glaspaste in eine Form gegossen, nach Erhärtung häufig noch ein Dekor eingeschnitten; schon in der HAN-Epoche (206 v. Chr.-220 n. Chr.), nur bei offenen Gefäßen und massiven Objekten (wie Gürtelplaketten mit Reliefdarstellungen) angewandt; eine weitgehend eigenständige chinesische Technologie;

– **Glasflußtechnik**: Farbige, halbfest abgekühlte, bleihaltige »Glaspaste« wurde vom Glaskunsthandwerker mit großem Geschick zur Herstellung von z.B. Haarnadeln und Figuren oder für dekorative Applikationen auf Glas eingesetzt, ab Ende der ZHOU-Epoche;

– Klassisches **Mundblasverfahren** (CHUIZHI): mittels einer »Glasmacherpfeife«; der Glasposten wurde frei zu einer Hohlform geblasen; schon in der HAN-Epoche, später scheinbar in Vergessenheit geraten, möglicherweise schon in der frühen QING-Epoche »wiederentdeckt«; typisch sind relativ dünne Flaschenwände, sehr selten bei Snuff Bottles;
– **Blindstückgießen**: Formneutrales, monochromes Glasflußstück, welches analog der Steinschnitzerei verarbeitet wurde (ab SONG-Epoche?), übliche Technik während der MING-Epoche, eine eigenständige chinesische Technologie;
– **Rohstückgießen**: Geschmolzene farbige oder farblose Glaspaste wurde in eine Hohlform, die der Grundform, z.B. der eines Fläschchens entsprach, gegossen und eventuell mit farbigem oder transparentem Glas überfangen; danach wurde das Rohstück ausgehöhlt (TANG), geschliffen und eventuell mit einem Reliefdekor versehen; häufiges Verfahren bis Anfang des 19. Jahrhunderts, eine weitgehend eigenständige chinesische Technologie; die Fläschchen sind schwer und besitzen leicht unregelmäßig dicke Wände;
– **Mundblasverfahren mit Hilfe einer Form**: Der mittels einer »Glasmacherpfeife« »hohlgeblasene«, relativ schwere und massive Glasposten wird in einer dekorneutralen Form »ausgeblasen«; seit Ende des 17. Jahrhunderts praktiziert; typisch sind relativ dicke (zwecks späteren Reliefschnitts) Flaschenwände, wie man sie eigentlich nur in China findet; dieses Verfahren wurde sowohl für monochrome als auch für Überfangfläschchen angewendet.

Abb. 55 Sechsseitig geschliffenes, jadeweißes Snuff Bottle, feine Grisaille-Malerei (MOCAIHUA) mit Darstellungen traditioneller, auf der Straße ausgeübter Berufe, 6,2 cm, MINGUO-Periode

Die dominierende chinesische Herstellungstechnik für Snuff Bottles bestand darin, daß der Glasbläser einen »Glasposten« unter ständigem Drehen in halbflüssigem Zustand mit der »Glasmacherpfeife« (in Form eines Eisenrohrs) aufnahm und diesen in eine Form (»Model«/XING) ausblies (»formgeblasen«) und ihn schließlich am Hals der Flasche abschnitt (»abschlug«). Der Glasposten war meist in Relation zur Größe des herzustellenden Fläschchens vergleichsweise schwer, die Flaschenrohlinge neigten dazu, dickwandig zu sein. Dies trifft vor allem auf opakfarbene oder opakweiße und einige monochrome Snuff Bottles zu, möglicherweise auch, um ein Durchschimmern des Lichts noch besser zu vermeiden. Andererseits wurden in der Regel die Fläschchen danach reliefgeschnitten oder überfangen, wobei eine gewisse Wanddicke die Voraussetzung war. Die Technik der Glasbläserei ohne Form wurde bereits bei dem erwähnten grünen, transparenten und blasigen Duftfläschchen aus der HAN-Zeit (206 v. Chr.–220 n. Chr.) und bei den teilweise polychrom gefärbten, transluziden kleinen Flaschen, sogenannten GUANYIN-Flaschen der buddhistischen »Göttin der Barmherzigkeit« GUANYIN aus der TANG-Epoche (618–906), angewendet. Es gab aber auch vereinzelt im 18. Jahrhundert dünnwandige Snuff Bottles, die nur mit der »Glasmacherpfeife« in der Mundblastechnik ohne Form, wie in Europa üblich, hergestellt wurden.

Abb. 56 Rubinrosafarbenes, transparentes Glas-Snuff Bottle, mit gravierter QIANLONG-Vier-Zeichen-Siegelmarke, 6,6 cm, 1736-1795

In China kamen hauptsächlich folgende vier **Glas-Dekortechniken** zur Anwendung:
- Schneiden (DIAO)
- Gravieren (KEHUA)
- Aufschmelzen (TAO/Überfang)
- Glasmalerei (HUA)
- Emailfarbenmalerei (CAIHUA)
- Goldmalerei (JINHUA)
- Malerei innerhalb eines Snuff Bottles (NEIHUA)

Die **traditionelle Glasschneidetechnik** achtete auf präzis ausgearbeitete, abgerundete Dekorkanten und -brüche und entsprach so der chinesischen Vorliebe für »weiche«, handschmeichelnde Konturen eines Gegenstandes. Vereinzelt waren Snuff Bottles auch kleine figurale Skulpturen, gearbeitet aus einem massiven Glasstück. Monochrome Fläschchen oder solche mit farbigem Glasüberfang konnten mit einem tief geschnittenen, plastischen, aber doch weichen Dekor in Form von Blattwerk, Blüten, Drachen, Landschaften, Mensch- und Tiergestalten u.a.m. überzogen sein.

Das **Gravieren** (KEHUA/»Schitt-Malerei«) kam vorwiegend für Kalligraphien zur Anwendung, meist auf der Rückseite eines Snuff Bottles. Gravuren wurden häufig geschwärzt oder mit Gold ausgefüllt.

Glas wurde, wie schon erwähnt, als eine Art Halbedelstein aufgefaßt, so daß es nahelag, Glas mit den entsprechend gleichen, teilweise jahrtausendealten Techniken der traditionellen Steinschnitzerei zu bearbeiten, das heißt, mit dem Stichel zu schneiden (DIAO) beziehungsweise zu skulptieren, zu schleifen und zu polieren. Hält man ein geschnittenes Snuff Bottle gegen das Licht, so wird man im Gegensatz zu modern gegossenem Glas unter der Lupe gewisse Unebenheiten, selbst bei glatten Flächen, beobachten können. Einige monochrome, wie das abgebildete »kaiserlich gelbe« (Abb. 58) besitzen einen sehr schweren Korpus. Sie sind nach einer verbreiteten Technik aus einem massiven Rohstück hergestellt worden, wie von Jesuiten noch Ende des 18. Jahrhunderts berichtet wurde. Analog der Steinschnitzerei wurde das Stück ausgehöhlt und eventuell nach einem Dekor geschnitten oder seltener mit einem dünnen, farbigen oder transparenten Überfang (TAOLIAO) oder einem gemischtfarbigen Überfang (TAOJIAOLIAO) zusätzlich noch ummantelt.

Monochrome Fläschchen (DANCAILIAO) wurden nach vollständiger Abkühlung zunächst glatt, dann fein geschliffen und poliert (undekoriert) oder nach Dekorvorlage geschnitten, fein

Abb. 57 Rosarot-transparentes, dekorgeschnittenes Snuff-Bottle (5,4 cm) mit floralen Dekor (GRC 1.2), QIANLONG-Periode (1736-1795), Detail

Abb. 58 MINGHUANG-gelbes (sogen. »kaiserliches Gelb« oder »MING-Gelb«) oder hühnerfettgelbes (JIYOUHUANG) Glas-Snuff Bottle aus einem massiven Stück geschnitten, mit Fratzen-Motiv einer Bestie (GRC 0.8), 6,4 cm, 1760-1820

geschliffen und poliert oder poliert und graviert. Relativ selten wurden sie nach der Politur mit Email- oder Goldfarben bemalt, die im Ofen aufgeschmolzen wurden. Ein Großteil der monochromen Snuff Bottles blieb aber ohne Reliefdekor, so daß die Oberfläche völlig glatt oder manchmal nur partiell mit einem geschlossenen Dekor (zum Beispiel seitlich mit Taotie-Henkel) versehen war. Ein anderer Teil wurde halbplastisch oder reliefartig mit einem Dekor versehen. Im Gegensatz zur europäischen Glastechnik, bei der der Dekor fast immer facettenartig scharf ein- beziehungsweise herausgeschliffen (Brillantschliff), graviert oder ohne Vertiefung geätzt wird, erzielt die chinesische Technik der Steinschnitzerei (Baoshike) beziehungsweise des Glasschneidens (Liaoke) ein völlig anderes, einzigartig plastisches Erscheinungsbild.

Bei polychrom *gemischtfarbigem Glas* (Jiaoliao), das häufig Halbedelsteine imitieren sollte, wurde in der Regel eine farbig gemischte (Jiao) Glasmasse (Liao) auf einen farbigen oder transparent farblosen Flaschenkörper aufgebracht (englisch »casing«/ ummanteln).

In der Kangxi-Periode traten erstmals Snuff Bottles mit Überfangglas (Taoliao) auf. *Überfangglasfläschchen* bestehen aus einem farblosen oder farbigen Glaskörper, auf den eine (Taoliao) oder seltener zwei Schichten (Shuangtaoliao) verschiedenfarbigen Glases übereinander ganz (Quan) oder im Regelfall nur partiell (Bu) nebeneinander aufgeschmolzen wurden, so daß bis neun Überfangfarben möglich wurden. Bei dem ersten Verfahren wurde das Rohfläschchen von einer andersfarbigen, geschmolzenen Glasmasse *völlig umhüllt* (»ummantelt«). Bei dem zweiten Verfahren wurden auf den Flaschenrohling eine oder mehrere farbige Glasschichten *partiell* verteilt aufgetragen. Schließlich trug man in beiden Fällen die Glasschicht oder die Glasschichten des Rohfläschchens nach gewünschter Dekorvorlage bis auf den Grund ab, so daß sich der plastische oder reliefartige Dekor vom transparenten, weißen oder andersfarbigen Glaskörper kontrastierend abhob.

Abb. 59 Bergkristall imitierendes Glas-Snuff Bottle, zweite Hälfte 18. Jh.

Abb. 60 Aquamarin imitierendes Glas-Snuff Bottle mit archaischem Drachendekor, gefüllt mit altem Schnupftabak, 7,2 cm, QIANLONG-Periode (1736-1795)

Abb. 61 Rosarote, smaragdgrüne, gelbe und petrolblaue Transparentglas-Snuff Bottles in Form von Elefanten, links 1780-1850, Mitte 20. Jh., rechts Ende 19. Jh.

Monochrome und gemischtfarbige Snuff Bottles

單彩料

Die ersten Snuff Bottles waren, neben vereinzelten aus Porzellan mit Unterglasurmalerei, aus monochromem Glas. Diese Glas-Snuff Bottles entstanden höchstwahrscheinlich frühestens erst ab 1696 nach der Errichtung der kaiserlichen Manufaktur unter Kaiser KANGXI (1662-1722). Sie waren monochrom, das heißt einfarbig (DANCAILIAO). Schon Anfang des 18. Jahrhunderts soll es sie in den Farben Weiß, Gelb, Rubinrot, Purpur, »Flammenrot«, Blau, Grün, Schwarz und Bergkristallklar gegeben haben. Die ersten Fläschchen waren undekoriert (SUYANHU/»Schlicht-Tabak-Fläschchen«). Die früheste Form dürfte »mondscheibenförmig« (YUEXING) gewesen sein. Die ersten monochromen Fläschchen sowie die ersten mit Überfangglas und einem geschnittenen Reliefdekor dürften um 1710/20 entstanden sein. Auch scheint es schon früh Glaseinmischungen in Form von »geflecktem« Glas gegeben zu haben, wie von einem Geschenk des Kaisers KANGXI 1705 an den Beamten SONG LUO berichtet wird: Es ist von einem »goldgefleckten« (SAJIN), blauen Snuff Bottle die Rede.

Monochrome Snuff Bottles zeichnen sich in der YONGZHENG- (1723-1735) und in der frühen QIANLONG-Periode (1736-1795) durch eine immer vielfältigere Palette an Farben und neuen Formen aus. Die Formen waren von einer strengen Schlichtheit ohne jeden Dekor (Abb. 62), wobei es solche gab mit traditionellen Formen und solche, deren Form einer originellen (Abb. 65) oder figuralen Idee (fisch- oder kürbisförmig, Abb. 61 und 64) folgte. Ein anderer Typus war gleichfalls schlicht und traditionell mit nur seitlich einem reliefierten Henkel-TAOTIE- beziehungsweise Drachen-Dekor (Abb. 68). Eine andere Gruppe wiederum unterlag einem

Folgende Seite von links oben nach rechts unten

Abb. 62 Gruppe verschiedenfarbiger, transparenter Glas-Fläschchen, links, 6,2 cm (Rubinrot), frühester Typ (ab ca. 1800) eines Glas-Snuff Bottles, rechts, 6,5 cm (tiefes Violettblau), beide aus dem gleichen Grab der QIANLONG-Periode (1736-1795), Mitte/Ende 19. Jh.
Abb. 63 Rubinrosarotes, aus einem Stück geschnittenes Glas-Fläschchen in Form der buddhistischen Göttin GUANYIN, 19. Jh.
Abb. 64 Saphirblaues, geschnittenes Snuff-Bottle in Form einer glücksbringenden Fledermaus (FU), 1880-1940
Abb. 65 Petrolblaues Glas-Snuff Bottle, 5,7 cm, 1880-1950

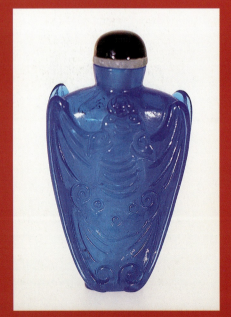
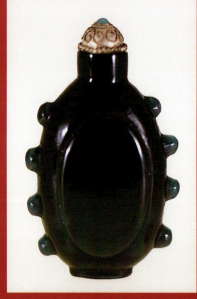

Vorangegangene Seite von links oben nach rechts unten

Abb. 66 Amethystfarbenes Blüten-Glas-Snuff Bottle, 5,2 cm, 19. Jh.
Abb. 67 Massives, aus einem Stück geschnittenes, rubinrotes Glas-Snuff Bottle in Gestalt des ZHONG LIQUAN, des Oberhaupts der »Unsterblichen«, 7,7 cm, 19. Jh.
Abb. 68 Gelbes Glas-Snuff Bottle mit seitlichem CHI-LONG-Drachen-Relief, 1750–1780
Abb. 69 Turmalinfarbenes Glas-Snuff Bottle, floraler Dekor, 6,7 cm, 19. Jh.

reichen, den ganzen Korpus einbeziehenden Reliefdekor (Abb. 41 und 54). Schließlich traten im 19. Jahrhundert einige sehr seltene, humanfigurale Snuff Bottles (Abb. 53, 63 und 67) auf.

Monochrom weiße und sehr selten farbige Snuff Bottles dienten auch als Basis für die Emailfarbenmalerei. Noch seltener wurden monochrom blaue Snuff Bottles mit Gold- oder Silberfarben bemalt. Die wichtigsten monochromen Glasfarben hatten Bezeichnungen wie Smaragdgrün, Saphirblau und Bergkristall für transparentes Glas oder Pfauenblau, Himmelsblau, Erbsengrün, Blattgrün, Korallenrot, Hühnerblutrot, Aprikosengelb, Hühnerfettgelb, Eierschalenweiß, Elfenbeinweiß für transluzentes oder opakes Glas. Unter YONGZHENG kannte man allein fünfzehn verschiedene Glasfarben bei monochromen Snuff Bottles. Gleichzeitig tauchten in der YONGZHENG-Periode Steinimitationen (FANGSHI) auf, das heißt, man experimentierte mit Glasfarben oder farbigen Glasmischungen (JIAOLIAO), die verschiedene Halbedelsteine, zum Beispiel Aventurin oder Jaspis, imitieren sollten. Snuff Bottles aus Aventurin-Imitationen wurden bis 1741 mit einem importierten Rohimitat aus Venedig(!) hergestellt, erst danach erfolgte die Fertigung mittels einheimischer Glasmischung. Bei Imitaten ist jedoch der »Glimmereffekt« etwas intensiver, meist aber nur partiell in ein dunkelblaues oder grünes Glas eingemischt. Monochrome Snuff Bottles wurden entweder nur geschliffen und poliert und dadurch ganz der Eleganz der Form und der Schönheit seiner Farbe überlassen oder nach einem Dekor völlig oder partiell (z. B. seitlich mit einem TAOTIE-Henkeldekor) mit einer mittleren Schnittiefe[4] reliefgeschnitten (DIAOKE), manchmal auch mit einer Kalligraphie graviert (KESHU).[5]

Unter gemischtfarbigen Snuff Bottles (JIAOLIAO HU) versteht man eine großartige Reihe farbenprächtig gefleckter, gepunkteter, marmorierter, gestreifter, schimmernder oder steinimitierender, unikater Fläschchen. Spätere Schöpfungen erreichten selten die Virtuosität der frühen, vor allem solcher des 18. Jahrhunderts. JIAOLIAO-Fläschchen wurden fast immer ohne oder in eher seltenen Fällen nur mit partiellem Reliefdekor versehen, häufig mit einem TAOTIE-Henkeldekor an den schmalen Seiten. Sie besitzen schlichte, runde oder ovale Formen und wurden nach der Ausformung glatt geschliffen und

Häufigkeit der Farben monochromer Snuff Bottles (ohne Dekor)
Die Erhebung basiert auf ca. 500 Snuff Bottles. (S selten, H häufig)

Farben:	*Marktpräsenz:*
Blau	SS
Braun	SS
Farblos	SSSSS
Gelb	HHHH
Grün	HH
Rosa	SS
Rot	HHHHH
Violett	SSS
Weiß, opak	HHH

Folgende Glasfarben in China nehmen als Imitationen (FANG) Bezug auf Edel- und Halbedelsteine (BAOSHI):	
Glasfarbe:	*Imitation:*
Transparent-grün	Smaragd
Transparent-blau	Saphir
Transparent-rot	Rubin
Rosafarben	Turmalin
Hellrot	Koralle
Violett	Amethyst
Blau	Lapislazuli
Hellblau	Aquamarin
Braun	Achat, Bernstein
Schwarz	Onyx
Grün	Türkis
Transparent	Bergkristall
Weiß	Jade
Bräunlich	Jade
Grünlich	Jade
Gelb und Braun	Bernstein

4 **Schnittiefe des Reliefdekors**
Bei Publikationen, Katalogen und Korrespondenz wäre es für Glas-Snuff Bottles mit Reliefdekor in Zukunft sinnvoll, auch die Schnittiefe (KESHEN) des Reliefs anzugeben, hier im weiteren als »**Glas Relief Cut**«, kurz GRC bezeichnet. GRC ist hierbei identisch mit der maximalen(!) Schnittiefe eines Reliefdekors bei einem Glas-Snuff Bottle, z. B. GRC 1.6 = 1,6 mm tief (siehe auch Seite 78).

5 Vereinzelt gab es Mitte des 18. Jahrhunderts und häufiger in der Republik-Periode (MINGUO) monochrome Fläschchen, die »europäisch« (Facetten- oder Brillantschliff) kantig und flächig geschliffen wurden.

Häufigkeit der wichtigsten Reliefdekormotive bei monochromen Snuff Bottles
Die Erhebung basiert auf ca. 500 Snuff Bottles aller Perioden. (S selten, H häufig)

Farbe (Sᴇ):	*Motive* (Tɪᴄᴀɪ):	*Marktpräsenz:*	*Farbe* (Sᴇ):	*Motive* (Tɪᴄᴀɪ):	*Marktpräsenz:*
Weiß, opak	Landschaften	SS	Gelb	Früchte	S
	Kalligraphie	HH		Sonstiges	H
	Florales/Vögel	SS		Tᴀᴏᴛɪᴇ-Maske	SS
Blau	Drachen	SS	Grün	Drachen	HHH
	Fledermäuse	SS		Florales	HH
	Florales	S		Kalligraphien	SS
	Kalligraphien	H		Tᴀᴏᴛɪᴇ-Masken	SS
	Landschaften	SS	Rot	Drachen	HHHH
Farblos	Drachen	SSS		Fische	SS
Gelb	Drachen	S		Florales/Zweige	S
	Fische	S		Pferde	SS
	Fischer	SS		Löwen	SS
	Florales	HHH	Violett	Drachen	SS

poliert. Sehr selten waren figurale Fläschchen, zum Beispiel als Zikade. Ihre Zeichnung war bichrom oder polychrom, das Glas transparent, transluszent oder opak.

Anhand der in diesem Buch abgebildeten Jɪᴀᴏʟɪᴀᴏ-Fläschchen wurde der Versuch unternommen, eine Systematik über die verschiedenen traditionellen handwerklichen Techniken des 18. und 19. Jahrhunderts bei der Herstellung dieser Fläschchen zu entwickeln. Der Farbdekor beruht, von wenigen Fällen abgesehen, traditionell durchwegs auf einer Überfangglas-Technik (Mehr-Schritt-Verfahren). Obwohl es technisch nahe läge, wurden in der Regel verschiedenfarbige Glasmassen nicht vermengt und direkt zu Snuff Bottles verarbeitet (1-Schritt-Verfahren), wie es der Ausdruck Jɪᴀᴏʟɪᴀᴏ suggerieren könnte. Eine etwas andere 1-Schritt-Technik mit einem speziellen Dekoreffekt findet man vereinzelt bei einigen transparenten Fläschchen ab der zweiten Hälfte des 19. Jahrhunderts.

攪料

Kunsthandwerklich sind nun folgende **fünf Jɪᴀᴏʟɪᴀᴏ-Typen** zu unterscheiden:

– **Typ 1** (3-Schritt-Verfahren): Unter dem üblichen 3-Schritt-Verfahren sind die Herstellung des Flaschenkörpers, der Dekor mit Hilfe eines farbigen Glasüberfangs und ein abschließender, immer transparenter Glasüberfang zu verstehen. Ein farblos transparentes oder opakweißes oder jadeweißes Fläschchen (Abb. 70, 71 links, 72, 73, 74 und 75 rechts) wurde zuerst dünn mit mehr oder weniger verschiedenfarbigen, sich überlappenden Glasfarben überzogen, und zwar bei

– Variante 1 *weitgehend* oder ganz mit einem gemischtfarbigen (Jɪᴀᴏ-ᴛᴀᴏ) Überfang,

– Variante 2 (selten) *partiell* oder punktuell kunstvoll farbig (Abb. 70) dekoriert oder

– Variante 3 *partiell* (häufig einfarbig) »besprenkelt« (Abb. 71 links und mit Teilen von Blattgold rechts, sowie Abb. 72).

Abb. 70 JIAOLIAO-Snuff Bottle mit einem Farbspiel von sechs Farben auf jadeweißem Grund, 5,9 cm, 1750-1800

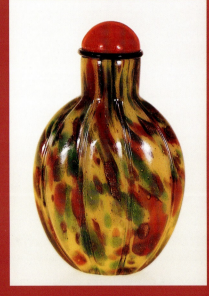

Danach wurde das Fläschchen mit einem farblos transparenten, unterschiedlich dicken (bis 5 mm!, s. Abb. 73), transparent farblosen oder hellgelben (Abb. 75 rechts) oder gelben (Abb. 71 links) oder braunen (Abb. 74) Glasüberfang ummantelt. Diese Fläschchen zeichnen sich aufgrund des transparenten Überfangs durch eine hohe Brillanz aus. Außerdem sind sie von dem Typ 2 allein dadurch schon leicht zu unterscheiden, da über den Farben deutlich eingeschlossene Luftbläschen zu erkennen sind.

Abb. 75 Zwei dünnwandige Mischfarbglas-Fläschchen (JIAOLIAO HU), Periode DAOGUANG (1821-1850), links mit DAOGUANG-Vierzeichen-NIANHAO. Verschiedene Typen von Mischfarbglas (JIAOLIAO) von 1750-1850 waren besonders bunt, erinnerten an Blütenblätter und wurden deshalb auch HUADIAN LIAO (»Blüten-Einsprenkelungen-Glas«) genannt.

– **Typ 2** (2-Schritt-Verfahren): Meist intensiv farbige Fläschchen (in den vorliegenden Fällen schwarz, dunkelviolettblau, tiefeisenrot, ocker und hellblau), teilweise aus einem ausgehöhlten Glasstück geschnitten, wobei der Korpus entweder
  – Variante 1 *weitgehend* mit einem in sich verschiedenfarbigen dünnen Überfang (JIAOTAO) überzogen (Abb. 77 und 81) oder
  – Variante 2 *partiell* mit Glasfarben (Abb. 75 links und 78) und Metallmineralien (Aventurin-Imitation mit Hilfe von Kupferspäne, Abb. 80), teilweise übereinander, »gesprenkelt« wurde.

Allgemein ist Typ 2 unschwer daran zu erkennen, daß der Farbdekor sichtbar an der »Oberfläche« liegt.

Dominiert partiell und punktuell eine Farbe, so spricht man von »farbgesprenkelten« (DIAN oder SA) Fläschchen (zum Beispiel ein »grün gesprenkeltes Fläschchen« DIANLÜ HU oder »goldgesprenkeltes Fläschchen« SAJIN HU).

JIAOLIAO-Fläschchen machen es häufig schwer, jedes Detail bei der Herstellung nachzuvollziehen, und erregen schon von daher unsere größte Bewunderung. Ein bedeutendes Beispiel hierfür ist das abgebildete, perfekt gelungene JIXUEZHI-(»Blutiges-Hühnerfett«)-Snuff Bottle (Abb. 78 und 79) aus der Mitte der QIANLONG-Periode. Dieser seltene JIAOLIAO-Typ wird in der Literatur häufig auch als Imitation des orange- bis rotfarbenen, arsenhaltigen Minerals Realgar (sogenanntes »Rauschrot«), chinesisch JIGANSHI (»Hühnerleberstein«), bezeichnet. Im vorliegenden Fall sind mit einer einzigartigen Raffinesse auf dem ockerigen Grund die roten »Blutflecken« nochmals mit feinsten gelblichen »Fetträndern« umgeben! Im übrigen ist diese spezielle, sehr seltene Ocker-Farbe typisch für die QIANLONG-Periode (siehe auch das dreifach ummantelte Überfangglas-Snuff Bottle Abb. 104 und in Moss, »The Art of Chinese Snuff Bottle« Nr. 366). Spätere häufige Versuche ab Ende des 18. Jahrhunderts reichten nie wieder an diese farbkompositorische Kunstfertigkeit heran. Bei den meisten JIXUEZHI-Snuff Bottles gelang es nicht, den Effekt beziehungsweise diesen Typ »gelblich-fettiger Blutstropfen« zu erzielen – sie tendierten, vor allem nach dem 18. Jahrhundert, entweder zu marmorierenden Rottönen (Abb. 82) oder zu marmorierenden Braungelbtönen.

Linke Seite von links oben nach rechts unten

Abb. 71 Drei Fläschchen in Form einer Zikade, eines aus Schildpatt imitierendem Mischfarbglas (JIAOLIAO), eines aus grünem und eines aus goldgesprenkeltem (SAJIN) Glas, 19. Jh.

Abb. 72 Glas-Snuff Bottle mit Schildpatt imitierendem JIAOLIAO-Glasüberfang, 6,1 cm, 1780-1820

Abb. 73 Mischfarbglas-Fläschchen (JIAOLIAO HU), Mitte 19. Jh. oder etwas später

Abb. 74 Melonenförmiges Mischfarbglas-Snuff Bottle (JIAOLIAO HU), 1750-1800

– **Typ 3** (2-Schritt-Verfahren): Im vorliegenden seltenen Fall (Abb. 76) wurde ein türkisblaues Fläschchen mit einer ca. 1 mm dicken und grünen Ummantelung, in die auf willkürliche Weise Blattgoldstücke (SAJIN) eingebracht wurden, versehen. Das Gold ist im Glas orangegold und dort, wo es die Oberfläche durchbricht, goldglänzend hellgelb.

– **Typ 4** (1-Schritt-Verfahren): Auf eine sich zu einem Fläschchen vorgeformte transparente, hell gefärbte oder ungefärbte Glasblase wurden während des Drehens der Glaspfeife partiell einige Glasfarben (also keine farbige Glasmasse) aufgebracht, wonach die Glasmasse beziehungsweise das noch im Zustand der Formgebung begriffene Fläschchen offensichtlich nochmals in die Glasmasse getaucht wurde, um dann ausgeformt zu werden. Das Ergebnis ist ein schichtenloses Glasfläschchen, in dessen Glasmasse die Farben vollkommen integriert sind. Durch das Einbringen der Farbe oder der Farben während des Drehens der Glasmacherpfeife entstand ein besonderer Dekoreffekt – die Farben positionierten sich durch die Drehung »zentrifugal« (Abb. 83).

– **Typ 5** (1-Schritt-Verfahren): Aus einer gemischtfarbigen Glasmasse wurde direkt ein Fläschchen hergestellt. Dieses Verfahren wurde in der TANG-Epoche (618-906) für kleine, sogenannte »GUANYIN-Fläschchen« (Abb. 85) als Grabbeigabe angewendet. Trotzdem scheint für Snuff Bottles dieses technologisch eher einfache Verfahren vereinzelt erst im 20. Jahrhundert Eingang gefunden zu haben. So tauchen neuerdings größere, hochglänzende, leicht marmorierte, gemischtfarbige (?), eher monochrome Snuff Bottles (Abb. 84) mit Reliefdekor auf dem Markt auf. Sie wurden weder geschnitten noch poliert, sondern mit moderner Technik gegossen.

Die große Zeit der gemischtfarbigen Snuff Bottles währte von der Mitte des 18. Jahrhunderts bis in die DAOGUANG-Periode (1821-1850) hinein, das heißt etwas länger als hundert Jahre, wobei jeder Zeitabschnitt bestimmte Formabwandlungen und dominierende Farben, Farbkombinationen und Farbstrukturen hervorbrachte. Nur selten lassen sich danach noch einige eigenwillige, interessante Beispiele vom Ende der QING-Zeit und aus der MIN JINQI-Periode (MINGUO) finden.

Snuff Bottles mit Emailmalerei

Spätestens seit dem zweiten Jahrzehnt des 18. Jahrhunderts wurde Glas mit Emailfarben (FALANGCAI) bemalt: Einem Bericht zufolge schenkte Kaiser KANGXI im Jahr 1716 dem

Abb. 76 Hellgrünes Glas-Fläschchen mit Goldeinsprenkelungen (SAJIN HU), 1750-1800

Rechte Seite von links oben nach rechts unten

Abb. 77 Mischfarbglas-Fläschchen (JIAOLIAO HU), wahrscheinlich aus einem schwarzen Glasstück geschnitten, zweite Hälfte 18. Jh.

Abb. 78 Dünnwandiges Mischfarbglas-Fläschchen (JIAOLIAO HU), Typ JIXUE-ZHI (»blutiges Hühnerfett«) oder LIAOFANG JIGANSHI (»Glasimitation des Hühnerlebersteins« bzw. Realgar), QIANLONG-Periode, zweite Hälfte des 18. Jhs.

Abb. 79 Seitenansicht desselben Snuff Bottles

Abb. 80 Massives, aus einem Stück geschnittenes, »goldgesprenkeltes« (SAJIN HU), tiefviolettblaues Snuff Bottle, in der Literatur häufig auch als eine Aventurin-Glasimitation (LIAOFANG SHAJINSHI) bezeichnet, zweite Hälfte 18. Jh. (Hals verkürzt)

Abb. 81 Massives, aus einem Stück geschnittenes Snuff Bottle aus Mischfarbglas (JIAOLIAO HU), Imitation von Jaspis, 1760-1850

Abb. 82 Massives, marmorierend gemischtes, Realgar imitierendes Mischglas-Fläschchen (JIAOLIAO HU), wahrscheinlich erste Hälfte 20. Jh.

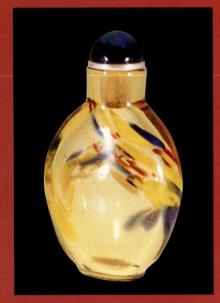

Gouverneur der Provinz GUANGXI vier mit Emailfarben bemalte Gegenstände aus Glas. Die Liste gibt sogar einen Einblick in die damalige Produktion: Es handelte sich um ein Wassergefäß, eine achteckige Deckelschale, einen Tuschreibstein, einen runden Weihrauchbrenner sowie zusätzlich um ein rotes monochromes Snuff Bottle. Analog zur zeitgenössischen Porzellanmalerei kann davon ausgegangen werden, daß die Glasemailmalerei schon ein ähnlich hohes Niveau erreichte.

Fast alle Snuff Bottles mit Emailfarben waren und sind bis heute aus opakweißem Glas, seltener aus farbigem oder noch seltener aus farblos transparentem Glas, das eher typisch für das erste Drittel des 20. Jahrhunderts ist, von raren Einzelfällen aus der QIANLONG-Periode abgesehen. Die Palette der Emailfarben entsprach weitgehend der der Porzellanmalerei (siehe auch Kapitel 6) innerhalb einer Periode. Fast ausschließlich handelt es sich um die sogenannte FENCAI-Malerei (»famille rose«) mit der Dominanz gemischter zarter Tonabstufungen und einem typischen Rosa.

Snuff Bottles mit Emailmalerei erforderten die Zusammenarbeit zwischen einer Manufaktur für Glas und einer für Emailfarbenmalerei. Zuerst wurde das Fläschchen gegossen, geschliffen und poliert, dann die Emailfarbe aufgetragen und in einem kleinen Ofen aufgeschmolzen. Die große Schwierigkeit bei dieser Art Emailmalerei bestand in dem fast gleichen Schmelzpunkt von Glas und glasartigen Schmelzfarben. Das frühe Glas besaß – wie schon erwähnt – häufig einen überhöhten Anteil an Alkali, der einen relativ niedrigen Schmelzpunkt zur Folge hatte. Dies barg die Gefahr, daß der Glaskörper vor der Emailfarbe zu schmelzen begann. Konnte aber die Emailfarbe nicht vollständig aufschmelzen, verlor die Farbe die gewünschte Brillanz. Obwohl versucht wurde, diesem technischen Problem mit Zusatz von Zinnoxid entgegenzuwirken, scheint die Emailfarbenmalerei auf Glas immer ein gewisses heikles Unterfangen geblieben zu sein. Auch die große Seltenheit solcher Objekte dürfte dafür ein Beweis sein. Die meisten der wenigen Stücke aus der QIANLONG-Periode sind in der Palastsammlung in TAIPEH in TAIWAN zu besichtigen. (Bekanntlich floh 1949, am Ende der Chinesischen Republik [MINGUO], der Bürgerkriegsgegner von MAO ZEDONG, CHIANG KAI-SHEK, mit dem Großteil aller Kunstschätze aus dem Kaiserpalast in BEIJING auf die Insel TAIWAN und gründete dort das National Palast Museum.) Das einzige Exemplar mit Emailmalerei aus der YONGZHENG-Periode wird dort ausgestellt. Die frühesten Snuff Bottles mit Emailmalerei tragen keine Marken und dürften um 1715 entstanden sein.

Zumindest zwei Stücke aus der KANGXI-Periode, die sich in Privatsammlungen befinden, sind bekannt. Insgesamt schätzt man, daß nicht mehr als ca. 300 Stück bis Ende der QIANLONG-Periode (1795) entstanden sind. Ähnliche, den Stücken der QIANLONG-Periode nachempfundene Exemplare mit feinster Malerei im Stil des 18. Jahrhunderts stammen von YE BENGQI aus den dreißiger Jahren des 20. Jahrhunderts.

Abb. 87 Transparentes Snuff Bottle mit braun-matter Sepia-Malerei (MOCAI-HUA), 1880-1930

Linke Seite von links oben nach rechts unten

Abb. 83 JIAOLIAO-Snuff Bottle mit vier eingemischten Farben, 5,8 cm, zweite Hälfte 19. Jh. oder ev. später

Abb. 84 Großes, gelb-marmoriertes Snuff Bottle, Glasguß, 8,2 cm, Ende 20. Jh.

Abb. 85 Drei, ca. 9 cm große, sogenannte GUAN-YIN-Fläschchen (JINGSHUI-PING) aus Mischfarbglas (JIAOLIAO), buddhistische Grabbeigabe der TANG-Epoche (616-960)

Abb. 86 Öffnungen von sechs Mischfarbglas-Fläschchen (JIAOLIAO HU), 1760-1850

Ähnlich wie bei der Malerei auf Porzellan erscheinen die Emailfarben auf Glas brillant und intensiv. Der Flaschenkorpus war schlicht in der Form, nur der Malerei dienend. Bei einer raren Gruppe war die bemalte florale Oberfläche zuvor in den Umrissen des Maldekors erhaben herausgeschnitten, was einen prachtvollen plastischen Effekt zur Folge hatte. Die Formen der frühen Snuff Bottles mit Emailmalerei waren fast ausschließlich

- »mondscheibenförmig« (YUEXING), siehe Abb. 148 und 149,
- »eiförmig« (DANXING) oder oval (LUANXING),
- quadratisch (FANGXING).

Dekormotive der FENCAI-Emailmalerei bei Glas-Snuff Bottles	
Die Erhebung basiert auf 100 Snuff Bottles (Weißglas)	
(S selten, H häufig)	
Sujets (TICAI):	*Marktpräsenz:*
Figurales	S
Europäische Figuren	S
Florales	HHHH
Früchte	SS
Landschaften	HH
Phönix/Vögel	H
Tiere	SS

Neben den in erster Linie mondscheibenförmigen und leicht konischförmigen Snuff Bottles von YE BENGQI gibt es von ihm einige sehr seltene und ungewöhnliche, völlig übermalte Fläschchen, die einen sechslappig ballusterförmig geschnittenen Korpus mit einem sechsfachen floralen Reliefdekor besitzen (Abb. 100).

Die Sujets der Emailmalerei sind überwiegend floral, Typ »Blumen-Vogel« (HUANIAO), oder sie zeigen chinesische oder europäische Figuren, Glückssymbole oder seltene Landschaften. Häufig sind sie innerhalb eines Medaillons gemalt. Der Flaschenhals hat eine deutliche Taille, er ist an der Öffnung weiter als zur Mitte hin.

Abb. 88 FENCAI-Malerei auf Glas mit Mandarinenten-Paar und Lotos, QIANLONG-Periode (1736-1795) mit eingeschnittenem Vierzeichen-NIANHAO, Palastmuseum BEIJING

Abb. 89 Kleines Snuff Bottle mit Emailmalerei auf Reliefdekor, 3,6 cm, erste Hälfte 20. Jh.

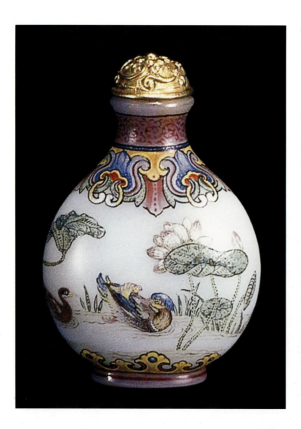

Fotodokumentation einiger Arbeitsschritte bei der Herstellung eines Snuff Bottles in Zibo/Boshan:

Aufgrund eines Ersuchens des Autors wurden unter Vermittlung des chinesischen Fernsehens in Zibo im Dezember 2000 seit längerem stillgelegte Öfen wieder angeworfen und bestückt, um so die Herstellung eines Glas-Fläschchens nach dem Mundblasverfahren zu dokumentieren.

Abb. 90 bis 98   Beschickung des Schmelzofens (auf dem Ofen sind die typisch runden Kohlenbriketts zu erkennen) – Farbige Glasmasse wird für die Herstellung eines Fläschchens in Tiegel gegossen – Aus den Tiegeln wird die Glasmasse (»Glasposten«) mit der »Glasmacherpfeife« aufgenommen – Die Glasmasse wird vom »Glasmacher« vorbereitet – Herstellung des Rohfläschchens durch wiederholtes Erhitzen, Mundblasen und Drehen der Glasblase durch den Glasmacher – Arbeitsplatz mehrerer Glasmacher vor einem Rundwerksofen – Schleifen und Polieren von farblos transparenten Snuff Bottles – Beispiele zeitgenössischer Überfangglas-Snuff Bottles aus Zibo.

Abb. 99 Emailmalerei auf Glas, ca. 1920-1940

Ein seltener Typ feinster FENCAI-Malerei trägt die Marke »Alte Mondterrasse« (GUYUEXUAN). Er ist floral oder figural bemalt, rückseitig befindet sich in der Regel eine Kalligraphie. Der gleiche Typ ist auch bei Porzellan bekannt. Die Entstehungsgeschichte ist bis heute Spekulation. Man vermutet, daß diese Stücke in der kaiserlichen Manufaktur zwischen 1770 und 1830 hergestellt wurden. GUYUEXUAN könnte allerdings auch die Studiobezeichnung einer privaten Werkstatt gewesen sein. Es gibt auch eine seltene Gruppe von Snuff Bottles mit Emailmalerei aus dem 18. und teilweise noch aus dem 19. Jahrhundert, deren Dekorumriß erhaben als Relief herausgeschnitten ist. Sie tragen häufig gleichfalls die Marke GUYUEXUAN.

Wie der Sammler Perry (siehe Literaturverzeichnis) berichtete, sah er zweimal ein ungewöhnliches Glasfläschchen, dessen Malerei auf dem Flaschenkörper von einer dicken Glasschicht überzogen gewesen sei. Sicher handelt es sich dabei um einen sehr seltenen Typ. Das in seinem Buch abgebildete Fläschchen aus einer älteren Sammlung und mit dieser eigenartigen Technik scheint aber typologisch eher auf eine Entstehungszeit zwischen 1920 und 1940 hinzuweisen.

Abb. 100 Emailfarbendekoriertes, blütenblattbalusterförmig geschnittenes Glas-Snuff Bottle mit Reliefdekor, YE BENGQI zugeschrieben (in minderer Qualität häufig kopiert), blauem QIANLONG-Vier-Zeichen-NIANHAO in Normalschrift, 6,9 cm, 1930-40

In der Nationalen Palastsammlung in TAIPEH existiert ein Snuff Bottle mit Hinterglasmalerei (NEIHUA) mit floralen Motiven (Lotos), die Schultern und der Hals des Fläschchens sind zusätzlich mit Emailfarben bemalt. Es trägt eine QIANLONG-Marke, ist deshalb zwischen 1736 und 1795 entstanden. Die Existenz dieses Snuff Bottles löst beim Sammler in Anbetracht der chinesischen Kunstgeschichte größtes Erstaunen aus: Mindestens fünfzig Jahre früher, als nach der offiziellen Version die »Erfindung« innenseitig bemalter Snuff Bottles angesetzt wird, blitzte diese Idee in einer kaiserlichen Werkstatt auf, um dann wieder in Vergessenheit zu geraten. Doch in der chinesischen Kunst gab es oft Vorläufer, Beispiele später wieder neu erfundener Techniken! Es ist nicht bekannt, wie viele solcher Snuff Bottles produziert wurden, vermutlich nur dieses eine. Anscheinend hat es aber dem mehr auf Brillanz und Pracht ausgerichteten kaiserlichen Geschmack nicht entspro-

Abb. 101 Snuff Bottle mit Emailmalerei und frühester NEIHUA-Malerei, QIAN-LONG-Periode (1736-1795)

chen. Auch ist die Innenglasmalerei bei einer tatsächlichen Füllung mit Schnupftabak schlecht sichtbar und wäre aufgrund der Wasserfarben-Technik bald zerstört gewesen. Leider ist bis heute, auch aus späterer Zeit, kein weiteres Snuff Bottle mit der Kombination dieser zwei völlig verschiedenen Maltechniken bekannt geworden.

Überfangglas-Snuff Bottles

Obwohl das Überfangglas-Verfahren auch bei den schon beschriebenen JIAOLIAO-Snuff Bottles angewendet wurde, versteht man unter dem Begriff Überfangglas-Snuff Bottles (TAOLIAO HU) immer solche überfangenen Fläschchen, in deren Überfangglasschicht reliefartig ein Dekor bis auf den Korpus herausgeschnitten wird. Hierbei entsteht ein ästhetisch raffinierter Kontrast zwischen der Farbe des Flaschenkörpers und der des Überfangglases. Wie schon erwähnt, stellt das Snuff Bottle mit Überfangglas (TAOLIAO/»überzogen mit Glas«) eine Entwicklung der KANGXI-Periode dar. Die frühesten Snuff Bottles (alle ohne Marke) mit ausschließlich nur einem transparenten, intensiv farbigen Glasüberfang dürften schon im ersten Jahrzehnt des 18. Jahrhunderts entstanden sein. Sie bestehen aus einem leicht farbigen oder farblosen transparenten oder halbtransparenten, mehr oder weniger bläschenhaltigen Glaskörper, der mit einem rubinroten, seltener mit einem saphirblauen oder smaragdgrünen Überfangglaüberzogen ist. Der Glaskörper wurde noch vollständig mit einer Glasfarbe überfangen. In der frühen QIANLONG-Periode (1736-1795) erschienen erstmals einige Fläschchen mit zwei intensiven Glasfarben, wobei die Farbe des Flaschenkörpers rot und die des Überfangglases blau, seltener grün war. Ab der Mitte des 18. Jahrhunderts gab es, neben der vollständigen Ummantelung, auch einen »partiellen Überfang« in verschiedenen Glasfarben auf halbtransparentem oder meist opakweißem Flaschenkörper, so daß vielfarbige Überfangglas-Snuff Bottles möglich wurden. In der zweiten Hälfte der QIANLONG-Periode wurde schließlich ein künstlerisch-ästhetischer Höhepunkt mit zweimal (SHUANG) vollständig ummantelten Überfang-Snuff Bottles erreicht.

Zu Beginn dürften Überfang-Fläschchen ausschließlich in der kaiserlichen Manufaktur hergestellt worden sein, erst etwas später etablierten sich hierfür auch private Werkstätten in BEIJING.

Das möglicherweise früheste bekannte Überfangglas-Snuff Bottle ist in »The Art of the Chinese Snuff Bottle« von Moss, Graham und Tsang abge-

陶料

Abb. 102 Frühes Überfangglas-Snuff-Bottle, 1715-1725, Ps. Sophie LIN, China

Abb. 103 Basis des Snuff Bottles von Abb. 102

bildet und dort eingehend besprochen. Auf Seite 73 (Abb. 102) ist ein gleiches Fläschchen abgebildet, das aus der ehemaligen chinesischen Sammlung der Ehefrau von ZHENG XIAO stammt – dem ersten Minister unter dem Kaiser PUYI (bis 1911 chinesischer Kaiser XUANTONG) des von den Japanern in der Mandschurei gegründeten Vasallenstaates MANDSCHUKO (1932-1945). Es wurde dem Autor aus der Privatsammlung von Sophie LIN (BEIJING) für dieses Buch zur Verfügung gestellt.

Die »Erfindung« der Überfangglastechnik (TAOLIAO, englisch »overlay glass«) in China, möglicherweise nach dem Vorbild einiger Überfangglasobjekte aus Europa, und die Übernahme und Weiterentwicklung dieser Technik für Snuff Bottles ließ – wie schon beschrieben – schließlich eine einzigartige, ästhetisch unerschöpfliche Kategorie von Snuff Bottles entstehen. Sie trug entscheidend dazu bei, daß Snuff Bottles zum beliebtesten Sammelobjekt der chinesischen Kleinkunst wurden. Während europäisches Glas fast immer scharfkantig geschliffen (»Brillantschliff«), graviert oder geätzt wurde, besteht das Neue und Einzigartige an dieser chinesischen Dekortechnik darin, eine oder mehrere farbige Glasschichten bis auf den Glaskörper reliefartig herauszuschneiden, wobei Farbschichten und Flaschenkörper miteinander kontrastierend prachtvolle Effekte ermöglichen.

Abb. 104 Aubergine-ocker-tiefblaues, dreifach (!) ummanteltes Überfangglas-Snuff Bottle, Hirschdekor (GRC 4.3!), 7,4 cm, 1750-1780

Gegen Mitte des 18. Jahrhunderts wurden Überfangglas-Snuff Bottles nicht nur in den Palastmanufakturen produziert, sondern auch in privaten Manufakturen in BEIJING, aber auch schon in BOSHAN (YANSHEN, heute ZIBO). Bis vor kurzem gab es noch in BEIJING staatliche Werkstätten, die jetzt aber alle aufgelöst wurden. Wie Nachfragen in China ergaben, beliefert heute ZIBO in der Provinz SHANDONG das jetzt dominierende Produktionszentrum HENGSHUI im Süden der Provinz HEBEI und LANGFANG im Norden von HEBEI mit Überfang-Rohfläschchen, die dort in einer Vielzahl von kleinen Familienwerkstätten mit einem Reliefdekor versehen werden. Fast alle neueren Fläschchen stammen aus diesen beiden Zentren. Die Dezentralisierung der Produktion von Überfangglas-Snuff Bottles in viele Familienbetriebe bringt es überdies mit sich, daß qualitativ große Unterschiede existieren. Positiv formuliert gibt es einige Betriebe, die sich bemühen, bemerkenswerte Einzelstücke herzustellen, neben einer massenhaft und lieblos gefertigten Ware. Im übrigen arbeiten am gleichen Ort die bedeutendsten zeitgenössischen Künstler der NEIHUA-Malerei in ihren Studios.

Neuerdings kann man manchmal in China ein für das Auge eigenartiges Überfangglas mit einer Farbummantelung auf einem farblosen Glaskörper in Form von Vasen, Schalen und sehr großen, breitbauchigen »Snuff Bottles« antreffen. Ungewöhnlich ist dies deshalb, weil das Relief rein maschinell kantig und im wörtlichen Sinne schneidendscharf herausgeschnitten wurde.

Typologisch sind Snuff Bottles mit Überfangglas wie folgt zu unterscheiden:

– Überfangglas mit einer Farbglasschicht
– Überfangglas mit einer farblos transparenten Glasschicht über einem farbigen Glaskörper, wobei die farblose, transparente Glasschicht reliefgeschnitten wird
– Überfangglas mit mehreren Farbschichten, zwei verschiedene technische Verfahren wurden hier angewendet:
  – Auf dem gesamten (QUAN) Glaskörper wurden zwei, ein sogenannter »doppelter Überfang« (SHUANGTAOLIAO, Abb. 111), oder höchstens drei verschiedenfarbige Glasschichten (»dreifacher Überfang«, Abb. 104) übereinander aufgebracht. Diese Technik der zweifachen oder äußerst selten der dreifachen vollständigen Ummantelung wurde nicht sehr häufig praktiziert. Solche Überfangfläschchen besitzen ein ganz eigenes ästhetisches und plastisches Erscheinungsbild, insbesondere durch die unterschiedlichen Höhen des verschiedenfarbigen Dekors, durch die Kontrastierung der seitlich erkennbaren verschiedenfarbigen Schichten sowie durch eine farblich unterschiedliche und insgesamt größere Schnittiefe bis zum Korpus. Dieser Typus – von häufig unbeschreiblicher Eleganz und Schönheit – trat in der zweiten Hälfte des 18. Jahrhunderts auf und brillierte bis Ende der DAOGUANG-Periode (1850), um dann Ende des 19. Jahrhunderts vereinzelt eine kleine Renaissance zu erleben. Insbesondere im 19. Jahrhundert waren hierfür »mondförmige«, leicht bauchige Fläschchen typisch. Seit einiger Zeit findet man gehäuft neue SHUANGTAOLIAO-Fläschchen (Abb. 137), reizlos für jeden Sammler. Typisch ist hier das milchig-wässrige, etwas durchscheinende Weiß im Gegensatz zu den wenigen, durchaus

Abb. 105 SHUANGTAO-LIAO-Snuff Bottle in Form eines aufgezäumten Elefanten, 5,3 cm, 19. Jh.

Dekormotive von Snuff Bottles mit Überfangglas
Die Untersuchung basiert auf ca. 1000 Snuff Bottles aller Perioden.

(S selten, H häufig)

Glaskörper:	Motive des Überfangs:	Marktpräsenz:
Farblos/weiß	ein- oder mehrfarbig	
	Altertümer/Schätze	SS
	Buddhistische	SSSSS
	Drachen	HHHH
	Figuren	HH
	Fische	HHH
	Fischer	SSS
	Fledermäuse	S
	Florales	HHHHH
	Früchte	S
	Kalligraphien	SSS
	Landschaften/Bäume	HH
	LINGZHI	SSS
	Pferde	S
	Tiere	HH
	Vögel	HH
	Zodiak	SSS
Farbig	ein- oder mehrfarbig	
	Altertümer/Schätze	H
	Büffel	SSS
	Drachen	HHH
	Figuren	HH
	Fische	S
	Fischer	SSS
	Fledermäuse	S
	Florales	HHHHH
	Früchte	SSS
	Grillen	SSS
	Kalligraphien	SS
	Krabben	SS
	Pferde	S
	Tiere (sonstige)	HH
	Vögel	S

Rechts außen
Abb. 111   Tiefgrünes Snuff Bottle mit gelb-blauem Doppelüberfang (SHUANG-TIAOLIAO), 7,4 cm, TAOTIE-Masken-Dekor (GRC 1.6), Vierzeichen-QIANLONG-Siegelmarke, ca. 1760-1795

exzellenten Stücken vom Ende des 19. Jahrhunderts (Abb. 112) bis vereinzelt noch in die MINGUO-Periode hinein.

– In der Regel wurde aber auf dem Glaskörper nur partiell (BU) verschiedenfarbiges Glas aufgeschmolzen; leicht erkennbar daran, daß die verschiedenen Glasfarben des Dekors die gleiche Höhe zum Glaskörper aufweisen. Einerseits war dies eine herstellungstechnische Vereinfachung, andererseits war es erst auf diese Weise möglich, einen polychromen Dekor mit einer größeren Anzahl der unterschiedlichsten Glasfarben zu realisieren. Schon gegen Ende der QIANLONG-Periode gab es Überfangfläschchen mit bis zu neun Farben! Da es sich in diesen Fällen nur um einen »partiellen Überfang« handelt, entfällt in der chinesischen Bezeichnung der die beiden Techniken unterscheidende Hinweis QUAN (»ganz, vollständig«), so daß man zum Beispiel im Falle von drei (SAN) Farben (Flaschenkörper und zwei Farbbereiche) nur einfach von SANTAOLIAO spricht.

Abb. 112   Gelbes Snuff Bottle mit grün-weißem Doppelüberfang (SHUANG-TIAOLIAO), Lotosdekor (GRC 2.6), 6,4 cm, ca. 1880-1930

Der chinesische **Terminus TAOLIAO** (»Überfangglas«) beinhaltet immer mindestens zwei Glasfarben, die des Glaskörpers, auch wenn er farblos ist, und die des farbigen Glasüberfangs. Steigt die Anzahl der Farben insgesamt, zum Beispiel: Farbe (CAI oder SE) des Glaskörpers mit zwei verschiedenen Überfangfarben, so sind es nach chinesischer Auffassung drei (SAN) Farben, also ein »Drei-Farben-Überfangglas«, chinesisch SANSE TAOLIAO oder SANCAI TAOLIAO (»Drei-Überfangfarbenglas«). In dem gleichen Sinne bezeichnet man dann ein Überfangglas mit drei Farbschichten auf dem farblosen oder farbigen Glaskörper als SICAI TAOLIAO oder SISE TAOLIAO, das heißt »Vier-Farben-Überfangglas«. Um selbst den korrekten chinesischen Begriff bilden zu können, seien auf Seite 76 die notwendigen Zahlen im Chinesischen angeführt

Linke Seite von links oben nach rechts unten

Abb. 106   Rubinrotes Fläschchen mit schwarzem Überfangglas (GRC 1.4), 6,8 cm, 19. Jh.
Abb. 107   Rotes Glas-Fläschchen mit farblos-transparentem Überfang über einem rubinroten Korpus, GUAI-Drachendekor, 1800-1850
Abb. 108   Opakgrünes Snuff Bottle mit weißem Überfang, glanzlos-matte(!) Oberfläche, Ende 20. Jh.
Abb. 109   Saphirblaues Überfangglas, 1730-1820, Ps. H. P. Lehmann, Antiquitäten Mona Lisa, Ascona
Abb. 110   Überfang-Snuff Bottle (Spinne als Glücksbringerin), seitlich flächig geschliffen, 6,4 cm, MINGUO

In der zweiten Hälfte der QIANLONG-Periode wurden immer häufiger auch Snuff Bottles mit mehrfarbigem Überfangglas hergestellt, wobei der Flaschenkörper meist opak-milchig-weiß oder farblos-halb-transparent oder »alt-trüb«

Abb. 113 Zwei kugelige Überfangglas-Snuff Bottles, rechts mit schwarz-rotem Doppelüberfangglas (SHUANGTIAOLIAO), QIANLONG-Periode, ca. 1750-1780, Ps. Sophie LIN, China

war. Letzterer Glaskörpertypus wurde bekanntlich zu allem imitiert, was auch bis heute gilt. Ein farbiger Glaskörper war eher selten. Als neue Farben des Glasüberfangs traten neben dem bisherigen kräftigen Rot und Blau ein Braungelb, ein Dottergelb und ein Hellblau hinzu.

Schließlich muß an dieser Stelle noch auf eine selten anzutreffende, interessante Gruppe von opakweißen, monochromen Fläschchen zwischen 1780 und 1880 hingewiesen werden, bei denen der Reliefdekor aus dem Korpus erhöht herausgeschnitten und danach die Reliefoberfläche mit rotem Lack(!) versehen wurde. Auf den ersten Blick erscheinen sie wie ein Überfang-Snuff Bottle, weshalb man auch von einem »falschen Überfang« (JIATIAOLIAO) sprechen kann.

SAN:	Drei
SI:	Vier
WU:	Fünf
LIU:	Sechs
QI:	Sieben
BA:	Acht
JIU:	Neun

Kategorien der Schnittiefe des Reliefdekors bei Glas-Snuff Bottles

Bei Glas-Snuff Bottles sind generell drei Kategorien an Schnittiefe (KESHEN) des Reliefs zu unterscheiden, wobei eine Grenzziehung durch die in Millimetern anzugebende *maximale(!) Schnittiefe*, der sogenannte »**Glass Relief Cut**«, kurz von uns als **GRC** (z.B. GRC 1.6 bedeutet: »Schnittiefe bis 1,6 mm«) bezeichnet, erfolgt:
– das relativ seltene *Hochrelief* (GAOKE) mit einem GRC ab drei mm, besonders ausgeprägt bei einer raren Gruppe (s. S. 74, Abb. 104 und S. 78, Abb. 113) abgebildeter, ausgefallen geformter Überfang-, Doppel-Überfang- und Dreifach(!)-Überfangfläschchen mit ungewöhnlich tief herausgeschnittenem Dekor beziehungsweise mit einem eigenwillig kraftvollen, halbplastischen Hochrelief, das typologisch an die SUZHOU-Steinschnitzerei erinnert, weshalb es denkbar wäre, daß der Dekor in SUZHOU ausgeführt wurde; diese Gruppe ist aufgrund weiterer Kriterien der QIANLONG-Periode (1736-1795) zuzuordnen,
– das *mittlere Relief* (ZHONGKE), welches zu allen Perioden die Regel ist und welches sich in fast allen Fällen zwischen einem GRC von ein bis zwei mm bewegt, dagegen kann eine Reliefhöhe mit einem GRC zwischen zwei und drei mm schon als halbplastisch angesprochen werden, es hebt sich in seiner ästhetischen Wirkung – insbesondere bei Doppelüberfang – deutlich von dem normalen mittleren Reliefdekor ab,
– das *Flachrelief* (PING[YANG]KE) bis mit einem GRC 1.0, besonders typisch für einige Überfangfläschchen im YANGZHOU-Stil (s. S. 79, Abb. 115).

Überfangglas-Snuff Bottles aus YANGZHOU

揚州

Die Manufakturen in YANGZHOU in der südlichen Provinz JIANGSU stehen seit Ende des 18. Jahrhunderts stilistisch und kunsthandwerklich für einen hochgeschätzten, originären Typ von Überfangglas-Snuff Bottles. Man spricht von Snuff Bottles der »YANGZHOU-Schule« (YANGZHOUJIA) beziehungsweise im YANGZHOU-Stil oder, Bezug nehmend auf die Häufigkeit von Siegelschriftreliefs, auch von ZHUANJIA (»Siegel-Schule«) oder einfach von YANGZHOU TAO-LIAO. Ungewöhnlich ist, daß eine Reihe von Künstlern namentlich bekannt ist und daß die Fläschchen häufig in Form von Siegeln signiert und datiert sind. Außerdem soll die Form des Korpus aus einem einzigen massiven Glasstück geschnitten worden sein, bevor es überfangen wurde. Dies mag nicht auf alle, doch eher auf die opakfarbenen Fläschchen zutreffen.

YANGZHOU-Schnupftabakfläschchen sind in jeder Sammlung ein ästhetischer und qualitativer Höhepunkt. Bis vor kurzem wurden Snuff Bottles aus YANGZHOU der zweiten Hälfte des 19. Jahrhunderts zugeordnet, so auch in der Literatur (Hugh Moss). Robert Kleiner entdeckte aber unterdessen ein datiertes YANGZHOU-Snuff Bottle mit der kaiserlichen DAOGUANG-Hallenmarke SHENDETANG (»Halle zur Tugendpflege«); die Auffindung des Fläschchens erzwang daraufhin eine Rückdatierung aller Snuff Bottles der YANGZHOU-Schule von einem Zyklus der chinesischen Zeitrechnung (siehe »Chinesisches Datierungssystem« im Anhang), das heißt von sechzig Jahren! Heute geht man davon aus, daß alle Snuff Bottles aus YANGZHOU zwischen 1780 und 1850 entstanden sind. Als eine weitere Bestätigung dieser neueren Erkenntnis ist das auf Seite 80 (Abb. 117/118) abgebildete, in zweifacher Hinsicht interessante YANGZHOU-Snuff Bottle anzusehen: Auf dessen Rückseite befindet sich ein signiertes Gedicht des Kaisers QIANLONG (1736-1795) – häufig praktiziert in dieser Periode –, so daß dieses Fläschchen ein Beispiel eher aus der frühen Schaffensperiode der YANGZHOU-Schule sein dürfte. Des weiteren ist die Vorderseite dieses Snuff Bottles mit einem für YANGZHOU untypischen und ungewöhnlichen Sujet, dem Bild eines Palastgartens, reliefiert.

Abb. 114 Überfang-Snuff Bottle mit dem Siegel ZHENGKE (»aufrichtig wertvoll«), 6,6 cm, YANGZHOU, 1780-1850

Abb. 115 Frühes YANGZHOU-Snuff Bottle, Miniaturbaum-Vasen-Dekor (GRC 0.8), rückseitig mit Gedicht von Kaiser QIANLONG, 4,9 cm, 1780-1800

Abb. 116 Frühes YANG-ZHOU-Snuff Bottle, 4,9 cm, (GRC 0.8), 1780-1800, Rückseite mit einer Kalligraphie in Siegelschrift (GRC 0.2-0.7) in Form eines Gedichtes von QIANLONG und Signatur QIANLONG

YANGZHOU war während der MING- und QING-Zeit, fern vom Konservatismus und Intrigantentum der Hauptstadt, ein einzigartiges künstlerisches und geistiges Zentrum. Im 18. Jahrhundert war es Freiraum und Heimat großer Künstler und Literaten sowie Schaffensort vieler der bedeutendsten Maler ihrer Zeit, die für ihren vorwiegend individuellen und beschreibenden Stil berühmt waren. Acht von ihnen gingen in die Kunstgeschichte ein als die »Acht Exzentriker« von YANGZHOU, gleichfalls als »YANGZHOU-Schule« bezeichnet. Sie werden noch heute als die letzten Genies der chinesischen Malerei verehrt und hatten einen wesentlichen Einfluß auf die neuere Malerei Chinas. Der Hinweis auf den Herkunftsort YANGZHOU deutet aber keineswegs auf eine direkte Linie zu den »Acht Exzentrikern« hin; die Bezeichnung »YANGZHOU-Schule« für Überfang-Snuff Bottles bezieht sich nur auf den gleichen Ort und steht für einen bestimmten Stil, bevorzugte Farben, typische Formen und einen anderen Typ des Reliefschnittes. Nur in den Sujets, den liebevollen, detailgetreuen, erzählerischen Darstellungen sowie in einigen stilistischen Kriterien sind gewisse Ideen und Bezüge der YANGZHOU-Schule in der Malerei zu erkennen. Im einzelnen besteht das typische und sich weitgehend von allen anderen Überfangglasfläschchen unterscheidende und einzigartige – später oft kopierte – Erscheinungsbild von YANGZHOU-Snuff Bottles in

– einem eher sehr niedrigen Reliefschnitt,
– einer sehr feinen und künstlerischen Ausführung des Dekors,
– einer Beschränkung auf wenige typische Formen,
– einer Beschränkung auf wenige Sujets,
– einer Beschränkung auf wenige verteilte Bildelemente auf weitgehend freigelassenem Untergrund,
– einer Beschränkung auf relativ wenige Farben,
– einer Beschränkung auf meist nur einen farbigen Überfang,

Abb. 117 YANGZHOU-Überfangglas-Fläschchen, 1780-1820, wahrscheinlich aus einem Stück geschnitten, sodann überfangen und dekorgeschnitten
Abb. 118 Seitenansicht mit einem Gedicht von QIANLONG in Siegelschrift

– einer häufigen Darstellung von meist mehreren Siegeln und teilweise Kalligraphien in Siegelschrift. Die Siegel sind teilweise literarische Sprüche, Feststellungen über die Arbeit (»aufrichtig wertvoll«) oder Datierungen auch persönliche Siegel des Glasschnitzers oder des Poeten im Falle eines Gedichts.

Ein besonders auffallendes Kriterium der Fläschchen aus YANGZHOU sind die vergleichsweise wenigen, aber sehr typischen Glasfarben, wobei ein Doppelüberfang (SHUANGTAOLIAO) sehr selten war. Die Farbe des Flaschenkörpers ist meist ein opakes Weiß, in seltenen Fällen Gelb, Rot, Rosa und ganz vereinzelt Hellblau oder Ockerbraun. Es gibt auch einige wenige Beispiele mit einem transparenten oder halbtransparenten Flaschenkörper. Das Überfangglas hatte die Farben Rot, Blau, Grün und sehr häufig Sepiabraun. Dieses Sepiabraun war für YANGZHOU die typischste Überfangglasfarbe. Sehr selten und untypisch sind YANGZHOU-Snuff Bottles mit mehrfarbigem Überfangglas, das allerdings aus bis zu fünf verschiedenen Farben bestehen konnte. Bei einem extrem seltenen Snuff Bottle-Typ wurde minimalistisch ein Reliefdekor auf dem weißen Flaschenkörper mit dem Überfangreliefdekor kombiniert.

Abb 119 Doppelüberfang-Snuff Bottle (SHUANGTAOLIAO) mit dem Siegel ZHENGKE (»aufrichtig wertvoll«), 7,0 cm, YANGZHOU, 1780-1850

Marken

Glas-Snuff Bottles tragen äußerst selten eine Regierungsmarke (NIANHAO). Gravierte Marken stammen (fast?) immer aus der Periode, gemalte sind mit größter Vorsicht einer Periode zuzuordnen (allerdings trifft dies vor allem auf QIANLONG-Marken zu). Es ist anzunehmen, daß nur einige für den Palast arbeitende Manufakturen Snuff Bottles mit Regierungsmarken versahen. Dementsprechend ist die charakteristische Ausführung

Abb 120 links Überfang-Snuff Bottle, 5,3 cm, rechts Überfang-Snuff Bottle mit dem Siegel ZHENGKE (»aufrichtig wertvoll«), 6,6 cm, beide YANGZHOU, 1780-1850

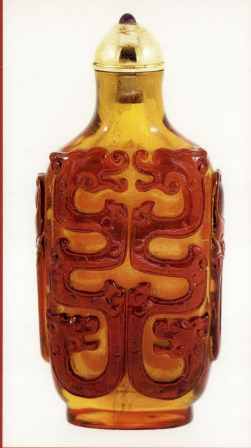

in Normalschrift in allen Perioden überraschend ähnlich und kalligraphisch innerhalb einer Periode typologisch wenig differenziert.

Die frühesten Snuff Bottles aus Glas weisen keine Marken auf. Erstmals trägt ein kleines Gefäß mit erwähnter »Glaskrankheit« eine KANGXI YUZHI-Marke (»auf Befehl von KANGXI gemacht«) in Normalschrift (KAISHU); es ist gegen Ende der Periode entstanden und heute im Palastmuseum in BEIJING zu besichtigen. Jedoch scheint man noch nicht in der Lage gewesen zu sein oder nicht willens, eine Marke auf einer so kleinen Basis wie der eines Snuff Bottles einzuschneiden.

So weit bekannt, tauchten die ersten Regierungsmarken auf monochromen und gemischtfarbigen sowie auf Überfang-Snuff Bottles in der QIANLONG-Periode (1736-1795) auf. Sie zeichnen sich durch eine etwas grobe und mit kurzen, geraden Linien (englisch »running characters«) in den Boden der Basis eingeritzte Vier-Zeichen-Marke in Normalschrift (KAISHU) aus. Manchmal war die Marke mit Gold ausgefüllt. Dieser »grobe« KAISHU-Markentyp findet sich in allen nachfolgenden Regierungsperioden bis zur Gründung der Republik (1912). Allerdings gab es auch vereinzelt NIANHAO-Marken in einer »gefälligeren« KAISHU-Kalligraphie, wie zumindest das hellblaue JIAOLIAO-Fläschchen (Abb. 75) mit einer DAOGUANG-Marke belegt.

Die NIANHAO-Marken bilden ein Quadrat mit nur vier Zeichen (ohne DAQING/»große Qing-Dynastie« am Anfang) oder eine Linie mit vier Zeichen: Die Gestaltung der Marke war von einer mehr runden oder länglich schmalen Form der Basis eines Snuff Bottles abhängig.

Neben KAISHU-Marken gab es in der QIANLONG-Periode auch Siegelschrift-Marken (ZHUANSHU), gleichfalls graviert, meist als Normaltyp QIANLONG NIANZHI (»in der Periode gemacht«) oder als sehr seltener Typ QIANLONGYUZHI (»auf Befehl gemacht«). Vereinzelt gab es auch die Siegelschrift-Marke QIANLONG YUWAN (»zum Vergnügen von QIANLONG«). Eingeritzte ZHUANSHU-Marken sind im formalen Detail (im Gegensatz zu den mit Emailfarben gemalten) sehr unterschiedlich und eigenwillig. Fast keine Marke ist identisch. Eine vierteilige Marke auf einer extrem kleinen Fläche einzuritzen war ausgesprochen schwierig zu handhaben und fiel so vergleichsweise individuell aus.

Einige wenige monochrome Glas-Snuff Bottles tragen die KAISHU-Marke GUYUEXUAN (»Alte Mondterrasse«). Es wird angenommen, daß sie aus der kaiserlichen Manufaktur stammen und zwischen 1750 und 1850 gefertigt wurden. Diese legendenumrankte Marke erscheint auch auf einer Reihe von Snuff Bottles mit feinster FENCAI-Emailfarbenmalerei aus

Abb. 124 Überfangglas-Snuff Bottle mit archaischem Drachendekor, in der Mitte das Schriftzeichen SHOU (»langes Leben«), 6 cm, 19. Jh.

Linke Seite von links nach rechts

Abb. 121 Braunes Fläschchen mit rubinrotem Überfang, CHILONG-Drachen-Dekor (GRC 1.5), 6,3 cm, erste Hälfte 19. Jh.
Abb. 122 Rubinrotes, dekorgeschnittenes Glas-Snuff Bottle, 1760-1800
Abb. 123 Überfangglas-Fläschchen mit Adler oder Falke auf einem Felsen (GRC 1.7), seitlich QIANLONG-Siegelmarke, 7 cm, Ende 19. Jh.

der zweiten Hälfte des 18. Jahrhunderts. Es wurde auch vermutet, daß es die Marke einer privaten, den Hof beliefernden Manufaktur sei, obwohl es näher liegt, daß Stücke mit dieser Marke Arbeiten aus den kaiserlichen Werkstätten sind. Diese Marke wurde später noch häufig »kopiert«. Ferner sind auch einige sogenannte Pavillon- oder Studiomarken aus dem 18. Jahrhundert bekannt, wie WANYAXUAN (»Studio für erlesene Vergnügungen«) oder HUIYUTING (»Pavillon, um sich bei Regen zu treffen«). Sie beziehen sich auf Räume und Palastbereiche, für die der Kaiser oder ein kaiserliches Familienmitglied eine besondere Vorliebe hatte.

Anhand extrem seltener Beispiele von exzellent ausgeführten Chalcedon-Fläschchen kennt man erstmals (?) seit der TONGZHI-Periode (1862-1874) NIANHAO-Vierzeichen-Siegelmarken auf (!) dem Korpus. Regierungsmarken der QIANLONG-Periode auf dem Flaschenkörper sind bei TAOLIAO-Snuff Bottles eine nicht seltene Erscheinung im 20. Jahrhundert (vor allem in der zweiten Hälfte). Diese Form einer Plazierung von Regierungsmarken dürfte erstmals und nur vereinzelt gegen Ende des 19. Jahrhunderts aufgekommen sein. Zumindest ist das Beispiel des oben erwähnten Chalcedon-Fläschchens ein Indiz dafür. Andererseits sind Siegelmarken auf dem Korpus (zum Beispiel in Form des Schriftzeichens SHOU als Wunsch für ein langes Leben), die keine Regierungsmarken sind, schon seit der zweiten Hälfte des 18. Jahrhunderts sehr häufig und bekanntlich typisch für YANGZHOU-Snuff Bottles.

Abb. 125   Siegelmarke JUREN TANGZHI (»für die Halle der Wohltätigkeit gemacht«) auf einem Überfangglas-Fläschchen, frühes MINGUO, wahrscheinlich 1912-1915, siehe Abb. 325

Abb. 126   Seitenansicht von Abb. 124 mit einer QIANLONG-Siegelmarke, Ende 19. Jh.

Regierungsmarken auf *Snuff Bottles mit Emailfarbenmalerei* wurden erstmals in der QIANLONG-Periode (1736-1795) verwendet und sind höchstwahrscheinlich Marken der kaiserlichen Manufaktur. Sie sind entweder in den Fläschchenboden eingravierte, sehr sorgfältig kalligraphierte Vier-Zeichen-Marken (QIANLONG NIANZHI) in Normalschrift (KAISHU), die entweder mit blauer oder schwarzer sowie ab ca. 1760 auch mit roter Emailfarbe oder seltener mit Goldfarbe ausgefüllt wurden, oder waren in (häufig blauer) Emailfarbe ausgeführt. Bekannt sind auch eingravierte Vier-Zeichen-Marken in Siegelschrift (ZHUANSHU). Zwischen ca. 1760 und 1800 gab es eine Serie, offensichtlich gleichfalls in der kaiserlichen Manufaktur gefertigt, mit einer in Eisenrot gemalten Vier-Zeichen-Marke DAQING NIANZHI (»in der großen QING-Dynastie gemacht«). Leider stammen aber fast alle Snuff Bottles mit einer nicht gravierten Vier-Zeichen-KAISHU-QIANLONG-Marke aus dem 19. Jahrhundert. Eine späte, zwischen 1933 und 1943 entstandene, heute gleichfalls hochgeschätzte und in den letzten Jahrzehnten auch schon wieder kopierte Serie von Snuff Bottles mit Emailfarbenmalerei im Stil der QIANLONG-Periode auf opakweißem Glas trägt eine nicht gravierte QIANLONG-Vier-Zeichen-Periodenmarke in Normalschrift, gemalt mit einer etwas stumpfblauen Emailfarbe. Sie stammt von dem berühmten und genialen Glaskünstler YE BENGQI, tätig im »Aprikosen-Wäldchen-Studio« in BEIJING. Man erzählt von ihm, daß er ein Snuff Bottle, welches er im Museum in der Vitrine gesehen hatte, umgehend im Studio perfekt kopieren konnte. Abgesehen von qualitativen Unterschieden, tragen die neueren Kopien seiner Fläschchen und Miniaturvasen die gleiche Marke, aber mit einer nur in Nuancen unterschiedlichen Kalligraphie und mit einem kräftigeren Emailblau. Um den Sammler noch mehr zu irritieren, benützt der noch heute tätige kongeniale Schüler von Ye »Wang Xisan« (siehe Kapitel 9) die täuschend gleiche Marke in Emailblau. In diesen Fällen, die künstlerisch und technologisch so eng beieinander liegen, kann die chinesische Neigung, frühere Regierungsmarken mit großer Tradition immer wieder kalligraphisch perfekt zu kopieren – ohne erkennbare Nuancen, ohne Signierungen –, jeden Händler und Sammler verzweifeln lassen.

Eine seltene und sehr delikat bemalte Serie von Snuff Bottles, die aus der Periode von frühestens 1770 bis spätestens 1850 und Ende des 19. Jahrhunderts, das heißt aus der Guangxu-Periode, sowie vereinzelt aus der Minguo-Periode stammen dürfte, besitzt eine mit eisenroter Emailfarbe gemalte Marke Guyuexuan (»Alte-Mond-Terrasse«). Die frühe Datierung wird aber von chinesischen Autoren bestritten. Sie vermuten eher eine Entstehungszeit Ende der Qing-Epoche. Dem widerspricht die Entdeckung eines Snuff Bottles mit einer Datierung von 1775. Jedenfalls dürften die meisten Fläschchen eher Ende der Qing-Epoche entstanden sein. Sie tragen gleichfalls eine mit eisenroter Emailfarbe gemalte Marke Guyuexuan. Bei einer anderen hoch geschätzten Variante ist der bemalte Dekor zusätzlich erhöht herausgeschnitten. Die Marke Guyuexuan ist in diesem Falle aber eingraviert. Snuff Bottles dieses Typs werden oft der kaiserlichen Manufaktur und dem Zeitraum von 1770 bis 1830 zugeschrieben. Chinesische Autoren bestreiten auch diese Annahme und vermuten eine Entstehungszeit in privaten Manufakturen Ende der Qing-Epoche. Auch hier sind einige Beispiele aus der Minguo-Zeit bekannt.

Abb. 127 Feinste Emailmalerei auf Glas, beide mit dem frühen Qianlong-typischen Sujet »Gänse-Gräser-Fels«, ca. 1920-1940

Generell kann man bei Snuff Bottles mit Vier-Zeichen-Qianlong-Marke aus der Periode zusammenfassend folgende Varianten unterscheiden:
– Monochrome Marken mit und ohne geschnittenen Reliefdekor in gravierter Normal- oder in Siegelschrift,
– Gemischtfarbige Marken, meist in gravierter Normalschrift,
– Emailmalerei mit gravierter Siegelmarke mit Gold oder Tusche eingerieben oder in Normalschrift mit meist blauer Emailfarbe,
– Überfangglas graviert in Normalschrift und teilweise in Siegelschrift,
– Reliefierte Regierungs-Marken auf dem Flaschenkorpus können frühestens der Guangxu-Periode, meist aber der Minguo-Periode zugerechnet werden. Auffallend häufig gibt es sie wieder in der Neuzeit.

Während Glas-Fläschchen mit gravierten Regierungs-Marken aller Perioden praktisch immer aus genau dieser Periode stammen, dürften die meisten mit blauer Emailfarbe im 20. Jahrhundert und die mit eisenroter Farbe im 19. Jahrhundert entstanden sein.

Über die besondere Problematik einer periodengemäßen Zuordnung von Snuff Bottles aus Glas

Glas ist ein Material, das seit fast dreihundert Jahren vom chinesischen Glasmacher weitgehend perfekt in allen Varianten beherrscht wird. Die wesentlichsten Unterschiede bestehen in der mehr oder weniger luftbläschenhaltigen Struktur des Glases. Für eine zeitliche Zuordnung ist dies aber nur von bedingtem Wert: Sie sind entweder zeitweise bewußt so belassen worden oder waren dekorativ beabsichtigt oder sollen frühes Glas vortäuschen. Im Gegensatz zum Porzellan und einigen anderen Materialien der früheren Perioden gibt es bei Glas und anderen harten Steinen allein vom Material her keine letztlich wirklich sicheren Anhaltspunkte für eine periodengemäße Zuordnung.

Eine andere Problematik für eine Zuordnung besteht darin, daß es selbst noch in unseren Tagen einige hochqualifizierte Meister gibt. Sie erschaffen kleine Kunstwerke, die nur an Hand ihres wörtlich »zeitlosen« Wertes gewürdigt werden sollten. Grundsätzlich deutet aber eine relativ hohe Qualität eher auf eine frühere Zeit hin. Die hier angesprochene Problematik läßt sich in vielen Fällen auch daran erkennen, daß eine Reihe hochwertiger Glas-Snuff Bottles selbst auf großen internationalen Spezialauktionen bei Preisen von mehreren tausend US Dollar keine (!) oder eine sehr weitgehaltene (z.B. 1800-1950) zeitliche Zuordnung erfährt.

Im folgenden mögen einige spezifische Kriterien für eine Zuordnung dem Leser und Sammler hilfreich sein. Einzeln sind sie immer mit Vorsicht anzuwenden! Hierbei kann nicht genug betont werden, daß erst das Vorhandensein mehrerer zueinander passender Kriterien eine gewisse Sicherheit für eine Zuordnung in einem mehr oder weniger großen Zeitrahmen möglich macht. Man vergesse nie: Je mehr Gelegenheiten des Vergleichs man erhält oder besitzt und sich ständig darin übt, desto eher wird man eine Erfahrung, ein »Wissen« mit Kopf, Auge und Tastgefühl erwerben und mehr und mehr fähig sein, teils objektiv, teils instinktiv ein weitgehend sicheres Urteil zu fällen.

- Die **Form** eines Glas-Snuff Bottles ist zweifelsfrei ein wichtiges, aber nur relatives Indiz einer zeitlichen Zuordnung. Zwei sich entsprechende Aspekte können den Aussagewert verstärken oder mindern: Trotz der Vielzahl der Formen läßt sich jeweils eine größere Gruppe an Formen, die typisch für eine bestimmte Periode ist, und eine kleinere Gruppe,

Abb. 128 NEIHUA-Glas-Fläschchen mit dem Porträt von LIN PIAO (1907-1971), aus einer Serie der zehn großen Armeeführer der Volksrepublik China (LIN PIAO, 1959 Verteidigungsminister und 1968 stellvertretender Parteivorsitzender, kam 1971 als »Verräter« nach einem Umsturzversuch auf der Flucht mit einem Flugzeug um), 7,6 cm, rückseitig Kalligraphie in LISHU (Kanzleischrift): »Zehn große Feldmarschalle« (SHI DA YUAN SHUAI)/»verdienstvolle Staatsgründer« (KAI GUO YUAN XUN), 1950-1970

die gehäuft in neuerer Zeit verwendet wurde oder wird, ausmachen. Letztere Gruppe beinhaltet in Einzelfällen neue Schöpfungen (wie eine breitbauchige Form großer NEIHUA-Flaschen Ende des 20. Jahrhunderts), meist jedoch leichte, aber wiederum typische Abwandlungen älterer Formen oder bevorzugte Kopien älterer Formen aus verschiedenen Perioden. Durch Studium eines großen Bildmaterials (Kataloge) wird man die Kenntnis sowohl häufiger als auch seltener periodentypischer Formen erwerben können. Naturgemäß schwieriger wird es, sich über Formen der MINGUO-Periode und noch schwieriger der letzten fünfzig Jahre zu informieren. Gelingt es mit der Zeit, sich ein solches Wissen anzueignen und ein gewisses Gespür für periodenspezifische Stilistik zu entwickeln, so wird man eine größere Zahl an Fläschchenformen mit einer hohen Wahrscheinlichkeit einer bestimmten Zeitspanne zuordnen können. Übrig bleiben entweder sehr seltene Formen, die wiederum häufig dem Duktus, dem »Formgefühl« einer älteren Periode (Abb. 113) entsprechen, oder völlig neuartige Kreationen (Abb. 100) oder suspekte Abweichungen bekannter älterer Formen, die meist alle der Neuzeit zuzurechnen sind.

– Ein hilfreiches, in gewisser Weise das zunächst beste Kriterium für eine Differenzierung zwischen »neuen« (ab ca. 1960) und »neueren« (MINGUO) und »älteren« (bis ungefähr Beginn der MINGUO-Periode) Fläschchen ist die Art und Qualität der Bearbeitung der **Glasoberfläche**. Darunter wird hier nicht die des Dekors oder die Ausarbeitung des Dekors verstanden, sondern die Glätte des Glases freier Flächen um den Dekor und die erhöhten Stellen des Dekors. Bei Stücken des späteren 20. Jahrhunderts fühlt sich die Oberfläche leicht unregelmäßig und samtig bis rauh an, die Oberfläche um den geschnittenen Dekor ist meist matt, was mit einem »Hof des Mondes« (YUEGUANG) umschrieben werden kann, während solche des 18. und weitgehend des 19. Jahrhunderts sorgfältig ausgearbeitete und geglättete, hochglänzend handpolierte Oberflächen und Erhöhungen des Reliefdekors besitzen.

Abb. 129 Drei facettengeschliffene Glas-Fläschchen, links monochrom, Mitte und rechts mit tiefrotem bzw. blauem Überfangglas, MINGUO, links ev. später

Sowohl mit der Hand als auch gegen das Licht betrachtet lassen sich solche Unterschiede feststellen. Besonders gut kann diese früher erreichte »vollkommene« Glätte (WANPING) und der typisch brillante Glanz (GUANGHUI) – trotz feinster unregelmäßiger Gebrauchsspuren – an Hand von zwei monochromen Fläschchen aus einem Grab der QIANLONG-Periode und des Fläschchens mit einer QIANLONG-Marke aus der Periode (Abb. 56) studiert werden. Unter der Lupe lassen sich die Spuren der Politur (GUANGHUA/»Glanz-Malerei«) sowohl bei älteren als auch bei neueren Snuff Bottles als eine dichte Vielzahl feinster, parallel in eine Richtung verlaufender Kratzer ausmachen.

In der Praxis unterlagen ältere Fläschchen häufig einem Abrieb der Oberfläche und zeigen sonstige Gebrauchsspuren durch eine mehr oder weniger intensive Benutzung, so daß die erhöhten Dekorstellen sogar matt werden konnten. (In China wurde dem Autor ernsthaft erklärt, diese Trübungen entstünden durch die ständige Reinigung mit Hilfe des Speichels!). Unter der Lupe zeigen sich Gebrauchsspuren als willkürliche feine Kratzer, als kleinste Verletzungen oder als matte Oberfläche mit matten Erhöhungen und glänzenden Vertiefungen. Andererseits waren Snuff Bottles bekanntlich vielfach nur Sammelobjekte, wenig benützt und entsprechend aufbewahrt und behütet worden, so daß viele Fläschchen in relativ gutem Zustand erhalten blieben. Beim völligen Fehlen von selbst geringen Gebrauchsspuren mag zumindest das Mißtrauen geweckt sein, wenn es sich um ein angeblich älteres Snuff Bottle handeln sollte.

Abb. 130   Rosa-grünes Doppelüberfangglas (SHUANGTIAOLIAO) mit Kranich-Dekor (GRC 1.4), 1820-1900

Von den freien Oberflächen zwischen den einzelnen Reliefbildern und den Oberflächen des Reliefdekors sind die herausgearbeiteten Oberflächen innerhalb eines Reliefbildes zu unterscheiden. Diese waren aus technischen Gründen niemals wie bei größeren Flächen so gleichmäßig geglättet, so daß hier selbst bei älteren Stücken immer feine Unebenheiten gegen das Licht zu erkennen sind. Allerdings sind auch diese kleinen Flächen etwas besser ausgearbeitet und etwas glänzender als bei den meisten Snuff Bottles der neueren Zeit. Eine recht sorgfältige Ausarbeitung der Dekorränder findet man eigenartigerweise sowohl bei älteren als auch bei einer Vielzahl der neueren Objekte – abgesehen von dem immer häufiger auftretenden Typ einer eher groben Massenqualität gegen Ende des 20. Jahrhunderts.

Ein weiterer natürlicher Faktor, der die Oberflächenglätte beeinträchtigen kann, ist eine mehr oder weniger grobblasige Struktur des Glases, die vor allem bei neueren Fläschchen, meist gefärbt, sehr häufig anzutreffen ist und die den Typ GULIAO kopieren soll.

Ungeschnittene beziehungsweise undekorierte, schlichte monochromfarbige Snuff Bottles – zu schlicht für unser touristisches Zeitalter – dürften im 20. Jahrhundert relativ selten und seit der MINGUO-Zeit kaum hergestellt worden sein. Doch tauchen neuerdings monochromfarbene, mit Reliefdekor versehene (größere) Fläschchen mit einer perfekt glatten, hochglänzenden Oberfläche ohne unter der Lupe (!) erkennbare Spuren (die Oberfläche ähnelt der eines »stillen« Sees) einer Politur, wie auf allen sonstigen monochromen oder Überfangglasfläschchen mit handgeschnittenem Reliefdekor, auf. Dasselbe gilt für fast alle neueren und neuen NEIHUA-Fläschchen, wohingegen solche bis ungefähr Mitte des 20. Jahrhunderts unter der Lupe deutlich die beschriebenen Polierspuren erkennen lassen – Ausnahmen gibt es allerdings bei bedeutenden Malern beziehungsweise Studios, wie z.B. im Falle des zeitgenössischen NEIHUA-Snuff Bottles (Abb. 131). Die einzige Erklärung für diese perfekte Oberflächenglätte ohne Polierspuren ist, daß alle diese Fläschchen mit Hilfe der modernen Technologie, die keine weitere Oberflächenbearbeitung und Politur benötigt, gegossen wurden.

Abb. 131 Zeitgenössische NEIHUA-Porträtmalerei des 1963 geborenen LI BAO-SHEN aus HENGSHUI, Provinz HEBEI; einer der bedeutendsten NEIHUA-Maler, Herbst 2000

Um nun die Art und Feinheit der Bearbeitung einer Oberfläche eines Snuff Bottles zu prüfen, nehme man das Fläschchen in die Hand, um zuerst den **Flaschenhalstest«** (PINGJINGYAN) zu machen. Man umfasse mit der Seite des Daumens und des Zeigefingers den Hals des Fläschchens sehr fest (!!) und drehe das Fläschchen mit der anderen Hand hin und her, um so bei alten und älteren Fläschchen eine annähernd perfekte Glätte oder bei neueren und vor allem neuen Fläschchen eine gewisse Unregelmäßigkeit und leichte »Rauheit« zu verspüren. Schon auf diese Weise wird man weitgehend die meisten Snuff Bottles der letzten Jahrzehnte von älteren unterscheiden können. Langsam drehend und das Fläschchen leicht nach allen Richtungen bewegend, kann man bei entsprechendem Licht unter einer möglichst acht- bis zehnfach vergrößernden **Lupe** (FANGDAJINGYAN) den Unterschied auch daran erkennen, daß die älteren Fläschchen am Hals und am Korpus unregelmäßiger und gestreuter »porig«, aber trotzdem gegen das Licht hochpoliert erscheinen, die neueren an diesen Stellen etwas weniger und die neuen eher matt und eher regelmäßig und dicht »feinporig«, der Glanz schwach, wie mit einem Gazeschleier überzogen. Ist der Hals relativ kurz, d.h. die »Tast- und Testfläche« zu klein oder das Glas sehr »grobblasig« und/oder an der Oberfläche voller »offener Luftbläschen«, so ist dieses Kriterium

Kategorien und Sammelbereiche von Glas-Snuff Bottles

Die Untersuchung basiert auf ca. 2500 Snuff Bottles aller Perioden.
(S selten, H häufig)

Glas-Kategorien:		Marktpräsenz:
Monochrom	glatte Oberfläche (Su)	HH
Monochrom	geschnitten (Kediao)	HH
Monochrom	graviert (Kehua)	S
Monochrom	Steinimitationen (Fang)	S
Polychrom	Mischfarbdekor (Jiaoliao)	SS
Polychrom	Materialimitationen (Fang)	SS
Weiß	Emailmalerei (Falanghua)	SS
Opakbunt	Emailreliefmalerei	SSSSS
Transparent	Emailmalerei	SSS
Weiß	mit einer Überfangfarbe	HHHHH
Weiß	mit zwei Überfangfarben	HHHH
Weiß	mit drei Überfangfarben	HHH
Weiß	mit vier Überfangfarben	HHH
Weiß	mit fünf Überfangfarben	HH
Weiß	mit sechs Überfangfarben	H
Buntglas	mit einer Überfangfarbe	HHH
Buntglas	mit zwei Überfangfarben	HH
Buntglas	mit drei Überfangfarben	HH
Buntglas	mit vier und mehr Überfangfarben	SS
Überfang	Typ Yangzhou	SS
Transparentglas farblos, Hinterglasmalerei		HHHHH
Transparentglas gefärbt, Hinterglasmalerei		H

sehr schwierig zu verifizieren – doch zeigt eine »feinblasige« Struktur bei älteren Stücken immer noch eine typische Brillanz. Transparentes Glas ist grundsätzlich leichter zu prüfen als Farbglas, vor allem opakes. Auch hier gilt: Keine Regel ohne eine Ausnahme! Unterschiede kann man auch vorsichtig mit gut geübtem Auge oder besser in direktem Vergleich nebeneinander an den Oberflächen der Öffnung studieren: Bewegt man die Fläschchen gegen das Licht, so reflektieren neuere Fläschchen den Widerschein etwas schwächer als ältere – ausgenommen bei älteren Fläschchen mit flacher Oberfläche! Schließlich nimmt man das ganze Fläschchen in die Hand und befühlt es mit den Handflächen. Wenn man ältere und solche der neueren Zeit zum Vergleich hat, wird man sehr bald ein gewisses Gefühl für die Unterschiede der verschiedenen Oberflächenglätte insgesamt und der Zwischenräume oder Erhöhungen entwickeln. An größeren glatten Flächen übe man den »**Daumentest**« (Damuyan). Man nehme ein neueres und ein älteres Snuff Bottle in jede Hand und reibe mit kräftigem Daumendruck die glatte Oberfläche. Auch hier lassen sich gewisse Unterschiede der Oberflächenglätte erfühlen. Offensichtlich ist, eventuell schon in der 2. Hälfte oder Ende des 19. oder erst Anfang des 20. Jahrhunderts während des fast abrupten Rückgangs des allgemeinen Tabakschnupfens und der damit verbundenen Sammlerleidenschaft oder durch sonstige wirtschaftliche und produktionstechnische Umwälzungen das Wissen und die Technik einer bis dahin praktizierten, perfekten, hochbrillanten Oberflächenbearbeitung verlorengegangen. Eine derartige Oberflächenbehandlung kann zumindest schon anhand der dem Autor vorliegenden Chalcedon(?)-Gürtelplaketten aus der LIAO-Dynastie ((907-1125) beobachtet werden.

Allgemein ist noch darauf hinzuweisen, daß einige Arbeiten hochqualifizierter und motivierter Glasschneider des 20. Jahrhunderts, insbesondere noch aus der MINGUO-Zeit, die zeitliche Einordnung schwierig machen können. In solchen Fällen sollte man sich doch eher für die meisterliche Arbeit als für die Periode der Entstehung entscheiden. Jedenfalls sind die meisten Arbeiten der letzten Jahrzehnte vergleichsweise nachlässig in der Oberflächenbearbeitung – meist verraten sie sich schon durch den Gesamteindruck einer minderen Qualität.

Ein neben der Oberflächenglätte mitentscheidendes Kriterium für die Grenzziehung zwischen »älteren« und »neueren« Glas-Snuff Bottles kann man leicht durch die Begutachtung der **Oberfläche einer Flaschenöffnung** überprüfen. Bei dem größten Teil der Stücke des 18. Jahrhunderts bis ungefähr gegen Ende der QING-Dynastie ist die für chinesische Snuff Bottles eher breite Oberfläche der Öffnung mehr oder weniger leicht konkav, d.h. etwas vertieft zur Öffnung hin. Bewegt man das Fläschchen gegen das Licht hin und her, so kann man bei den »älteren« teils deutlich, teils eher nur an den Spiegelungen des Lichts, eine schwache Mulde ausmachen. Dieser Effekt dürfte bei einer sorgfältigen Bearbeitung der Öffnung durch eine Art »Daumenpolitur« entstanden sein, flache Oberflächen deuten dagegen auf einen vereinfachenden Schnitt hin. Jedenfalls besitzen 99% der »neueren« Snuff Bottles flache Oberflächen (Ausnahme ist merkwürdigerweise das neuzeitliche, »grob« gearbeitete LANG-

Abb. 132 Überfang-Glas-Fläschchen, aus HENGSHUI, 5,9-7,4 cm, Ende 20. Jh.

Abb. 133 Rubinrotes Überfangglas, 1730-1820, Ps. H. P. Lehmann, Antiquitäten Mona Lisa, Ascona

FANG-Fläschchen, Abb. 137 links). Man findet aber auch flache Oberflächen bei einem Teil der »älteren« monochromen und gemischtfarbigen Snuff Bottles, etwas weniger bei Überfang-Fläschchen. Das Fazit daraus: Eine noch so schwache konkave Oberfläche der Öffnung ist ein fast sicherer Hinweis auf eine ältere Entstehungszeit, umgekehrt darf nicht aus einer flachen Oberfläche leichtfertig geschlossen werden, daß das Fläschchen neueren Datums ist, vor allem mit aller Vorsicht dann nicht, wenn andere Kriterien ein Alter von deutlich hundert oder mehr Jahren nahelegen. Übrigens achte man auch auf eine fallweise nachträgliche, dann immer flach geschnittene Verkürzung des Flaschenhalses. Dies geschah häufig, um störende Beschädigungen am Flaschenhals zu eliminieren.

Was die **Lochbohrung** an der Öffnung betrifft, so eignet sie sich kaum für eine Schlußfolgerung. Relativ weit oder eng, exakt mittig oder etwas ungenau, perfekt rund (typisch für alte und einen Teil der neuen Fläschchen) oder nicht – es trifft auf alle Perioden und Glastypen zu. Bestenfalls kann man bei älteren Fläschchen von einer Tendenz zu eher regelmäßig runden und mittigen Bohrungen sprechen, während ein Teil der Bohrungen bei neuen Fläschchen tatsächlich nachlässig ausgeführt erscheint.

Die **Basis** der Fläschchen kann in einigen Fällen ein ergänzender Hinweis sein. Es gibt grundsätzlich fünf Typen:
– Basis mit mehr oder weniger breitem Standring, als Kriterium weitgehend ungeeignet, da vom 18. Jahrhundert bis in die heutige Zeit alle Formen des Standrings existieren,
– Basis mit schmälerem Standring und einer deutlich (!) abgeflachten Erhöhung in der Mitte, relativ selten, eher typisch für die zweite Hälfte des 18. Jahrhunderts,
– Basis flach und ohne Standring, tendenziell bei einem Teil monochromer Fläschchen, vorwiegend der zweiten Hälfte des 18. Jahrhunderts (in Einzelfällen mit Marke, Abb 56) und ausnahmslos bei figuralen Fläschchen und solchen mit Facettenschliff,
– Basis flach und leicht geschwungen vertieft, selten, meist zweite Hälfte 18. Jahrhundert, in Einzelfällen mit Marke (Abb. 111),
– Basisrand offen gestaltet, z.B. durch die Verlängerung des Schwanzes eines KUAI-Drachens (Abb. 68), erstmals frühes 18. Jahrhundert (Abb. 103), häufig bis heute kopiert.

Allgemeiner Hinweis: Sehr oft laufen bei neueren Fläschchen die Überfangglasfarben bei TAO-LIAO-Snuff Bottles innerhalb der Basis konzentrisch zusammen.

Dekor und Dekorstil eines Snuff Bottles sind allgemein und besonders bei solchen aus Glas eher verwirrende als hilfreiche Kriterien. Fast jeder Dekor beziehungsweise jedes Dekormotiv besitzt eine sehr weit über viele Perioden zurückreichende traditionelle Kontinuität. Trotzdem lassen sich mit entsprechendem Studium gewisse Präferenzen und Tendenzen und kleine stilistische Abwandlungen innerhalb einer Zeitspanne ausmachen. Es ist sinnvoll, sich immer zu vergegenwärtigen, daß die große schöpferische, die überwältigende Mehrzahl aller Glas-Snuff Bottles prägende Epoche in der Mitte der QIANLONG-Periode begann und gegen Ende der DAOGUANG-Zeit endete. Danach kann eigentlich – von einigen wenigen interessanten und bedeutenden Ausnahmen in der MINGUO-Periode abgesehen – nur noch von einem künstlerisch nachempfundenen oder mehr oder weniger kopierten Dekor gesprochen werden. Viele meisterlich gearbeitete Fläschchen der späteren DAOGUNG-Periode, des späteren 19. und des beginnenden 20. Jahrhunderts sind deshalb kaum oder nicht sicher von denen einer früheren Periode zu unterscheiden. Im übrigen hat der Dekor traditioneller Motive bei neueren Fläschchen eine Neigung, im Gegensatz zu solchen aus früheren Perioden vergleichsweise flach geschnitten zu sein. Davon ausgenommen ist natürlich eine Reihe von Fläschchen der Neuzeit mit einem recht grob geschnittenen, aber hohen Dekor. Interessant ist auch, daß gerade in neuerer Zeit vergleichsweise häufig Snuff Bottles mit Doppelüberfang (SHUANGTAOLIAO), die

Abb. 134 Dreifaches Überfang-Snuff Bottle im YANGZHOU-Stil von MA BINGXUAN, Sohn des NEIHUA-Malers MA SHAOXUAN, Mitte 20. Jh.

Abb. 135 Überfang-Glas-Fläschchen, wahrscheinlich aus HENGSHUI, 5,4-6,4 cm, Ende 20. Jh.

Abb. 136 Amethystfarbenes Glas-Snuff Bottle, 1750-1820

bekanntlich, wenn sie aus älteren Perioden stammen, hohe Preise erzielen, angefertigt wurden und werden. Sie versuchen im Dekor auf Vorläufer vom Ende des 18. und Anfang des 19. Jahrhunderts und wahrscheinlich auch auf solche aus der MINGUO-Zeit anzuspielen. Sehr beliebt sind dabei Farbkombinationen in kräftigen Tönen, wie Gelb-Grün-Weiß oder Gelb-Schwarz-Rot oder Rosa-Grün-Weiß. Gleichfalls auffällig und sehr häufig sind zur Zeit bei neuen Snuff Bottles geschnittene QIANLONG-NIAN-HAO-Siegelmarken auf dem Flaschenkorpus. Dieses Dekorelement kam, von seltenen Vorläufern abgesehen, vereinzelt erst in der MINGUO-Zeit auf. Es ist in Zweifelsfällen auch nützlich sich zu überlegen, inwieweit ein spezielles Dekormotiv (wie z.B. religiöser Natur) in einen »Zeitgeist« paßt. Viele Sujets sind, wie florale, neutral, andere wollen berühmte oder für frühere Perioden typische Vorlagen kopieren. So kann man einige Motive für die letzten fünfzig Jahre ausschließen und damit bei »neueren« Snuff Bottles aufgrund bestimmter Motive mit einigem Recht die Entstehungszeit in die MINGUO-Periode verlegen. Auch zeichnen sich Snuff Bottles der Neuzeit durch eine gewisse Einfallslosigkeit aus. Gerade Fläschchen Ende des 19. Jahrhunderts und aus der MINGUO-Periode können durch originelle Ideen überraschen. Dagegen hält sich die Originalität klassischer Perioden in Grenzen. Hier kann man das Phänomen beobachten, daß eine von Zeit zu Zeit auftretende grandiose Kreation oder ein neues Sujet zunächst mit all der zur Verfügung stehenden Virtuosität hundertfach variiert wurden, bis sie zur Tradition zählten und gleichfalls hundertfach für längere Zeit eine Wiederholung fanden.

Die **Glasfarben** sind ein wichtiges Kriterium. Es gibt solche Farbtöne, die weitgehend deutlich auf eine frühere Periode oder Zeitspanne hinweisen, und solche, die erst in der ersten Hälfte oder erst in der zweiten Hälfte des 20. Jahrhunderts aufkamen. Allerdings wurden auch noch in der MINGUO-Zeit einige klassische Farbtöne erreicht, wie überhaupt auch heute noch einige Glasfarben den älteren sehr nahe kommen können. Andererseits bleiben viele klassische Farbtöne (bis ca. 1850) einzigartig, denn es wurde bisher nicht versucht, sie nachzuahmen. Da Farbmischungen ein sehr komplexes Unterfangen sind, darf man hoffen, daß es selbst bei einem modernen Versuch immer gewisse Unterschiede geben wird. Leider ist es unmöglich, Glasfarbtöne in diesem Buch korrekt und für den Vergleich anwendbar wiederzugeben. Abgesehen davon wäre eine halbwegs vollständige Systematik aus vielen Gründen kaum zu erstellen. So

Abb. 137 Doppelüberfang-Glasfläschchen, aus LANGFANG, 7,8-8,2 cm, Ende 20. Jh.

bleibt auch hier das Faktum, daß nur Studium und Erfahrung dieses Kriterium zu einem sinnvollen Instrument bei der persönlichen Urteilsfindung werden lassen. Hilfreich mag der allgemeine Hinweis sein, daß ältere Glasfarben entweder zu sehr sanften (FEN), hellen, feinen, klaren Tönen (Rosa, Aquamarin, Türkis u.a.m.) oder zu sehr reinen, stark intensiven, prachtvollen Farbtönen (wie z.B. tiefes Rubinrot, Smaragdgrün, Saphirblau, Petrolgrün u.a.m.) tendieren, wodurch in der Kombination als Überfangglas ästhetisch einzigartige Kontrastierungen erreicht wurden. Dagegen neigen einige Farbgebungen des 20. Jahrhunderts, vor allem seit der zweiten Hälfte dazu, entweder bei kräftigeren Farben unnatürlich, deftig und gewöhnlich (wobei Rubinrot und Smaragdgrün den Farben älterer Fläschchen noch am nächsten zu kommen scheinen) oder bei helleren Tönen stumpf und schwach (engl. »poor«) zu erscheinen.

Marken

Regierungsmarken auf monochromen Glas-Snuff Bottles

Von links nach rechts:
JIAQING, 1796-1820
XIANFENG, 1851-1861
TONGZHI, 1862-1874

XUANTONG, 1909-1911

Regierungsmarken auf Snuff Bottles aus Glas mit Emailmalerei

Von links nach rechts:
QIANLONG, 1736-1795
QIANLONG, 1736-1795
QIANLONG, 1736-1795

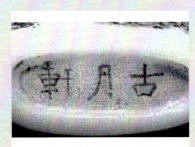

Glas-Snuff Bottle

GUYUE XUAN, 1780-1830

Marken

Regierungsmarken auf Überfangglas-Snuff Bottles

QIANLONG, 1736-1795

YANGZHOU-Datierungsmarken

GUIWEI 1823
RENWU 1822

Formen

Monochromes Glas (MG)

von links nach rechts:
18. Jahrhundert
18. Jahrhundert
1720-1780
1750-1800

1750-1800
1750-1850
1760-1790*
1760-1790*

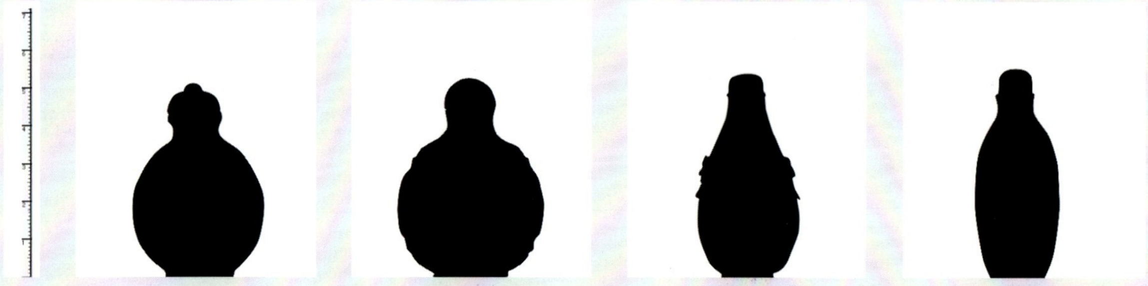

1760-1820
datiert 1774
1780-1840
1780-1850

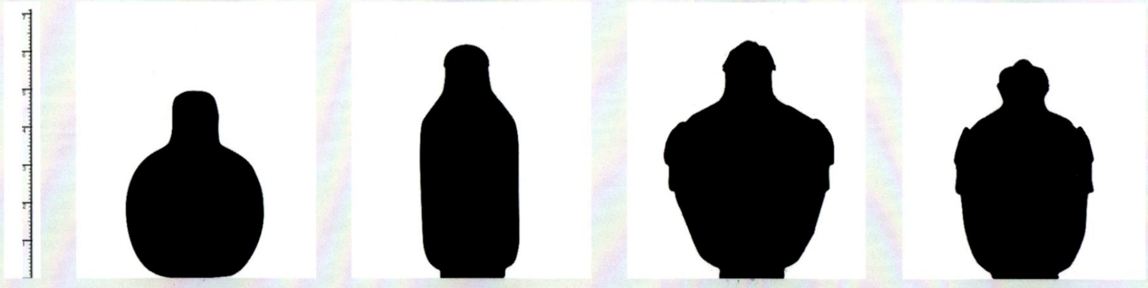

1780-1850
1780-1850
datiert 1786
datiert 1793

Formen

Monochromes Glas (MG)

Von links nach rechts:
1800-1870
1800-1880
1800-1880
1850-1900

Glas-Emailmalerei (PG)

Von links nach rechts:
1760-1850
1790-1850
1790-1850
19. Jahrhundert

1930-1945
1930-1945
1930-1945
20. Jahrhundert

20. Jahrhundert

Formen

Überfangglas (OLG)

Von links nach rechts: 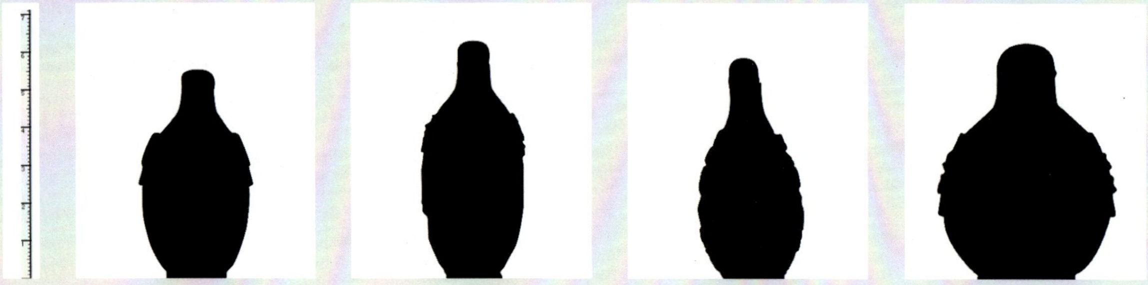
18. Jahrhundert
1736-1795
1736-1795
1736-1795

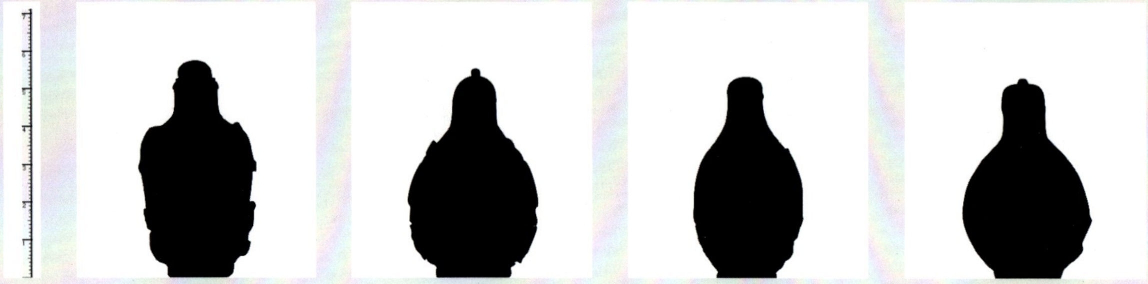

1750-1820
1750-1820
1750-1850
1750-1850

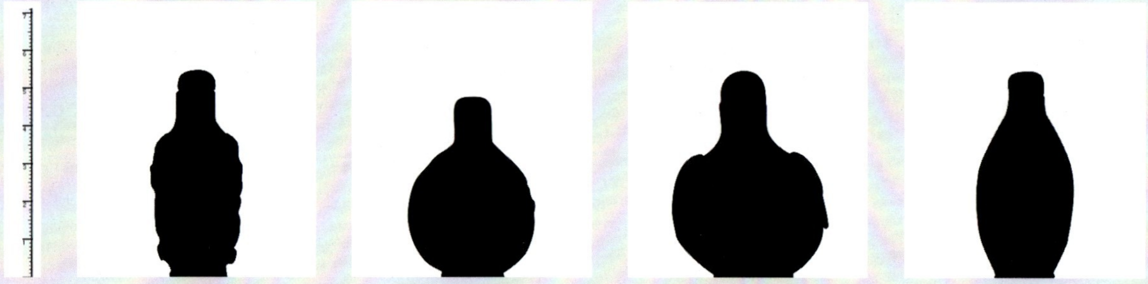

1750-1850
1780-1850
1780-1850
19. Jahrhundert

19. Jahrhundert
1800-1850
1800-1850
1800-1850

Formen

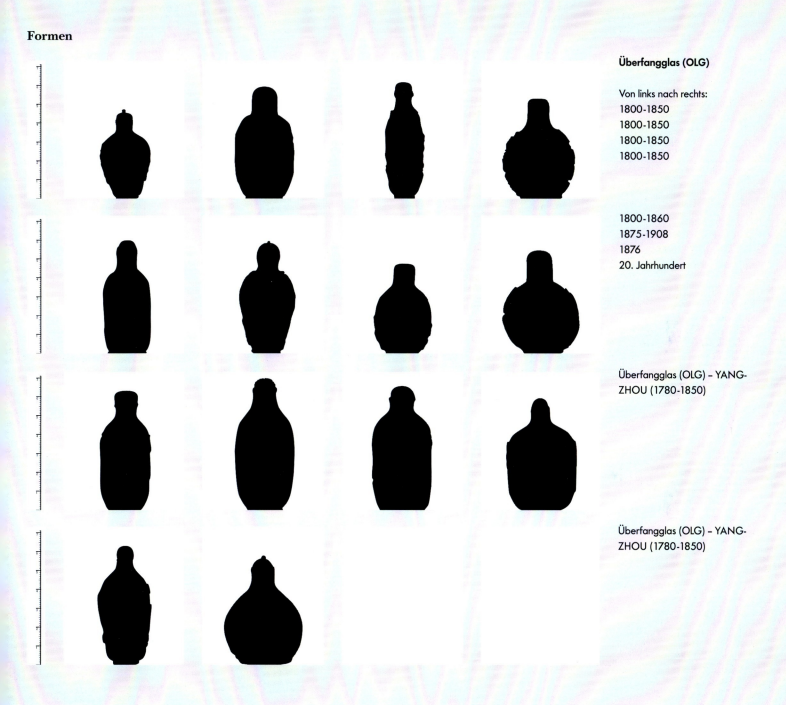

Überfangglas (OLG)

Von links nach rechts:
1800-1850
1800-1850
1800-1850
1800-1850

1800-1860
1875-1908
1876
20. Jahrhundert

Überfangglas (OLG) – YANG-ZHOU (1780-1850)

Überfangglas (OLG) – YANG-ZHOU (1780-1850)

5. SNUFF BOTTLES AUS METALL

Snuff Bottles aus Bronze

Bronze (TONG) ist eine Legierung aus Kupfer (auch TONG) und Zinn (Rotbronze, auch HONGTONG) oder Kupfer und Zink (Gelbbronze oder Messing, HUANGTONG).

Wie bereits erwähnt, gibt es eine kleine Gruppe Fläschchen aus Messing-Bronze, datiert zwischen 1644-1653 und an der Basis signiert mit CHENG RONGZHANG beziehungsweise mit insgesamt acht Schriftzeichen in Normalschrift (KAISHU). Sie sind alle stilistisch sehr ähnlich und von gleicher Größe, mit Drachen und Wolken oder floral schlicht graviert und besitzen an der Seite meist eine kreisrunde, flache und undekorierte »Daumenmulde«. Im allgemeinen werden sie als die ersten Snuff Bottles für Schnupftabak angesehen und als solche in der Literatur beschrieben. Es wird angenommen, es seien Snuff Bottles der Mandschu-Reiter und Gründer der QING-Dynastie. Von einigen Autoren wurde auch die Vermutung geäußert, daß diese Fläschchen nicht aus der Zeit der Datierung stammen, sondern eher dem 19. Jahrhundert zuzurechnen sind. Eingehende Untersuchungen und stilistische Vergleiche ergaben jedoch, daß die Datierungen der Fläschchen tatsächlich authentisch sein dürften. So sind zwar Zweifel angebracht, aber nicht über die historische Authentizität, sondern über den Zweck dieser Fläschchen. Handelt es sich tatsächlich um die ersten Schnupftabakfläschchen oder wenn nicht, was waren sie dann? Es ist doch merkwürdig und rätselhaft, daß in keiner historischen Quelle der Gebrauch von Schnupftabak vorkommt und aus dem Zeitraum ab 1653 bis Ende des 17. Jahrhunderts keine weiteren oder sonstigen Snuff Bottles entdeckt worden sind. Nur zwischen den Jahren 1644 und 1653, also nur ganze neun Jahre, soll des Tabakschnupfens gefrönt worden sein?! Solch eine zeitlich präzis abgegrenzte, freudenspendende »Schwäche« an Hand dieser Fläschchen zu vermuten, heißt die menschliche Natur zu ignorieren. Die hedonistische Geschichte der Menschheit bewies immer, daß es nach der Entdeckung einer neuen Lust für lange Zeit kein Halten gab. Das trifft genau auf das damals um sich greifende Tabakrauchen und auf das spätere Tabakschnupfen zu. Die damalige Marktpräsenz des Tabaks belegt, daß es nicht an Tabakmangel gelegen haben konnte, wenn die Mandschu-Reiter ihr bescheidenes tägliches Genießen um 1653 aufgeben mußten. Selbst wenn dies das Todesdatum von CHENG gewesen sein sollte, so wären andere Studios gerne in diese Marktlücke gestoßen. Doch weder andere Fläschchen dieser Art noch kleine Dosen für diesen Zweck sind

Abb. 139 Bronze-Fläschchen mit der Inschrift »im zweiten Jahr der Regierung von SHUNZHI (1645) von CHENG RONGZHANG gemacht«, 5,5 cm, SHUNZHI-Periode, Gallery Hall, London und Paris

Abb. 138 Meisterlich gearbeitetes, großes figurales Silber-Snuff Bottle in Form des Glücksgottes LIUHAI mit dreibeiniger Kröte (SHAN) auf der Schulter und Geldschnüren, auf der Basis mit der Inschrift »PENGKAIBAO« (»Kostbarkeit aus dem Studio PENGKAI«) CHENGZUYIN (»aus massivem, reinem Silber«) HUADE, (als Wunsch: »Blühende Tugend«), 8,2 cm, frühes MINGUO

Abb. 140 Marke auf dem Boden des Bronze-Fläschchens von Abb. 139

Abb. 141 Kleines Bronze-Doppel-Snuff Bottle, das obere ist auch Verschluß des unteren Fläschchens, 5,9 cm, 19. Jh.

Abb. 142 Rotbronze-Snuff Bottle mit dem buddhistischen Symbol »Rad der Lehre«, 5,8 cm, 19. Jh. oder später

bisher dokumentiert. Allerdings sind diese seltenen Fläschchen als Sammelobjekt trotzdem ein Wunschtraum für alle Sammler von Snuff Bottles. Aber sie sind auch Objekte unserer Unkenntnis, Symbole des Mysteriums, zu welchem Zweck oder Vergnügen diese Fläschchen dienten. Jedenfalls sind sie Vorläufer des eigentlichen Snuff Bottles und Bewahrer eines geheimnisvollen, offensichtlich nur wenigen zugänglichen, pulverigen »Lebenselixiers«.

Generell gibt es nur wenige Snuff Bottles aus Messingbronze und noch weniger aus klassischer Rotbronze. Nicht viele Fläschchen entstammen der zweiten Hälfte des 18. Jahrhunderts, die übrigen sind ins 19. Jahrhundert, häufig gegen dessen Ende zu datieren. Es gibt auch einige seltene Snuff Bottles aus Zinn, die zwischen 1780 und 1840 entstanden sein dürften. Einige spätere Fläschchen sind aus einer speziellen chinesischen, silberähnlichen Legierung hergestellt – wie in China viele metallische Objekte des Alltages –, einer Art Weißbronze (BAITONG). Sie setzt sich aus Kupfer, Zink, Nickel und Eisen zusammen.

Eine Gruppe von eigenartigen, prachtvoll mit Halbedelsteinen geschmückten Messing-Snuff Bottles, bräunlich lackiert (als »Schildkrötenlack« bezeichnet), ist neueren Datums. An deren Basis findet man häufig QIANLONG- oder JIAQING-Marken. Sie sind selten und erzielen auf Auktionen hohe Preise. Diese Snuff Bottles wurden kaum in China, sondern fast immer in Japan für den chinesischen Markt oder direkt für westliche Sammlungen Ende des 19. Jahrhunderts und im ersten Drittel des 20. Jahrhunderts hergestellt. Nur ein sehr genaues stilistisches Studium läßt eine Zuordnung hinsichtlich der chinesischen oder japanischen Herkunft zu.

Snuff Bottles aus Gold und Silber

Chinesen haben Gold im Gegensatz zu Jade nie als ein über alle Maßen zur Verarbeitung erstrebenswertes Material angesehen. Gold dürfte auch für einen edlen Gegenstand des täglichen Lebens als zu anfällig für Kratzer und andere Beschädigungen gewesen sein. Snuff Bottles aus Gold (Zujin Hu) sind deshalb extrem selten, und die wenigen Exemplare stammen fast alle aus der zweiten Hälfte des 20. Jahrhunderts. Sie sind in Hong kong gefertigt worden, unter anderem als Kopien der im 17. Jahrhundert entstandenen Bronze-Fläschchen von Cheng Rongzhang oder geschnitzter Lack- oder Elfenbein-Snuff Bottles aus der Zeit gegen Ende des 18. Jahrhunderts. Snuff Bottles aus Silber (Zuyin Hu) oder Silbermonturen auf Glas-Fläschchen – letztere typisch für chinesische Randvölker in Tibet und der Mongolei (Abb. 133) – sind immer dem 19. Jahrhundert zuzurechnen.

Die vier auf Seite 106 (Abb. 145/146) abgebildeten Silber-Medizinfläschchen sind gesuchte Sammlerstücke. Sie sind nur vier Zentimeter groß, über Schaniere miteinander verbunden und können zu einem Block zusammengeklappt werden. Die Kalligraphien geben den Inhalt des jeweiligen Fläschchens an (von links nach rechts): Pingansan (»Pulver für tiefe Ruhe«), Honglingdan (»Rote Pillen für magische [?] Kräfte«), Shayaowan (»Pulverisierte Kugel-Medizin«[?]) und Wanyingding (»Nie versagende Wunderpillen«). Am Boden der Fläschchen befinden sich zwei chinesische »Echtheitspunzen« für Silber.

Vereinzelt gab es auch Silber-Snuff Bottles mit Emailfarbenmalerei.

Abb. 143 Schwarzes Glas-Fläschchen mit mongolischer Silbereinfassung, 19. Jh.

Snuff Bottles mit Emailmalerei

Die frühesten Schnupftabakfläschchen mit einer authentischen kaiserlichen Vier-Zeichen-Marke Kangxi Yuzhi (»auf Befehl des Kaisers Kangxi gemacht«) in Normalschrift (Kaishu) waren emailfarbenbemalte Kupfer-Snuff Bottles. Die Emailmalerei (Schmelzfarbenmalerei) ist eine europäische Maltechnik mittels Emailfarben (Falangcai) auf einem vorher emaillierten Metallkörper. Sie wurde in Europa bereits im 16. Jahrhundert erfunden und dort zur Blüte gebracht. Anfang des 18. Jahrhunderts machten wahrscheinlich Missionare die Emailmalerei anhand importierter emaillierter Kirchengeräte auch in China bekannt. In bezug auf die Herkunft dieser Technik bezeichnen die Chinesen Emailarbeiten auch als

YANGCI, das heißt »ausländisches Porzellan«. Diese Maltechnik – mit der allgemeinen Bezeichnung »Emailmalerei« (FALANGCAIHUA) – erregte das Interesse des kunstliebenden Kaisers KANGXI (1662-1722). Er befahl 1713, eine Werkstatt innerhalb des Palastbezirkes für diese neue Technik einzurichten. Zunächst scheint es aber große Schwierigkeiten gegeben zu haben, wie aus einer Notiz des Gouverneurs von GUANGDONG aus dem Jahre 1716 hervorgeht. Er schreibt, daß er einen gewissen PAN CHUN mit drei Mitarbeitern aus der schon in GUANGZHOU existierenden Manufaktur für Emailmalerei mit einer Reihe von Musterstücken nach BEIJING zur Unterstützung der kaiserlichen Werkstatt schickte. Diese Überlieferung beweist zugleich, daß offensichtlich in GUANGZHOU (Kanton) Manufakturen für Emailmalerei schon früher als in BEIJING gegründet wurden und technologisch durchaus erfolgreich waren. Es entspricht einer gewissen Logik, daß diese europäische Maltechnik früher als in BEIJING in GUANGZHOU, dem damaligen Zentrum des Überseehandels, bekannt war und dort schon früh Versuche unternommen wurden, Alltagsgegenstände mit Emailmalerei herzustellen. Auch ist denkbar, daß auf Anregung (oder im Auftrag?) und unter Anleitung europäischer Handelsleute eine Produktion (zu einem nicht bekannten Zeitpunkt) für den Export nach Europa aufgenommen wurde. Eine andere Gruppe von Emailmalern kam zur Unterstützung aus JINGDEZHEN, dem dominierenden Produktionszentrum für Porzellan beziehungsweise Emailmalerei auf Porzellan. Schließlich wurde im Jahre 1717 der französische Emailmeister Jean Baptiste Gravereau für die kaiserliche Manufaktur nach BEIJING verpflichtet. Frankreich war damals mit seinen Emailarbeiten aus Limoges »weltberühmt«. Einige Stücke von einer vergleichsweise geringen Qualität mit KANGXI-Marken sind uns erhalten geblieben. Sie dürften noch vor 1717 entstanden sein. Mit anderen Worten, es kann angenommen werden, daß nach diesem Datum eine entscheidende Verbesserung der Technologie stattfand. Neben der Produktion in GUANGZHOU und den Palastwerkstätten etablierten sich im Laufe der Zeit weitere Manufakturen für Emailmalerei im Stadtbezirk BEIJING und in YANGZHOU in der Provinz JIANGSU, einem damaligen Zentrum der Malerei und des Kunsthandwerks. Auch unter dem nachfolgenden Kaiser YONGZHENG (1723-1735) wurde eine größere Anzahl namentlich bekannter Emailmaler aus GUANGZHOU und aus JINGDEZHEN nach BEIJING gesandt, um dem Bedarf und den Anforderungen des Hofes nachzukommen. Darüber hinaus befahl YONGZHENG die Errichtung einer weiteren kaiserlichen Manufaktur für Emailarbeiten im Sommerpalast YUANMINGYUAN außerhalb BEIJINGS mit der Absicht, per-

Abb. 147   Emailmalerei auf Kupfer, YONGZHENG-Periode (1723-1735), Vier-Zeichen-NIANHAO, Palastmuseum BEIJING

Linke Seite von oben nach unten

Abb. 144   Verschiedene Silber-Snuff Bottles, wahrscheinlich mongolisch, 19. Jh., Ps. Sch.

Abb. 145/146   Vierteiliges Medizinfläschchen aus Silber, auf der einen Seite Bezeichnungen der Medizin, auf der anderen Seite Abbildung der klassischen vier Berufe: Gelehrter, Bauer, Fischer und Holzfäller, 3,5 cm, 19. Jh.

Abb. 148 Mondförmiges Snuff Bottle mit FENCAI-Emailmalerei auf Kupfer mit europäischem Sujet (XIYANGREN XIANG), Vier-Zeichen-QIANLONG NIANZHI-Marke aus der Zeit (1736-1795), Rietberg-Museum, Zürich

sönlich Art und Qualität der Produktion während seines dortigen längeren Aufenthaltes mitbestimmen und überwachen zu können. Diese Manufaktur existierte bis Ende der Regierungszeit des nachfolgenden Kaisers QIANLONG (1736-1795), welcher gleichfalls mit Strenge und Ungeduld die Fertigung von Snuff Bottles mit Emailmalerei förderte. Es wird berichtet, daß 1728 unter YONGZHENG nicht weniger als achtzehn (!) verschiedene Emailfarben entwickelt wurden, um der kaiserlichen Forderung nach einer farbenprächtigeren Malerei nachzukommen. Die ständig erweiterte und variierte Farbpalette war auch die Frucht eines Wetteiferns zwischen den kaiserlichen Werkstätten und dem Erfindungsreichtum von JINGDEZHEN, dem alles überragenden Porzellanzentrum, so daß auch hier zunächst die Farben des YINGCAI und dann die Vielfalt des FENCAI die Malerei dominierten (s. Kapitel 6). Die kaiserliche Leidenschaft für Snuff Bottles mit Emailmalerei ging so weit, daß YONGZHENG und später QIANLONG sich laufend Entwürfe und Holzmodelle vorlegen ließen und diese kritisch begutachteten, Belobigungen aussprachen oder konkret ihren Wünschen Nachdruck verliehen. Eine Vielfalt an neuen Sujets, Formen und Farben beziehungsweise Farbkombinationen war die – für die Kunstgeschichte glückliche – Folge. Beliebte Motive waren unter anderem der »Jadehase«, »Drei Freunde«, XIWANGMU (»Königinmutter des Westens«), »Fledermäuse« sowie »Bambus und Pflaume«, wobei in dieser Periode erstmals schwarze und rote Emailfarben als Untergrundfarben zum Einsatz kamen. Schon im ersten Regierungsjahr von YONGZHENG mußten zum Beispiel sechzehn Schnupftabakfläschchen (zwei davon aus purem Gold) mit sechzehn (!) verschiedenen Dekors für den persönlichen Gebrauch des Kaisers angefertigt werden. War der Kaiser zufrieden, wurden Maler wie TAN RONG und ZOU WENYU unter YONGZHENG auch kaiserlich belohnt. Von QIANLONG wird berichtet, daß er eine noch größere Leidenschaft für solche Snuff Bottles entwickelte und unentwegt Modelle neuer Formen und Entwürfe für neue Sujets anforderte, aber auch die Anfertigung von Imitationen bestimmter Fläschchen der vorhergehenden Periode befahl.

Große Mengen an Snuff Bottles wurden in den Werkstätten hergestellt, allein bis zu zehn Maler waren teilweise beschäftigt. WU SHU, kaiserlicher »Chefdesigner«, mußte beispielsweise 1745 neunzehn verschiedene Entwürfe vorlegen, die dem Kaiser alle so gut gefielen, daß sie umgehend produziert wurden. Doch QIANLONG verlangte mehr Entwürfe mit immer neuen Motiven, so daß erstmals die für diese Periode so typischen »europäischen Sujets« (XIYANGRENXIANG/»West-fremder-Mensch-Abbild«) in

Form von Figuren und Porträts aufkamen. Einen endgültigen Abbruch dieser imperialen Blütezeit des Snuff Bottles verursachte der QIANLONG nachfolgende Kaiser JIAQING (1796-1820): Er ordnete in seinem 18. Regierungsjahr (1814) an, daß die kaiserlichen Werkstätten keine Snuff Bottles mehr produzieren sollten!

In annähernd hundert Jahren, so wird geschätzt, wurden im 18. und frühen 19. Jahrhundert ca. 6000 Snuff Bottles mit Emailmalerei in den kaiserlichen Manufakturen für den höfischen Haushalt hergestellt. Während der Regierungsperiode von QIANLONG wurde zusätzlich eine größere Anzahl Snuff Bottles aus den Manufakturen in GUANGZHOU an den Hof geliefert, wobei auch vom Palast dorthin geschickte und bemalte Holzmodelle als Vorlage dienten. Häufig beaufsichtigte ein hoher Palastbeamter die Herstellung in GUANGZHOU.

Die meisten Snuff Bottles mit Emailmalerei aus dem 18. Jahrhundert besitzen einen »vollmondförmigen« (YUEXING), teilweise bauchigen Korpus. Daneben gab es einige fast quadratische, längliche Fläschchen mit stark abgerundeten Ecken. Für Snuff Bottles aus GUANGZHOU waren kürbisförmige und gestreckt rechteckige Formen typisch.

Zusammenfassend läßt sich sagen, daß unter Kaiser KANGXI Snuff Bottles mit Emailmalerei nur in den letzten Jahren seiner Regierung entstanden sein können. Die technischen Schwierigkeiten beziehungsweise die Fortschritte in der Emailmalerei lassen sich anhand der offensichtlichen Qualitätsunterschiede von Snuff Bottles aus der Regierungszeit der Kaiser YONGZHENG und QIANLONG zu denen aus der vorhergehenden KANGXI-Periode deutlich feststellen.

Die kaiserlichen Manufakturen für Emailarbeiten konnten aber mit der Zeit den seit dem Beginn der YONGZHENG-Periode (1723-1735) stetig steigenden Bedarf in der Umgebung des Kaisers und anderer hochstehender Kreise außerhalb des Palastbezirkes nicht mehr decken. So kam es, daß in GUANGZHOU eine Reihe von Snuff Bottles gefertigt wurde, die sich stilistisch und qualitativ eng an den in den kaiserlichen Werkstätten hergestellten Stücken orientierten und sicher für den Palastbedarf, aber wahrscheinlich auch für andere wohlhabende und bedeutende Persönlichkeiten gedacht waren. Daneben entwickelte sich in GUANGZHOU eine völlig andere, stilistisch eigenständige Linie der Emailmalerei für Teller, Schalen, Vasen, Kannen und gleichfalls für Snuff Bottles, die für den allgemeinen Markt in China, jedoch vor allem für den Export nach Europa bestimmt war. Sie ist charakterisiert durch einen sehr typischen figuralen und flora-

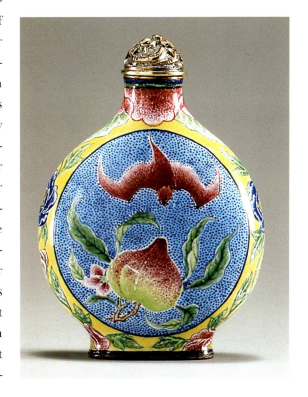

Abb. 149 Mondförmiges, frühes Snuff Bottle mit FENCAI-Emailmalerei auf Kupfer mit Fledermaus- (FU), Pfirsich- (TAO) mit der Bedeutung »Glück und langes Leben« und auf der anderen Seite Schmetterlingsdekor, KANGXI NIANHAO-Marke aus der Periode, ca. 1720, Rietberg-Museum, Zürich

Abb. 150 Ovales Snuff Bottle mit FENCAI-Emailmalerei auf Kupfer, GUANGZHOU, JINGZHI-Marke (»mit Hochachtung gemacht«), QIANLONG-Periode (1736-1795), Rietberg-Museum, Zürich

len Dekor, der in Europa als eigentliches Markenzeichen der chinesischen Emailmalerei beziehungsweise als Inbegriff des sogenannten »Kanton-Emails« angesehen wird.

Im 19. Jahrhundert wurden in den Manufakturen von BEIJING, GUANGZHOU und YANGZHOU auch Snuff Bottles mit Emailmalerei als Kopien des vorangegangenen Jahrhunderts hergestellt. Die Malerei war jedoch von deutlich minderer Qualität.

Basismaterial für die Emailmalerei ist das leicht zu formende Kupfer und in sehr seltenen Fällen Silber oder Gold. Der geformte Metallkörper wurde einfarbig mit einer – am häufigsten weißen – Emailfarbe (glashaltige Schmelzfarbe) überzogen, die man dann bei ca. 700°C bis 800°C im Ofen aufbrannte. Diese Prozedur konnte mehrmals wiederholt werden, bis die gewünschte Dicke der Farbschicht erreicht wurde. Anschließend wurden verschiedene Emailfarben aufgetragen und im Ofen auf den Emailuntergrund aufgeschmolzen. Aufgrund der damals schon vorhandenen reichhaltigen Palette an Emailfarben aus der Porzellanmalerei waren alle Voraussetzungen erfüllt, die Emailmalerei zu einem neuen, bedeutenden Kunsthandwerk in China werden zu lassen. Tatsächlich wurden später, vor allem im 19. Jahrhundert, große Mengen an Emailarbeiten nach Europa exportiert. Die Emailmalerei unterscheidet sich in ihrem Erscheinungsbild von bemaltem Porzellan dadurch, daß die Farben einen »weicheren« Ton besitzen, da sie sich sanft mit dem Emailuntergrund verbinden und nicht, wie beim chinesischen Porzellan, mit brillanter Leuchtkraft auf der Glasur aufsitzen.

Es soll noch auf einen sehr seltenen Typ der emaillierten Snuff Bottles hingewiesen werden. Es handelt sich um Silberfläschchen mit herausgearbeitetem oder aufgesetztem Dekor, wobei die hochstehenden Teile mit Emailfarben koloriert wurden. Einige wenige Stücke wurden in der QIANLONG-Periode hergestellt, die meisten dürften bestenfalls Ende der QING-Zeit entstanden sein.

Cloisonné-Snuff Bottles

Beim Cloisonné (FALANG oder QINGDAILAN) dient Kupfer oder Bronze, sehr selten Gold, als Basismaterial. Cloisonné, auch Zellenschmelz ge-

---

Motive der Emailmalerei auf Metall

Die Untersuchung basiert auf 100 Snuff Bottles, die bis ca. 1820 entstanden.
(S selten, H häufig)

Motive (TICAI):	Marktpräsenz:
Drachen	SSS
Europäische Sujets	S
Figurales	HHH
Florales	HHH
Vögel	HH
Tiere	SS
Schmetterlinge	SSS
Landschaft	S
Sonstiges	SSS

nannt, gehört zusammen mit dem sogenannten Grubenschmelz (Champlevé) zu einer Gruppe von Metallarbeiten, deren Dekor aus durch Metallstege getrennten farbigen Glasflüssen besteht. Glasflüsse oder Email sind ein Gemisch aus Quarz, Feldspat, Kaolin, Soda, Salpeter, Borax, Natron, Blei und färbenden Mineralien. Das Rohstück, in unserem Fall in der Form eines Snuff Bottles, wird mit feinen Metallstegen entsprechend dem gewünschten Dekor überzogen, so daß sogenannte Zellen (französisch »cloison«) entstehen, die mit im Brand sich verschieden färbenden Emailmassen ausgefüllt werden. Das Stück wird dann bei 700°C bis 800°C im Ofen gebrannt, wobei die Schmelzmasse eine feste Verbindung mit dem Metallkörper eingeht und eine entsprechende Färbung annimmt. Danach wird die Oberfläche des Stückes geschliffen und poliert und die sichtbaren Metallstege zwischen den Zellen feuervergoldet.

Cloisonné ist eine Erfindung aus Byzanz; es wurde seit dem Mittelalter häufig in der europäischen Sakralkunst eingesetzt. In China ist diese Technik, aus Nahost kommend, erst seit Beginn der MING-Dynastie (1368-1643) bekannt. In der QING-Zeit kam sie in erster Linie für große Vasen, Dreifüße und Kerzenständer, bestimmt für die Ausstattung von Tempeln und Palästen, zur Anwendung. Ältere Cloisonné-Snuff Bottles, vor allem aus dem 18. Jahrhundert, sind sehr selten. Dabei mag eine Rolle gespielt haben, daß die Technik für kleine Objekte damals als zu schwierig betrachtet wurde. Ein Beispiel, wahrscheinlich aus der QIANLONG-Periode (1736-1795), ist das abgebildete »Doppelfisch«-Fläschchen

Abb. 151 Verschiedene Cloisonné-Snuff Bottles, Ende des 18. Jh. und 19. Jhs., Mitte oben (5,9 cm) QIANLONG-Periode (1736-1795) mit Vier-Zeichen-NIANHAO in Siegelschrift, Ps. Sch.

mit der Bedeutung »Harmonie und Liebesglück« (Abb. 151). Es besitzt eine eingravierte Vier-Zeichen-QIANLONG-Regierungsmarke in einer, typologisch für diese Periode, eher »frühen« Siegelschrift. Es dürfte eines der wenigen markentragenden Cloisonné-Snuff Bottles darstellen. Offensichtlich entstand das erste Snuff Bottle in der Cloisonné-Technik im dritten Jahr (1739) der Regierung des Kaisers QIANLONG. Der Kaiser ordnete die Herstellung eines »Stoppers« aus Cloisonné für ein Snuff Bottle an, das als Probestück von der Palastwerkstatt für Cloisonné-Arbeiten angefertigt worden war. Erst vierzig Jahre später vermerkt ein interner Bericht die Übergabe einer Perle an die Manufaktur zur Herstellung eines Stöpsels für ein Cloisonné-Snuff Bottle. Überliefert ist ferner die Übergabe von zwanzig Snuff Bottles in Cloisonné-Technik im Jahre 1793 an den Kaiser als Tributgeschenk, zwar ohne Herkunft, doch mit

Abb. 152 »Offenes« Cloisonné mit vertieftem und vergoldetem Fond, Ende 20. Jh., Ps. Sch.

hoher Wahrscheinlichkeit aus GUANGZHOU. Auch private Manufakturen für Cloisonné in BEIJING oder in den Provinzen scheinen so gut wie keine Snuff Bottles in dieser Technik hergestellt zu haben. Deshalb sind die meisten älteren Cloisonné-Fläschchen der ausgehenden QING-Epoche zuzurechnen.

Für Touristen werden Cloisonné-Schnupftabakfläschchen seit einiger Zeit mit moderner Technik in größeren Mengen hergestellt. Sie verraten sich leicht durch einen aufdringlichen »Glanz des Neuen«.

In der QIANLONG-Periode wurde auch eine Variante der Cloisonné-Technik, das »offene« Cloisonné (KAIFALANG), erfunden. Zellen des Cloisonné-Dekors werden hierbei nicht mit Emailfarben ausgefüllt, so daß der vergoldete Bronzegrund freiliegt. Ein Großteil neuzeitlicher Snuff Bottles ist auf diese Weise gearbeitet.

Möglicherweise schon gegen Ende der QING-Zeit, vor allem aber in der Neuzeit, wurden und werden vereinzelt Snuff Bottles mit einem »körperlosen« Cloisonné (FALANG QIANLIAO) hergestellt. In Europa ist diese Technik als »email à jour« bekannt. Dieses Cloisonné besteht nur aus Stegen, zwischen denen verschiedenfarbiges Glas eingeschmolzen ist. Selbst ein neues Fläschchen wird kaum unter ein paar hundert Dollar zu haben sein, da diese Herstellungstechnik sehr delikat ist.

Eine verwandte und sehr alte, schon in der ZHANGUO-Periode (453-221 v. Chr.) angewendete Dekortechnik ist der Grubenschmelz (Champlevé) auf Bronze. In den bronzenen Metallkörper wurden »Gruben« eingeschnitten, die danach, wie beim Cloisonné, mit farbigen Glasflüssen ausgefüllt wurden. In sehr seltenen Fällen wurde im 18. Jahrhundert diese

Technik bei einigen Snuff Bottles, kombiniert mit Emailmalerei auf Vorder- und Rückseite, angewendet.

Marken

Die frühesten, um 1720 gefertigten Snuff Bottles mit Emailmalerei auf Kupfer tragen eine mit blauer Emailfarbe gemalte Marke KANGXI YUZHI (»auf Befehl von KANGXI gemacht«) in Normalschrift (KAISHU), die das ganz persönliche Interesse des Kaisers beweist, denn in der Regel endet eine allgemeine Regierungsmarke mit den Zeichen NIANZHI, das heißt »in der Periode gemacht«. Eine YUZHI-Marke dürfte nur auf Stücken angebracht worden sein, die vom Kaiser direkt in Auftrag gegeben worden waren. Gleichzeitig ist dies ein Hinweis auf eine der kaiserlichen Manufakturen, die allerdings mehrheitlich NIANZHI-Marken verwendeten. Von ähnlicher Seltenheit sind Snuff Bottles mit Emailmalerei mit blauen YUZHI- oder NIANZHI-Marken des nachfolgenden Kaisers YONGZHENG (1723-1735), wohingegen die gleichfalls blau gemalte Marke QIANLONG NIANZHI (1736-1795) häufiger ist. Alle diese Marken gehören in die GONGTINGQI-Periode (Palastperiode) des Snuff Bottles. Sie tragen fast ausschließlich NIANZHI-Marken in Normalschrift in blauer oder schwarzer Emailfarbe.

Abb. 153   »Körperloses« Cloisonné-Fläschchen (FALANG QIANLIAO), Neuzeit

Snuff Bottles mit Emailmalerei aus GUANGZHOU tragen in der Regel keine Marken, sie wurden aber häufig mit floralen und ornamentalen Motiven auf dem Boden der Basis ausgemalt. Es gibt jedoch eine kleine Reihe Fläschchen aus dem 18. Jahrhundert, die möglicherweise für den Hof, aber eher noch für hochgestellte und reiche Personen angefertigt worden sein dürfte. Sie tragen eine in blauer Emailfarbe gemalte Marke JINGZHI (»mit Hochachtung gemacht«). Im Gegensatz zu der oft geäußerten Annahme, alle in GUANGZHOU hergestellten Snuff Bottles trügen keine Regierungsmarken, weiß man heute, daß die ausschließlich für den Hof gefertigten Snuff Bottles der QIANLONG-Periode auch mit einer Regierungsmarke versehen wurden. Es gibt qualitativ kleine Unterschiede zu den Snuff Bottles aus den kaiserlichen Manufakturen. So besitzen Snuff Bottles aus GUANGZHOU einen leichteren Flaschenkörper, und die Farben neigen dazu, etwas grell zu erscheinen.

Marken

 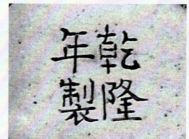 

Regierungsmarken auf Snuff Bottles mit Emailmalerei

Jeweils von links nach rechts:
KANGXI, ca. 1715-1722
KANGXI, ca. 1715-1722
YONG ZHENG, ca. 1723-1735

YONG ZHENG, ca. 1723-1735
YONG ZHENG, ca. 1723-1735
YONG ZHENG, ca. 1723-1735

QIANLONG, 1736-1795
QIANLONG, 1736-1795
QIANLONG, 1736-1795

JIAQING, 1736-1795

Rechts: JINGZHI-Marke auf GUANG ZHOU-Snuff Bottle mit Emailmalerei

QIANLONG-Periode, 1736-1795

Formen

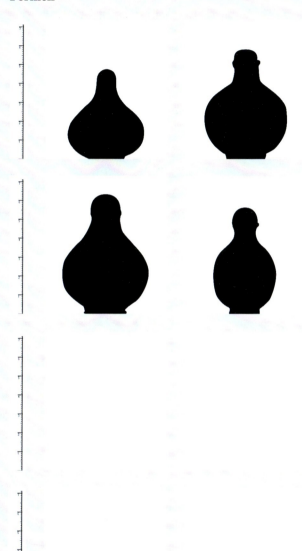

Emailmalerei (EMP)

Von links nach rechts:
18. Jahrhundert
1736-1795
1736-1795
1736-1795

1780-1820
19. Jahrhundert

6. SNUFF BOTTLES AUS PORZELLAN

Die frühesten Porzellan-Snuff Bottles

In der Literatur wurde teilweise behauptet, es hätte bis zur zweiten Hälfte des 18. Jahrhunderts, zumindest bis zum Regierungsantritt von QIANLONG (1736), keine Snuff Bottles aus Porzellan (CIBIYANHU) gegeben. Chinesisches Porzellan (CIQI) besitzt in der Geschichte der Keramik beziehungsweise in der chinesischen Kunstgeschichte eine einzigartige Bedeutung. Zu Beginn der Geschichte des Snuff Bottles, das heißt in der ersten Hälfte des 18. Jahrhunderts, erlebte das chinesische Porzellan eine innovative Epoche virtuosester Perfektion und subtilster Ästhetik. In dieser Zeit entstanden unter den begnadeten kaiserlichen Inspektoren CANG YINGXUAN (ab 1683), NIAN XIYAO (1726-1736) und TANG YING (1736-1753) die für einen wahrhaft majestätischen Kunstsinn erlesensten Porzellanstücke in den kaiserlichen Manufakturen von JINGDEZHEN (Provinz JIANGXI), dem monopolartig alles überragenden Produktionszentrum für Porzellan seit ca. 500 Jahren. Zweimal im Jahr wurden aus den kaiserlichen Manufakturen insgesamt zehntausend Stück Porzellan an den Hof nach BEIJING gesandt. Snuff Bottles dürften darunter nur sehr vereinzelt gewesen sein, und dann zunächst nur mit Unterglasurfarben bemalte. Jedenfalls liegen die ersten Jahrzehnte des 18. Jahrhunderts insofern weitgehend im dunkeln, da ein Porzellan-Snuff Bottle aus dieser Zeit tatsächlich eine große Rarität ist. Immerhin beschwerte sich im Jahre 1745 Kaiser QIANLONG (1736-1795) bei seinem Inspektor TANG, daß nur fünfzig Snuff Bottles geschickt worden seien. In der Folge dekretierte er deshalb eine größere Anzahl der jährlich zu produzierenden Porzellanfläschchen, und man kann davon ausgehen, daß schon zu diesem Zeitpunkt eine gewisse Anzahl an Formen und Sujets existierte. Bekannt ist aber auch, daß unbemalte Snuff Bottles nach BEIJING gesandt wurden, um in den Palastwerkstätten mit Emailfarben oder eventuell auch mit Unterglasurfarben bemalt zu werden. In welchen Fällen und welchen Mengen dies zutraf, ist nicht überliefert. Im übrigen produzierten in JINGDEZHEN außer den kaiserlichen auch einige private Manufakturen Porzellan von hoher Qualität. Ab Ende des 18. Jahrhunderts dürften diese zunehmend Snuff Bottles hergestellt haben. Insgesamt stammen mit nur wenigen Ausnahmen, wie einigen Fläschchen aus GUANGZHOU (GUANGDONG) und DEHUA (FUJIAN), die von den Gouverneuren an den Palast geschickt wurden, alle Porzellan-Snuff Bottles aus den Öfen von JINGDEZHEN.

Die ersten Porzellan-Snuff Bottles scheinen in einer direkten stilistischen Linie zu den typisch zylindrisch-langgestreckten Vasen der soge-

Abb. 155   Frühes, monochrom weißgrau glasiertes Miniatur-Vasen-Fläschchen mit eingeschnittenem Dekor, früher Porzellantyp QINGBAI, 4,4 cm, SONG-Dynastie (960-1279)

Abb. 154   Porzellan-Snuff Bottle mit FENCAI-Malerei *und* Unterglasurblau-Malerei, Darstellungen von Beginn und Vollzug paarweiser Vergnügungen, seitlich Lotosdekor, QIANLONG-Marke, jedoch ca. 1780-1820, Rietberg-Museum, Zürich

Abb. 156/157 Unterglasur-blaurote Porzellan-Malerei, KANGXI-Periode (1662-1722), um 1700, Ps. Sophie LIN, China

nannten »Transitions-Periode« zwischen Ende der MING- und der frühen QING-Periode zu stehen. Der chinesische Begriff für diese zylindrische Vasen- oder Flaschenform ist BAOZHUTONG, abgeleitet von der Form des traditionellen chinesischen Feuerzeuges. Auch etwas später lehnen sich viele Porzellan-Fläschchen stark an traditionelle Vasenformen, wie BIANHU (flache, mondscheibenförmige Reiterflasche) oder MEIPING (»Blütenvase«) an, weshalb solche Fläschchen manchmal auch als BIYANPING (»Schnupftabak-Väschen«) bezeichnet werden. Trotzdem aber fungieren sie allgemein unter dem Begriff BIYANHU (»Snuff Bottle«).

Die zwei bisher bekannt gewordenen Beispiele der frühesten Porzellan-Snuff Bottles sind im Katalog des Palastmuseums (Masterpieces of Snuff Bottles in the Palace Museum, BEIJING 1995, S. 152) abgebildet und werden der KANGXI-Periode (1662-1722) zugerechnet. Höchstwahrscheinlich sind sie schon Ende des 17. Jahrhunderts entstanden. Das eine Fläschchen, in Unterglasurblau bemalt, hat keine Marke, das andere in Unterglasurblau und Unterglasurrot (mit dem Motiv eines Esels) trägt an der Basis eine CHENGHUA-Marke. Bekanntlich wurden häufig ein Doppelkreis oder die CHENGHUA-Marke der MING-Zeit (1368-1643) anstelle der bis gegen Ende des 17. Jahrhunderts vom Kaiser untersagten Verwendung seines NIANHAO (Regierungsdevise) benutzt. Glücklicherweise können noch zwei weitere ähnliche Stücke in diesem Buch angeführt werden. Sie entsprechen der Nummer 154 im oben angeführten Katalog. Die Malerei ist in Unterglasurblau und Unterglasurrot ausgeführt und von delikatester Qualität. Beide Snuff Bottles sind ohne Marken. Das Sujet des einen zeigt den wilden Prinzen NEZHA NAOHAI, auf einem Felsen mit dem Meeresdrachenkönig HAILONGWANG kämpfend. Es stammt aus der schon erwähnten Sammlung der Frau des ersten Ministers von MANDSCHUKO (Sammlung Sophie Lin). Das andere Fläschchen ist, in gleich feiner Ausführung, mit dem Bild eines Weisen und seines Knabendieners bemalt. Es wurde kürzlich in China vom Autor entdeckt. In beiden Fällen drängt sich aufgrund der hervorragenden Qualität der Gedanke auf, daß es sich um Stücke für den Palast handeln könnte.

Gegen Mitte des 18. Jahrhunderts begann die polychrome Emailmalerei zu dominieren. Stücke mit Unterglasurblaumalerei aus der YONGZHENG- oder QIANLONG-Periode sind deshalb sehr selten, weshalb heute fast ohne Ausnahme alle Stücke mit Unterglasurmalerei aus der ersten Hälfte und in geringerer Zahl auch aus der zweiten Hälfte des 19. Jahrhunderts stammen.

Herstellung und Dekortechniken

Porzellan ist ein Gemisch aus vorwiegend Kaolin (eine sehr feinkörnige weiße Tonmasse, ein Verwitterungsprodukt von Granit und Pegmatit) sowie Feldspat und Quarz. Entscheidend für die Härte ist der Anteil an Kaolin, der zwischen 25% und 50% schwanken kann. Das chinesische Porzellan enthält mehr Feldspat als das europäische, weshalb es auch transluzenter ist und mit einer niedrigeren Brandtemperatur auskommt. Porzellan ist die härteste Keramik, kratzfest gegen Stahl und Quarzkristall, und läßt beim Anschlagen einen hellen Ton erklingen, der für den Chinesen das einzige Kriterium ist, um zwischen Porzellan oder sogenannter Irdenware beziehungsweise Steingut (TAO), das bei niedrigeren Temperaturen als Porzellan gebrannt wird, zu unterscheiden. Aus diesem Grund kennt der Chinese zwischen Steinzeug (CIQI) und Porzellan (auch CIQI), abgesehen von dem Grad der Feinheit und dem Farbton des Scherbens, keinen wesentlichen Unterschied. In chinesischen Sachbüchern wird deshalb häufig behauptet, die Erfindung des Porzellans in China habe noch vor Christi Geburt, das heißt mit dem Auftauchen des ersten hoch gebrannten Steinzeugs, stattgefunden. Porzellanartige Keramik in unserem Sinne tauchte erstmals in China – immerhin tausend Jahre früher als in Europa – als weiße XINGYAO-Keramik der TANG-Epoche (618-906) auf, erfuhr eine Weiterentwicklung seit der SONG-Epoche (960-1279) mit der DING- und QINGBAI-Keramik und wurde ab der YUAN-Zeit (1279-1368) qualitativ endgültig zu dem hochwertigen Keramiktyp, der bis heute das chinesische Porzellan repräsentiert.

Seit der mongolischen YUAN-Dynastie werden bis heute fast alle Erzeugnisse aus Porzellan in JINGDEZHEN, dem alles beherrschenden Produktionszentrum in der Provinz JIANGXI (in der QING-Epoche mit zeitweise einer Million Einwohnern), hergestellt. Neben einer Vielzahl privater Manufakturen gab es in JINGDEZHEN zu allen Zeiten einige speziali-

Abb. 158 Snuff Bottle mit unterglasurblauroter Porzellan-Malerei, 8,0 cm, KANGXI-Periode, um 1700

Abb. 159 Gruppe mit Sepiamalerei (MOCAI) auf gelbglasiertem Porzellan, Fläschchen in der Mitte (6,8 cm) mit den Schriftzeichen an der Basis XIAO-FENG (»Morgendämmerung in den Bergen«), erstes Drittel 19. Jh., rechts Ps. Sch.

Abb. 160 Frühes Keramik-Fläschchen mit SANCAI-Dekor (Vorderseite ein lachendes Gesicht, Rückseite Honigwaben), 7,6 cm, TANG-Dynastie (618-906)

sierte Manufakturen, die, teilweise unter Aufsicht kaiserlicher Beamter, für den Hof arbeiteten.

Neben JINGDEZHEN besitzen die Manufakturen von DEHUA in der südlichen Provinz FUJIAN noch eine gewisse Bedeutung, berühmt für ihre buddhistischen, weiß glasierten GUANYIN-Figuren, und vor allem die Manufakturen von YIXING (bei SHANGHAI) in der Provinz JIANGSU, ihrerseits berühmt für eine dunkelrote, unglasierte Teekeramik, die in der harten Qualität der des Porzellans nahekommt. Im übrigen wurden Snuff Bottles sehr wahrscheinlich nie von spezialisierten Manufakturen hergestellt, vielmehr dürften sie ein Artikel unter vielen anderen gewesen sein.

Im 17. Jahrhundert oder etwas früher wurde, vielleicht durch die Versuche, das berühmte DINGYAO, eine cremig weiße, porzellanartige Keramik der SONG-Epoche, nachzuahmen, ein anderer Porzellantyp erfunden. Man verwendete ihn nur sehr selten und ausschließlich für kleinere Objekte; daher galt dieser Typ, der als JIANGTAI-Porzellan (»Plastisches Material«) oder HUASHI-Porzellan bezeichnet wird, immer als sehr kostbar. Es handelt sich um ein in der Herstellung schwierig zu handhabendes, sehr feines, leichtes, aber hartes Porzellan mit weißer bis elfenbeinfarbiger, meist fein craquelierter Glasur. In der englischen Literatur wird es irrtümlicherweise als »soft paste« bezeichnet. Ein echtes »soft paste«-Porzellan, wie es seit dem 18. Jahrhundert bis heute in England und Frankreich produziert wird (eine gewisse Ähnlichkeit im Aussehen mit dem HUASHI-Porzellan ist der Grund der Irritation), führt seinen Namen auf die niedrige Brenntemperatur zurück. Es ist kein hartes, sondern ein »weiches« Porzellan und im täglichen Gebrauch empfindlich. Dagegen wird das HUASHI-Porzellan bei hohen Temperaturen gebrannt und ist von völlig anderer Zusammensetzung. Es gibt eine kleine Anzahl von HUASHI-

Snuff Bottles, teilweise mit schwach ausgeprägtem halbplastischen Dekor und monochromer weißer Glasur oder seltener mit unterglasurblauer, figuraler Malerei.

Die Herstellung eines Snuff Bottles aus Porzellan war ein Prozeß, an dem mehrere spezialisierte Arbeiter und Kunsthandwerker teilhatten. Nach der Ausformung der Tonmasse zu einem Fläschchen mit Hilfe von zwei Models wurden die noch weichen, leicht luftgetrockneten Stücke zusammengefügt und mit einer Engobe (einem halbflüssigen, weißen Tongemisch) überzogen, geglättet und nach Belieben nach einer Dekorvorlage graviert, eingeschnitten oder mit figural modellierten Tonapplikationen versehen. Danach trocknete es für einen längeren Zeitraum an der Luft. Nach der Trocknung des Fläschchens wurde es je nachdem glasiert und gebrannt (Monochrome) oder bemalt, glasiert und gebrannt (Unterglasurmalerei) oder glasiert, gebrannt, bemalt (Überglasurmalerei) und nochmals gebrannt.

Insgesamt kann man sechs verschiedene Techniken unterscheiden:
– Im Falle eines *unglasierten* (Biskuit/SUTAI) Snuff Bottles wurde das getrocknete Fläschchen ausschließlich bei hoher Temperatur (1200°-1400°C) im »Scharffeuer« gebrannt.
– Im Falle eines *monochromen* Snuff Bottles mit einer »Scharffeuerglasur« (Abb. 161), beispielsweise bei Seladon oder roter Kupferglasur (»Ochsenblut«), wurde das getrocknete Fläschchen mit einer farbigen Glasurmasse überzogen und bei hoher Temperatur (1200°-1400°) im »Scharf-

Abb. 161 Monochrome Porzellan-Fläschchen mit kupferroten Glasuren, Mitte: Mutationsglasur (BIANYAO), links und Mitte 18. Jh., rechts erste Hälfte 19. Jh.

Färbende Mineralien bei chinesischen Emailfarben und Glasuren		
Mineral:	*Brand:*	*Färbung:*
Eisen	Oxidationsbrand*	rot (Eisenrot)
		braun
		schwarzbraun
		gelb
Eisen	Reduktionsbrand**	hellblau (Typ Qingbai)
		grün (Seladongrün/Qing)
Kobalt	Reduktionsbrand**	alle Blautöne (Lan)
Kupfer	Reduktionsbrand**	rot (Kupferrot)
Kupfer	Oxidationsbrand*	grün (Kupfergrün)
Mangan	Oxidationsbrand*	auberginefarben
Antimon	Oxidationsbrand*	intensivgelb
Goldchlorid	Reduktionsbrand**	rot (Rubinrot) ab ca. 1710
Bleiarsenid	Oxidationsabrand*	weiße Emailfarbe

* Sauerstoff zuführend   ** gebundenen Sauerstoff entziehend

feuer« gebrannt, wobei ein entsprechend beabsichtigter Farbton entstand.

– Im Falle eines monochromen »*weißglasierten*« Snuff Bottles wurde der getrocknete (weiße) Scherben mit einer transparenten (!) Glasur überzogen und bei hoher Temperatur (1200°-1400°) im »Scharffeuer« gebrannt. Da der völlig weiße Porzellanscherben durch die transparente Glasur durchschimmert, spricht man, zwar nicht ganz korrekt, von einem »weiß glasierten« Scherben.

– Im Falle eines monochrom glasierten Snuff Bottles mit einer »*weichen*« *Farbglasur* (z.B. Emailfarbenglasur oder Bleiglasur) wurde das getrocknete Fläschchen zuerst bei hoher Temperatur (1200°-1400°C) im »Scharffeuer« gebrannt und dann mit der Glasur überzogen, die in einem sogenannten »Muffelbrand« bei niedriger Temperatur (ca. 850°C) aufgeschmolzen wurde.

– Im Falle eines Snuff Bottles mit *Unterglasurmalerei* wurde das getrocknete Fläschchen bemalt, dann mit einer transparenten Glasur überzogen und bei hoher Temperatur (1200°-1400°C) im »Scharffeuer« gebrannt.

– Im Falle eines mit *Emailfarben* (Falangcai) bemalten Snuff Bottles wurde das getrocknete Fläschchen zuerst mit einer transparenten Glasur überzogen und bei hoher Temperatur (1200°-1400°C) im »Scharffeuer« gebrannt, sodann mit Emailfarben (Schmelzfarben) und eventuell »trockenen« Überglasurfarben (Eisenrot und Schwarz) bemalt, die dann im sogenannten »Muffelbrand« bei niedriger Temperatur (ca. 850°C) auf die weiße Glasur aufgeschmolzen wurden.

Im »Scharffeuer« (1200°-1400°C) werden die Bestandteile der Tonmasse versintert, so daß der Scherben wasserundurchlässig wird. Während des Brandes bei »Scharffeuerglasuren« wurde fallweise dem Ofen Luftsauerstoff zugeführt, je nachdem, welche Farbreaktion erwünscht war: Eine kupferhaltige Glasur wurde beispielsweise bei einem geschlossenen Ofen rot (durch Reduktion, das heißt Sauerstoff entziehend), bei Luftzufuhr aber grün (durch Oxidation, das heißt Sauerstoff zuführend); eine eisenhaltige Glasur wurde seladongrün bis hellblau (Reduktion) oder rot bis schwarzbraun (Oxidation).

Im Gegensatz zu einer »Scharffeuerglasur« brannte man im Ofen die »weich« glasierten oder mit Überglasurfarben bemalten Fläschchen in feuerfesten (gebrannten) Tonkassetten (»Muffeln«) bei einer Temperatur von ca. 850°C.

Bei den Glasuren kommen die gleichen färbenden Mineralien wie bei den Emailfarben (Schmelzfarben) zum Einsatz. Das Besondere an den chinesischen Überglasurfarben ist, daß sie fast alle »echte« Emailfarben sind, das heißt, daß sie, im Gegensatz zu den traditionell »körperlosen« europäischen Überglasurfarben, transparent und glasig »dick« (Hou) auf der Glasur aufsitzen und auf diese Weise die so hochgeschätzte typische Brillanz (Ying) und Farbintensität des bemalten chinesischen Porzellans bewirken. Nur Eisenrot und Schwarz sind ausnahmsweise »matte« (Fen) beziehungsweise »dünne« (Bo) Farben, das heißt, sie besitzen keinen schmelzenden Farbkörper. Sie werden auf den Glasurgrund »aufgebrannt« statt aufgeschmolzen. Im Falle einer (gleichfalls »dünnen«) Gold- oder Silberbemalung (Jinhua/Yinhua) beziehungsweise Vergoldung oder sehr selten Versilberung wurde noch ein dritter Brand benötigt.

Bezüglich der **Farbdekortechnik** können insgesamt vier Gruppen von Snuff Bottles unterschieden werden:
– unterglasurbemalte Snuff Bottles (Youlihua)
– überglasurbemalte polychrome Snuff Bottles (Caihua oder Falangcaihua)
– monochrom glasierte Snuff Bottles (Dancaiyou) und
– Naturmaterial imitierende Snuff Bottles (Fang oder Fangxing).

Abb. 162 Porzellan-Snuff Bottle mit Unterglasurblau-Malerei mit zwei fünfklauigen Drachen, eine Flammenperle jagend, Vier-Zeichen-Siegelmarke QIANLONG NIANZHI aus der Periode (1736-1795), Rietberg-Museum, Zürich

Snuff Bottles mit Unterglasurmalerei (YOULIHUA)

Die Unterglasur-Kobaltblau-Malerei auf weißem Scherben tauchte erstmals in China im letzten Drittel der mongolischen Yuan-Dynastie (1279-1368) auf. Diese »Blauweißmalerei«, chinesisch Qinghua (»Blau-Malerei«), stammt aus dem Nahen Osten beziehungsweise Persien. Dort verschönerte man schon seit längerem mit dieser Technik Kacheln, Gefäße und Teller aus Keramik. Eine andere Voraussetzung für die Einführung dieser Malerei in China beziehungsweise für die Schönheit und den nachfolgenden Ruhm des chinesischen blau-weißen Porzellans war die damalige technologisch-töpferische Weiterentwicklung des bisherigen Porzellans in Verbindung mit der Erfindung einer dicken, glasklaren, transparenten Glasur zu einem harten, wirklich »weißen Porzellantyp« von höchster Qualität, der endgültig alle Kriterien eines »echten« Porzellans erfüllte.

Folgende Seite von links nach rechts

Abb. 163 Unterglasurblaue Porzellan-Malerei, 19. Jh., Ps. Sch.
Abb. 164 Unterglasurblaue Porzellan-Malerei mit craquelierter Glasur, DAOGUANG-Periode (1821-1850)

Vorhergehende Seite von links nach rechts

Abb. 165 Kleines Porzellan-Snuff Bottle mit Unterglasurblaumalerei, YONGZHENG-Periode (1723-1735) mit Vier-Zeichen-NIANHAO auf unglasierter Basis, Ps. Sophie LIN, China

Abb. 166 Unterglasurblaurote Porzellan-Malerei, 2. Hälfte 18. Jh., Ps. Sophie LIN, China

釉璃红畫

Abb. 167/168 Unterglasurblaue Porzellan-Malerei, DAOGUANG-Periode (1821-1850), datiert 1849 (DAOGUANG JICHOU), Ps. Sophie LIN, China

Sujets der Unterglasurmalerei bei Snuff Bottles

Die nachfolgende Übersicht wurde auf der Grundlage von ca. 100 Objekten erstellt. (S selten, H häufig)

Sujets (TICAI):	Häufigkeit:
Drachen	HH
Figuren	HHHHH
Fische	SS
Florales	HHH
Landschaften/Bäume	H

Zunächst wurde das seltene Mineral Kobalt für die Unterglasurmalerei aus Persien eingeführt. Es war von einer besonders reinen Qualität. Im Lauf der Geschichte wechselte die Qualität der Blautöne, je nachdem, ob das Kobalt aus Nahost oder aus schlechteren einheimischen Funden stammte. In der KANGXI-Periode war man fähig, das chinesische Kobaltmineral so zu raffinieren, daß man damit prachtvolle, tiefblaue Farbtöne erzielen konnte. Der Sättigungsgrad des blauen Farbtons ist aber noch von einer Reihe anderer Faktoren abhängig, wie zum Beispiel von der Kontrolle der Temperatur während des Brandes. Zusätzlich erfanden die chinesischen Töpfer die Unterglasurrotmalerei mit Kupfer (YOULIHONG/»Unterglasurrot«), die aber im Brand sehr schwer zu beherrschen war und deshalb vergleichsweise selten angewendet wurde. Setzte man sie versehentlich oder mit Absicht einer oxidierenden Atmosphäre im Ofen aus, dann entstand ein leicht graues Kupfergrün. In der MING-Epoche (1368-1643) bis gegen Ende des 17. Jahrhunderts entwickelte sich die Unterglasurblaumalerei zur vorherrschenden Dekortechnik in der Porzellanmalerei: Sie wurde bekanntlich zum Synonym für (älteres) chinesisches Porzellan in Europa.

126

Snuff Bottles mit unterglasurblauer Malerei sind vor Beginn des 19. Jahrhunderts sehr selten. Nur wenige Stücke aus der KANGXI-, YONGZHENG- und der QIANLONG-Periode (ca. 1700-1795) sind bekannt. Noch seltener sind Fläschchen mit kombiniert unterglasurblauer und unterglasurroter Bemalung. Erst die DAOGUANG-Periode kennt eine größere Anzahl von Snuff Bottles mit Unterglasurmalerei, meistens in Zylinder- oder MEIPING-Balusterform. Sie sind von den wenigen Stücken aus dem 18. Jahrhundert anhand der töpferischen Ausführung und des etwas »stumpferen« Blautons vergleichsweise leicht zu unterscheiden. Die Malerei ist meist etwas nachlässiger; doch gibt es Ausnahmen, speziell bei Fläschchen mit einer DAOGUANG-Marke. Vereinzelt wurden Snuff Bottles noch in der GUANGXU-Periode (1975-1908) mit unterglasurblauer Bemalung hergestellt. In der ersten Hälfte des 19. Jahrhunderts überwiegen Snuff Bottles mit reiner Unterglasurblaumalerei, seltener kombiniert mit Unterglasurrot, noch seltener gibt es sie mit reiner Unterglasurrotmalerei.

Typische Sujets der Blauweißmalerei sind Figuren und Figurengruppen, Landschaften (SHANSHUI-Malerei/»Berg-Wasser«), Drachen, seltener sind florale oder tierische Motive.

Abb. 169 FENCAI-bemaltes Porzellan-Snuff Bottle, QIANLONG-Periode (1736-1795), Gallery Hall, London und Paris

Snuff Bottles mit Überglasurmalerei

Die chinesische polychrome Porzellanmalerei erreichte ihren ersten Höhepunkt gegen Mitte der MING-Epoche (1368-1643). Ein Vorläufer war die CIZHOU-Keramik aus der späten SONG- und der frühen YUAN-Epoche (ca. 1100 bis ca. 1300) mit den »matten« Farben Eisenrot, Gelb, Grün und Schwarz auf weiß-cremigem Grund. In der frühen MING-Zeit war Eisenrot die erste Überglasurfarbe. Erst gegen Mitte der MING-Epoche entwickelte sich eine Überglasurmalerei mit Emailfarben (Schmelzfarben), jedoch war die Farbpalette noch sehr beschränkt. Die Technik der Emailfarbenmalerei (FALANGCAI) auf Porzellan ist eine chinesische Erfindung und unterscheidet sich in technischer Sicht deutlich von der späteren europäischen Porzellanmalerei mit ihren matten und »körperlosen« Farben. Anfänglich gab es nur – wie bei der CIZHOU-Keramik – Grün und Gelb sowie Eisenrot als »matte« Farbe, erst danach erschienen Türkis und Aubergine und ein glanzloses (»mattes«) Schwarz als Konturenlinie. Man nennt diese Malerei WUCAIHUA oder »Fünf-Farben-Malerei«, wobei die Zahl nicht wörtlich zu nehmen ist. Aus der WUCAI-Malerei entwickelte

Folgende Seite von links oben nach rechts unten

Abb. 170 FENCAI-Malerei auf craqueliertem Porzellan, 8,1 cm, 19. Jh.
Abb. 171 FENCAI-Malerei auf Porzellan mit Sgraffiatto-Wellenmuster, DAOGUANG-Periode mit Vier-Siegelzeichen-NIANHAO (1821-1850), 6,7 cm
Abb. 172 YINGCAI-Malerei auf Porzellan, Darstellung einer Grille, 5,5 cm, DAOGUANG-Periode mit Vier-Siegelzeichen-NIAN-HAO (1821-1850)

Vorhergehende Seite

Abb. 173 FENCAI-Malerei, 19. Jh. o. später, Ps. Sch.

Abb. 174 Der »Unsterbliche« LI TIEGUAI als polychromes Porzellan-Fläschchen, 19. Jh., Ps. Sch.

sich in der CHENGHUA-Periode (1465-1487) die – heute im Markt mit höchsten Preisen bedachte – DOUCAI-Malerei (»Streitende Farben«). Sie ist eine WUCAI-Malerei mit unterglasurblauen statt schwarzen Konturenlinien. Ab Mitte des 16. Jahrhunderts ergänzte Unterglasurblau die Palette des WUCAI als flächenfüllende Farbe. Im letzten Drittel des 17. Jahrhunderts entstand aus der WUCAI-Malerei die sogenannte »famille verte«-Malerei, chinesisch YINGCAIHUA (»Harte-Farben-Malerei«), die bis ca. 1710 die Emailfarbenmalerei beherrschte. Die Farbpalette, vor allem im Grünbereich, war um einige Farben beziehungsweise Farbtöne reicher. Entscheidend war, daß als flächenfüllende Farbe jetzt anstatt Unterglasurblau eine kobaltblaue Emailfarbe eingesetzt wurde. Ende der KANGXI-Periode (1662-1722), ungefähr um 1710, löste eine neue, seitdem alles beherrschende Farbfamilie die YINGCAI-Malerei fast völlig ab: die sogenannte FENCAI-Malerei (»Pudrige Farben«) oder RUANCAI-Malerei (»Sanfte Farben«), allgemein bekannt unter dem Namen »famille rose«. Sie basierte auf drei neuen Farben: Rubinrot (eine europäische Erfindung in der Mitte des 17. Jahrhunderts), Emailweiß und Kanariengelb. Entscheidend war, daß sich das neue dritte Rot in der Porzellanmalerei (YANGHONG/»fremdes Rot«), neben Eisenrot (TIEHONG) und Unterglasurkupferrot (TONGHONG), sowie die anderen Farben mit dem neuen Weißpigment mischen ließen, so daß erstmals eine an zart abgestuften Farbtönen reichhaltige Palette entstand, deren hervorstechendste Farbe Rosa war. Auf die Herkunft der neuen roten Farbe anspielend, wird FENCAI auch als YANGCAIHUA (»Fremde Farbenmalerei«) bezeichnet. Seit ca. 1720 dominierte FENCAI die polychrome Porzellanmalerei, aber auch die Emailmalerei auf Metall und auf Glas sowie die Schmelzfarben des Cloisonné.

硬彩畫
粉彩畫

Die ersten polychrom mit Emailfarben bemalten Snuff Bottles scheinen alle frühestens gegen Mitte des 18. Jahrhunderts, meist nicht vor dem letz-

Vollplastische Snuff Bottle-Formen (DIAOSU HU)	
Form:	Häufigkeit:
Damen (stehend oder liegend)	HH
Drachen plastisch	HHH
Eichhörnchen	HHH
Fische	S
Früchte	S
Hasen	H
Knaben	H
Mandarine	S
Unsterbliche	HH
Fischpaare	S
Fo-Löwen	HH
Halbplastische Figurengruppen	HHHHH
Lotosblätter	S

Rechte Seite von links oben nach rechts unten

Abb. 175/176 Mattschwarze Porzellan-Malerei (MOCAI) auf unglasiertem Porzellan (SUTAI), DAOGUANG-Periode (1821-1850) mit Vier-Zeichen-NIANHAO, Ps. Sophie LIN, China

Abb. 177/178 Erotische FENCAI-Malerei auf Porzellan, 19. Jh., Ps. Lehmann, Antiquitäten Mona Lisa, Ascona

Abb. 179 Basis davon

ten Drittel der QIANLONG-Periode (1770-1795), entstanden zu sein. Chinesische Autoren vermuten einen noch späteren Zeitpunkt, da keine stilistischen Unterschiede zwischen der QIANLONG- und JIAQING-Periode (1796-1820) zu beobachten sind. Nur die NIANHAO-Marken, sofern vorhanden, geben einen Hinweis. im übrigen ist die nicht aus der Periode stammende QIANLONG-Marke die häufigste Marke auf Snuff Bottles im 19. und 20. Jahrhundert.

Von Anfang an war die polychrome Emailmalerei auf Snuff Bottles beherrscht von der FENCAI-Malerei (»famille rose«). Seltener war die Email-Einfarben-Malerei (YICAIHUA), am häufigsten mit Eisenrot auf einem glasierten oder weniger häufig mit Schwarz (MOCAIHUA) direkt auf einem unglasierten Scherben (SUTAI/»Biskuit«). Eine Malerei mit nur zwei Farben findet man kaum, noch seltener ist eine mit einer YINGCAI-Malerei (»famille verte«) oder DOUCAI-Malerei.

Generell gleichen diese Snuff Bottles hinsichtlich Sujet (TICAI) und Stil dem bemalten Porzellan der jeweils gleichen Periode, wobei allerdings nur ein Bruchteil der Sujets bei Snuff Bottles zum Einsatz kam. Manche Themen scheinen aber bevorzugt worden zu sein oder nur auf Snuff Bottles vorzukommen. So kann man bei einigen Stücken voyeuristische Freuden empfinden: die fein ausgeführte Darstellung artig plaudernder Paare auf der einen Seite des Fläschchens und auf der anderen Seite orgiastisch-heitere Kopulationen derselben Paare.

Die Tabelle auf Seite 130 gibt einen Überblick über die verschiedenen Glasfluß-Veredelungs- und Dekorationstechniken in der chinesischen Kunst, wobei Schmelzfarben nicht nur bei Snuff Bottles auf Porzellan, sondern auch auf Glas, auf einer Metallbasis (Emailfarbenmalerei und Cloisonné) Verwendung fanden.

Sujets der Überglasurmalerei bei Snuff Bottles

Die nachfolgende Übersicht wurde auf der Grundlage von ca. 300 Objekten erstellt.
(S selten, H häufig)

Sujets (TICAI):	*Häufigkeit:*
Drachen	H
Figuren	HHHHH
Fischer/Boote	SS
Fledermäuse	S
Florales	HH
Früchte	S
Grillen	HHH
Hähne	HH
Krabben	SS
Landschaften/Bäume	HHH
Pferde	SS
Tiere (sonstige)	S
Tiger	SS
Vögel (sonstige)	HH

Abb. 180 Seladonglasierte Porzellan-Snuff Bottles (QINGCI HU) als miniaturisierte Vasen, auch als BIYANPING (»Schnupftabakväschen«) bezeichnet, zweite Hälfte 18. Jh.

Monochromglasierte Snuff Bottles

Monochromglasierte Snuff Bottles aus Porzellan sind vergleichsweise selten. Die Monochrome (DANCAIYOU/»Ein-Farben-Glasur«) der QING-Dynastie mit ihrer Vielfalt perfekter Glasuren gelten als einzigartige Kategorie des chinesischen Ästhetizismus. In der chinesischen Kunst kann man zwei sich widersprechende Ausdrucksformen beobachten: einerseits verspielte Fülle symbolschweren Dekors, im Detail jedoch ausgewogen, und andererseits Reduktion und Besinnung auf das Wesentliche der Dinge, Minimalisierung von Mittel und Form auf der Suche nach der dem Schönen innewohnenden Stille, deren herausragendes Beispiel bei Porzellan die Monochrome sind.

Gab es noch in der MING-Zeit (1368-1643) – neben dem prächtigen Seladon aus ZHEJIANG und dem cremigweißen DEHUA-Porzellan aus FUJIAN – nur wenige monochrome Glasuren in JINGDEZHEN (wie zum Beispiel das berühmte englische »sacrificial red«, eine Kupferglasur, und das »kaiserliche« Gelb), so war die erste Hälfte der QING-Dynastie und insbesondere die Zeit von Anfang bis Mitte des 18. Jahrhunderts eine überragend schöpferische Epoche der Monochrome. Beispiele, die auch in Europa bekannt wurden, sind das craquelierte leuchtende »Apfelgrün«, das »Spiegelschwarz«, die kostbare »Pfirsichblütenglasur«, das »Puderblau«, die »Rotkehlcheneiglasur«, die »Teestaubglasur« und das berühmte »Ochsenblut« oder LANGYAO, eine »fließende«, intensiv rote Kupferglasur. Ein Snuff Bottle mit einer solchen Glasur ist auf Seite 121 (Abb. 161) abgebildet. Art der Glasur und Kontrolle während des Brandes sowie der Typ der Basis lassen auf eine Entstehungszeit Mitte des 18. Jahrhunderts schließen. Eine weitere populäre Glasur, die älteste Glasur Chinas, die seit dreitausend Jahren viele Variationen durchlief, war

Abb. 181 Monochrom blauglasiertes Medizin-Porzellan-»Snuff Bottle«, blütenförmig flach eingeschnitten mit dem Schriftzeichen SHOU (»langes Leben«) in der Mitte, am Boden Bezeichnung der Medizin (SANXIANBAN/»Drei-Unsterbliche-Mittel[?]«), datiert 1817, Inhalt: medizinische Pulverreste

Linke Seite von links oben nach rechts unten

Abb. 182   Verschiedene monochrome und teilweise eingefärbte Schnupftabak-Vasen-Fläschchen (BIYAN-PING) mit Craquelé-Glasuren (Typ GEYAO), erste Hälfte 19. Jh.

Abb. 183   Große Schnupftabak-Tischflasche mit heller Seladonglasur (QINGCI) und Kupferfleck, 13,8 cm, erste Hälfte 18. Jh.

Abb. 184   Braunglasiertes Keramik-Snuff Bottle mit floraler Glasurgravur in der Form des tibetisch-buddhistischen Ritualmessers »Drigug« (zerschneidet die Wurzel des Nichtwissens), 19. Jh., Ps. Sch.

Abb. 185   Melonenförmiges Porzellan-Snuff Bottle mit »Rotkehlchenei«-Glasur und zwei weiße Drachenköpfe, Ende 19. Jh. oder später

das sogenannte Seladon (QINGCI/»grünes Porzellan«). Es handelt sich dabei um eine leicht eisenhaltige Glasur, die unter reduzierenden Bedingungen im Ofen bläulich grüne bis tiefgrüne bis braungrüne Farbtöne annimmt. Die auf Seite 133 (Abb. 180) abgebildete Viererguppe aus der zweiten Hälfte des 18. Jahrhunderts zeigt rare Beispiele seladonglasierter Snuff Bottles. Es sind seltene Fälle, bekannte Vasenformen (PING) dieser Periode als Fläschchen nachzubilden. Ein blaues, mittig mit dem stilisierten Schriftzeichen SHOU (»langes Leben«) versehenes, »mondförmiges« Medizinfläschchen (Abb. 181) ist stilistisch der QIANLONG- oder der JIAQING-Periode (bis 1820) zuzurechnen. Es besitzt am flachen, unglasierten Boden eine in Tusche geschriebene Datierung DINGCHOU (1757 oder 1817) mit Angabe des darin enthaltenen Medizinpulvers (SANXIANBAN). Die auf Seite 135 (Abb. 186) reproduzierte Dreiergruppe (ca. 1780-1820) ist ein schönes Beispiel mit prachtvollen kupferroten und kobaltblauen, verspielten Farbpartien. Schließlich gab es im Rückgriff auf eine Erfindung der SONG-Epoche (960-1279) Fläschchen mit einer reich craquelierten Glasur, dem sogenannten GEYAO. Bei einigen monochromen Glasuren stand die Absicht dahinter, bestimmte Naturmaterialien, am häufigsten rote Koralle oder roten Schnitzlack, mit einer roten Eisenglasur (SHANHONG/»Korallenrot« oder QIHONG/»Rotlack«) zu imitieren. Da dies eine »körperlose«, matte (auch empfindliche) Überglasurfarbe ist, schimmert durch den Abrieb beim Handgebrauch meist das weiße Porzellan an den erhabenen Stellen durch. Solche Glasuren gehören zu den amüsanten Imitationen (FANG), die andere Materialien vortäuschen sollten. Das auf Seite 136 (Abb. 187) abgebildete Fläschchen ist durch den partiell weiß hervortretenden Handabrieb leicht als Porzellan-Snuff Bottle zu identifizieren. Einige wenige monochromglasierte Fläschchen tragen einen sogenannten »versteckten Dekor« (ANHUA), das heißt, unter der Glasur wurde ein Dekor eingraviert,

Abb. 186   Drei monochrome Porzellan-Fläschchen mit verschiedenfarbigen Glasuren mit (links) Kupfer- und (Mitte) Kobalteinsprengelungen, links und Mitte mit einer eingravierten GUYUEXUAN-Marke, 1780-1820

der, nur in einem günstigen Winkel gegen das Licht gehalten, zu erkennen ist. Dabei handelt es sich um eine Erfindung der frühen MING-Epoche. Ein Beispiel dieser Art aus der QIANLONG-Periode kann man im Züricher Rietberg Museum bewundern.

Snuff Bottles mit Mutationsglasuren und Naturmaterial imitierenden Glasuren

Glasuren, die Naturmaterialien vortäuschen sollten, kamen Mitte des 18. Jahrhunderts als eine mehr scherzhafte Spielerei und als ein stolzer Beweis virtuos gehandhabter Technik auf. Zum einen gibt es Farbeinmischungen in eine Farbglasur (JIAOYOU/»gemischte Glasur« oder BIANYOU/»Mutationsglasur«), die den »gemischtfarbigen« Gläsern (JIAOLIAO) ähneln, weshalb sie auch häufig als Imitationen derselben betrachtet werden. Zum anderen gibt es Farbeinsprengsel, die auf eine Farbglasur aufgetragen oder aufgeblasen worden sind, um ein Naturmaterial zu simulieren. Manchmal wurde aber auch eine monochrome Glasur so bemalt beziehungsweise ein Stück völlig übermalt, daß ein Naturmaterial optisch vorgetäuscht wurde. Besonders beliebt waren Imitationen (FANG) von Hölzern (FANGMU), von alter Bronze (FANGGUTONG) in den verschiedensten Varianten, von Horn (FANGJIAO), Schildpatt (FANGGUIJIA) und Perlmutt (FANGZHUMU) sowie von Halbedelsteinen (FANGYU). Insgesamt findet man aber im Handel Snuff Bottles mit Naturmaterial imitierenden Glasuren oder Glasurapplikationen sehr selten.

Abb. 187   Eisenrote Porzellanimitation eines roten Lack- oder Korallenfläschchens, unleserliche Marke in Goldfarbe an der Basis, 6,7 cm, 1760-1820

Typologie der töpferischen Gestaltung

Drei **Gruppen an Formen** (XING) bei Porzellan-Snuff Bottles lassen sich typologisch unterscheiden:
– Fläschchen, die allgemein als *Flaschenformen* (HUXING) bezeichnet werden. Die häufigsten sind »herzförmig« (XINXING), »vollmondförmig« (YUEXING) oder »birnenförmig« (LIXING).
– Fläschchen, die sich an *Vasenformen* (PINGXING) anlehnen oder sich an anderen Gefäßformen orientieren. Dabei ist nicht immer sicher, ob Miniaturvasen zu Snuff Bottles oder bewußt Vasenformen zu Snuff Bottles miniaturisiert wurden. Ein genaueres Studium läßt häufig den Unterschied erahnen. Gewisse klassische Vasenformen, wie zum Beispiel die »Blüten-Vase«-MEIPING-Form (Balusterform), eigneten sich besonders für eine Miniaturisierung.

– Fläschchen, die *vollplastisch* nach natürlichen Vorbildern (XINGXING) figural modelliert sind.

Töpferisch wurden runde Formen auf der Töpferscheibe modelliert, andere Formen in zwei Hälften in Models (XING) geformt und dann zusammengefügt.

In bezug auf die **töpferisch-künstlerische Bearbeitung und Gestaltung** (SUZAO) der Porzellanfläschchen können sechs Gruppen unterschieden werden:
– *glattflächige* Snuff Bottles (SU YANHU),
– *eingeschnittene oder reliefierte* Snuff Bottles (QIANDIAOKE und FUDIAO YANHU),
– Snuff Bottles mit *halbplastischem* Dekor (QIANDIAOKE YANHU),
– Snuff Bottles mit *hoch- und vollplastischem* Dekor (GAODIAOKE YANHU),
– figurale und andere *vollplastische* Snuff Bottles (DIAOSU YANHU),
– *doppelwandige* Snuff Bottles (LINGLONG YANHU).

Der Dekor wurde entweder *eingeschnitten* (YINKE) beziehungsweise als Relief oder Halbplastik *herausgearbeitet* (YANGKE) oder *in Models vorgeformt* (XINGZUO) und aufgesetzt, oder es wurde jeweils eine Fläschchenhälfte in einem Model geformt und zu einem Ganzen zusammengefügt. Schnittstellen wurden mit Ton ausgeglichen und geglättet und der Dekor nachgearbeitet.

Unter **glattflächigen Snuff Bottles** sind alle Fläschchen zu verstehen, die – bei monochromen Fläschchen meist nur mit einem in einem Model geformten und aufgesetzten beidseitigen Henkelmotiv versehen – keiner dekorativen Oberflächenbearbeitung unterzogen wurden. Sie sind mit einer glatten, ebenen oder gebauchten Oberfläche versehen, die in der Regel bemalt und glasiert (Unterglasurmalerei), glasiert und dann bemalt

Abb. 188 Keramik-Fläschchen in Form eines Weisen mit hellbrauner Glasur, 19. Jh., Aion, Ascona

Abb. 189 Figürliches Porzellan-Fläschchen als Siebenschläfer, erste Hälfte 19. Jh., Ps. Sch.

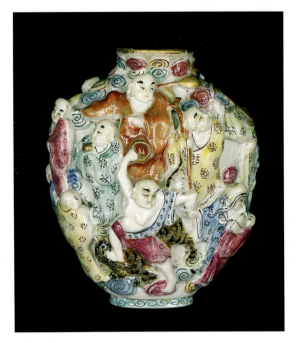
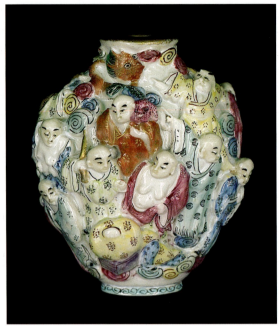

Abb. 190/191 Porzellan-Snuff Bottle mit halbplastischem Dekor (18 LOHAN), FENCAI-Bemalung mit Vergoldung, QIANLONG-Vierzeichen-Siegelmarke, erste Hälfte 19. Jh. (Cresnik, Baden-Baden)

(Emailmalerei) oder seltener mit einer farbigen Glasur (Monochrome) überzogen wurde.

Snuff Bottles mit in den angetrockneten Ton **geschnittenem Dekor oder Relief**, herausgeschnitten, flach eingeschnitten oder graviert (KEHUA) sind meist monochrom glasiert und mit einem ornamentalen oder seltener mit einem figuralen Dekor überzogen. Zu dieser Gruppe zu zählen sind auch Snuff Bottles, deren Dekor die Schnitzerei von aus diversen Materialien gefertigten Fläschchen kopierte und bewußt als amüsante Imitationen (FANG) von Elfenbein, Horn, Lack, Holz, Koralle, Bernstein oder auch Halbedelsteinen darstellte. Sie waren entsprechend dem vorzutäuschenden Material monochrom glasiert. In optischer Hinsicht ist die Grenze zu den halbplastisch ausgearbeiteten Snuff Bottles fließend. Der Unterschied besteht darin, daß dort der Dekor teilweise oder ganz vormodelliert (XINGZUO) und dann auf den Flaschenkörper aufgesetzt wurde!

Snuff Bottles mit **halbplastisch** in den angetrockneten Ton geschnittenem, herausgeschnittenem beziehungsweise vormodelliertem und aufgesetztem Dekor oder aus zwei Hälften vormodellierte und zusammengesetzte Snuff Bottles kamen Ende des 18. Jahrhunderts auf. Sie waren meist polychrom bemalt, teilweise monochrom glasiert oder unglasiert (SUTAI). Es gab auch einige Stücke aus weiß glasiertem HUASHI-Porzellan. Die Motive waren traditioneller (Landschaft, Florales, Tiere), mythologischer (Drache, Unsterbliche) oder buddhistischer (18 LOHAN) Natur oder zeigten einfach Figuren voller Fröhlichkeit. Letztere entsprachen einem eher deftigen und volkstümlichen Geschmack und waren Gegenstand der Belustigung. Hierzu gehören Fläschchen, auf denen eine Vielzahl nicht enden wollender sexueller Vergnügungen dargestellt ist. Eine seltene Gruppe weiß glasierter Fläschchen mit in Unterglasurblau oder Unterglasurrot bemalten traditionellen Motiven ist zu dieser Katagorie zu zählen.

Eine andere herausragende, hier gesondert zu erwähnende Gruppe ungewöhnlich elegant reliefierter Snuff Bottles war eine Erscheinung der DAOGUANG- (1821-1850) und vereinzelt noch der GUANGXU-Periode (1875-1908). Es ist anzunehmen, daß sich in diesen Fällen einige freie Künstler, die nicht festangestellte Arbeiter einer Manufaktur waren, im Auftrag oder in freier Kooperation mit privaten und auch für den Hof arbeitenden Manufakturen auf dieses Metier spezialisiert haben. Drei Aspekte weisen darauf hin:

– Die Stücke sind künstlerisch exzellent ausgearbeitet,
– die Sujets sind vorwiegend botanisch (ZHIWU), figural (XINGXIANG) oder stellen eine Landschaft (SHANSHUI) dar, sie stammen aus dem Themenkreis der traditionellen Malerei und entsprechen dem Geschmack der Literatenschicht,
– bei vielen Stücken dieser Art finden wir auf der Unterseite der Basis eingeschnittene Vier-Zeichen-Siegelschrift-Marken, wie die von einem WANG ERMEI oder am häufigsten von WANG BINGRONG (DAOGUANG-Periode) oder von CHEN GUOZHI KE (KE/»geschnitten«) aus der GUANGXU-Periode oder Signierungen in Normalschrift wie bei CHEN GUOZHI.

Möglicherweise handelt es sich auch bei den Marken um das Atelier eines Künstlers oder einer Kooperation von Künstlern (Studio). Typisch ist, daß es durchwegs kleinere Gegenstände für den Arbeitsplatz der Gelehrten und hohen Beamten sind, wie unter anderem Pinselhalter, Pinselwaschgefäße, Wasserbehälter und Snuff Bottles. Im Regelfalle sind sie monochrom glasiert, manchmal unglasiert (Biskuit/SUTAI) und manchmal

Abb. 192/193 Unglasiertes (SUTAI) Porzellan-Doppelfläschchen (SHUANGLIAN HU), halbplastisches Relief mit archaischem Drachen-Motiv, Marke DAOGUANG WANSHANG (»zum Vergnügen des [kaiserlichen] Connoisseurs DAOGUANG«), 6,0 bzw. 7,1 cm, 1821-1850

andeutungsweise mit nur einer Emailfarbe zusätzlich bemalt (so auch die dunkle Bemalung von Ständer und Schnabel eines weißen Kranichs auf hellfarbiger Glasur). Seltene, ungewöhnlich exzellente Stücke, die für den Hof bestimmt waren, trugen eher keine Künstlersignierungen, jedoch einen akkurat eingeschnittenen Sechs-Zeichen-NIANHAO in Siegelschrift des Kaisers DAOGUANG oder noch seltener, wie im Falle des auf Seite 139 (Abb. 192) abgebildeten Biskuit-Doppelfläschchens, die Zeichen DAOGUANG NIANZHI WANSHANG (»in der DAOGUANG-Periode gemacht/sich [der Kaiser] daran zu erfreuen«) in Normalschrift.

Die Technik von Snuff Bottles mit **hoch- und partiell vollplastischem**, vormodelliertem und nachgearbeitetem, auf den Flaschenkorpus aufgesetztem Dekor hatte ihre Geburtsstunde, von Vorläufern in der späten MING-Epoche (Anfang des 17. Jahrhunderts) abgesehen, schon ab Ende der KANGXI-Periode (ca. 1700-1720) und mit einem ersten Höhepunkt in der QIANLONG-Periode (1736-1795). Es handelt sich um eine Reihe polychrom bemalter Vasen, auf denen vollplastisch spielende Knaben oder floraler Dekor aufgebracht waren. Nur wenige Schnupftabakfläschchen vom Ende des 18. und der ersten Hälfte des 19. Jahrhunderts waren auf diese Weise dekoriert.

Vollplastisch modellierte Snuff Bottles traten erstmals gegen Ende der QIANLONG-Periode (1736-1795) in Erscheinung. Es gab polychrom bemalte Fläschchen, die unter anderem in Form von Hofdamen, Beamten und »Unsterblichen« (XIAN), wie zum Beispiel LIU HAI oder LI TIEGUAI, von sitzenden oder liegenden FO-Löwen oder von Schmetterlingen modelliert waren. Aus dem 19. Jahrhundert sind Formen bekannt wie »ein Juwel darreichender Knabe« oder eine »Dame, auf einem Bein stehend, das andere gekreuzt«, eine »im seidenen Schlafanzug liegende Dame, Kopf auf eine Hand gestützt, ein Lilienfüßchen haltend« (das andere Füßchen ist der Stöpsel), dann hockende Tiergestalten wie ein »Hase, Kohl mümmelnd«, ein »Eichhörnchen, Nüsse knackend mit Trauben«, Elefanten, Pferde sowie Pflanzen und Früchte, wie eine »Buddhas Hand«-Frucht, Kohlkopf, Maiskolben, Kürbis und ein Lotosblatt.

Alle diese vollplastischen Fläschchen wurden in zwei Teilen in Models gefertigt (XINGZUO), zusammengefügt, nachgearbeitet oder mit Einzelteilen, wie im Falle der Arme, ergänzt. Sie wurden in der Regel mit Emailfarben, sehr selten mit Unterglasurblau, bemalt. In einigen Fällen glasierte man sie auch monochrom. Darüber hinaus gab es eine kleine Gruppe modellierter Fläschchen aus weiß glasiertem HUASHI-Porzellan.

Idee und Technik der **doppelwandigen Snuff Bottles** reichen bis in die Mitte der MING-Ära (1368-1643) zurück. Es waren große Gefäße mit zwei Wänden, wobei die äußere Wand mit einem reichen, wellenförmig ausgeschnittenen Gittermuster mit Figuren, Blüten und Blattwerk durchbrochen und, in der SANCAIYOU-Technik (»Drei-Farben-Glasur«), glasiert war. Diese Arbeiten wurden LINGLONG (»Gitterwerk«) oder auch humo-

Rechte Seite von links nach rechts

Abb. 194 Türkisblau glasiertes doppelwandiges (GUIGONG/»Geisterarbeit«) Porzellan-Fläschchen mit FO-Löwen-Dekor, DAOGUANG-Vierzeichen-Siegelmarke aus der Periode (1821-1850), Galerie Sandvoss, Hannover

Abb. 195 Polychrom bemaltes Porzellan-Fläschchen in Form einer kokett liegenden AIREN (»Liebe-Mensch«), Haarknoten als Stöpsel, Ende 19. Jh., Galerie Sandvoss, Hannover

Abb. 196 Maiskolbenförmiges Porzellan-Snuff Bottle mit gelber Emailfarbe, 6,9 cm, 19. Jh.

rig GUIGONG (»Teufelswerk« oder »Geisterarbeit«) genannt. Erst wieder in der zweiten Hälfte der QIANLONG-Periode (ab ca. 1760) entstanden prachtvolle bemalte Vasen und Gefäße nach dieser Technik. Doppelwandige Snuff Bottles, die frühestens Ende des 18. Jahrhunderts aufgetaucht sein dürften, sind meist Produkte der Mitte des 19. Jahrhunderts, häufig aber der Neuzeit. Sie sind entweder monochrom glasiert oder mit Emailfarben bemalt.

Marken

年號 Marken auf Porzellan-Snuff Bottles sind nicht so häufig, wie man vermuten könnte. Nur ein Bruchteil der Fläschchen trägt Regierungsmarken (NIANHAO). Dabei sind zwei Fälle auseinanderzuhalten, was in der Praxis nicht immer einfach ist:

– Regierungsmarken, die *aus der Periode* stammen,
– Regierungsmarken, die auf eine glorreiche Periode anspielen und *nicht aus der Periode* stammen.

Alle Porzellan-Snuff Bottles, die in den kaiserlichen Manufakturen in JINGDEZHEN angefertigt oder in den Palastwerkstätten bemalt wurden, tragen, erstmals mit der YONGZHENG-Periode (ab ca. 1723 oder einige Jahre später) beginnend bis zum Ende der DAOGUANG-Periode (1850), eine Periodenmarke (NIANHAO) in Form einer Vier-Zeichen-Marke in Normalschrift (KAISHU) oder weisen aufgrund eines Dekrets des Kaisers QIANLONG an seinen Inspektor TANG ab 1738 auch teilweise eine Vier-Zeichen-Siegelmarke (ZHUANSHU) auf. Selten sind Regierungsmarken nach der DAOGUANG-Periode. Dagegen wurden seit Anfang des 19. Jahrhunderts bis heute (!) Snuff Bottles häufig mit QIANLONG-Vier-Zeichen-Marken in beiden Schriftarten versehen. Sie sollen auf das »Goldene Zeitalter« dieses Kaisers anspielen oder manchmal auch die Periode vortäuschen. Seltener findet man in diesem Zusammenhang Marken der YONGZHENG- und der JIAQING-Periode. Generell sind die Marken – von wenigen Ausnahmen abgesehen – bei polychrom bemalten Fläschchen in Eisenrot, bei einer Blauweißmalerei in Unterglasurblau gemalt. Selten zu finden sind eingeritzte Marken.

Auf den frühesten, wahrscheinlich gegen 1700 entstandenen Schnupftabakfläschchen sind bis heute keine Regierungsmarken aus der Periode KANGXI bekannt. Vereinzelt gibt es jedoch solche mit der in dieser Zeit ersatzweise häufig angebrachten CHENGHUA-Marke aus der MING-Dynastie (1368-1643), was in beiden Fällen auch auf eine Datierung zwischen 1680 und 1700 hindeuten könnte. Sie sind alle nur mit Unterglasurfarben bemalt. Der Autor konnte zumindest ein aus der YONGZHENG-Periode stammendes, unterglasurblau bemaltes, nur 5,4 Zentimeter kleines Snuff Bottle mit einer Vier-Zeichen-NIANHAO-Marke in KAISHU (Normalschrift) in einer chinesischen Sammlung (Sophie LIN) studieren (s. Seite 125, Abb. 165). Die Marke ist auf den unglasierten (!) Boden in Kobalt-

Abb. 197 Basis des Snuff Bottles von Abb. 190/191
Abb. 198 Basis des Snuff Bottles von Abb. 205

blau gemalt, welches ohne schützende Glasur im Brand schwarz wurde. Ein 6,2 Zentimeter hohes Snuff Bottle aus der nachfolgenden QIANLONG-Periode mit einem fünfklauigen Drachen in Unterglasurblau und einer Vier-Zeichen-NIANHAO in Siegelschrift (ZHUANSHU) befindet sich im Rietberg-Museum in Zürich. Am gleichen Ort kann man ein kleines, monochrom weiß glasiertes Fläschchen mit einem ANHUA- (»verstecktes Bild«) Dekor, einem gleichfalls fünfklauigen Drachen, unter der Glasur bewundern. Es trägt die exakt gleiche Vier-Zeichen-Siegelmarke wie oben und besitzt die fast gleiche (hier leicht gebauchte) zylindrische Form. In diesem Falle ist die Marke nicht in Unterglasurblau gemalt, sondern unter der Glasur eingraviert. Beide Snuff Bottles sind der mittleren Periode (ca. 1755-1770) zuzurechnen.

Erst aus der zweiten Hälfte der QIANLONG-Periode (ca. 1760-1795) scheinen die ersten polychrom mit Emailfarben (FENCAI) **bemalten Snuff Bottles**, vor allem solche mit einer QIANLONG-Marke, zu stammen. Es sind durchwegs Vier-Zeichen-Marken, fast ausschließlich in Siegelschrift, die fast immer in mattem Eisenrot, seltener in Unterglasurblau oder sehr selten in Gold gemalt wurden. Der gleiche Typ wurde auch von der nachfolgenden JIAQING-Periode (1796-1820) übernommen.

Hierbei lassen sich graphisch zwei Kategorien von Marken differenzieren:
– Bei flachen, herz- oder mondscheibenförmigen Fläschchen sind die Marken nebeneinander angeordnet und von rechts nach links zu lesen,
– bei den mehr runden, zylindrischen oder gebauchten Fläschchen sind jeweils zwei Schriftzeichen übereinander angeordnet, und zwar von oben nach unten und von rechts nach links; insgesamt bilden diese ein Quadrat.

In der ersten Hälfte des 19. Jahrhunderts läßt sich eine Reihe verschiedener **Markenkategorien auf bemalten Porzellan-Snuff Bottles** unterscheiden, die wir in sieben Gruppen zusammenfassen wollen:

– Auf mit Emailfarben bemalten Snuff Bottles eisenrot gemalte Vier-Zeichen-NIANHAO-Marken in Siegelschrift, seltener der JIAQING-Periode (1796-1820), häufiger der DAOGUANG-Periode (1821-1850). Fast nie wurden polychrom bemalte, vollplastische Stücke mit Marken versehen.

– Auf mit Emailfarben bemalten Snuff Bottles eisenrot gemalte Vier-Zeichen-QIANLONG NIANHAO-Marken in Siegelschrift (also nicht aus dieser Periode, englisch »apocryphal«).

Folgende Seite von links oben nach rechts unten

Abb. 199 YINGCAI-Malerei auf Porzellan, erste Hälfte 19. Jh.
Abb. 200 FENCAI-Malerei auf Porzellan, Ende 19./20. Jh., Ps. Sch.
Abb. 201 Unterglasurblau-rote Porzellan-Malerei auf Porzellan, 1. Hälfte 19. Jh., Ps. Sophie LIN, China
Abb. 202 YIXING-Keramik mit blauer Emailfarben-Malerei, 6,3 cm, 20. Jh.
Abb. 203 Gruppe: Porzellan mit polychrom bemaltem halbplastischem Dekor, 20. Jh., Ps. Sch.

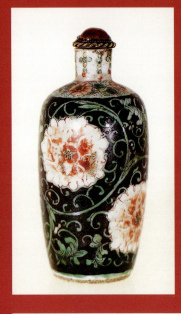
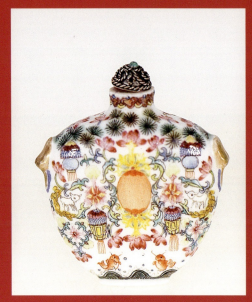

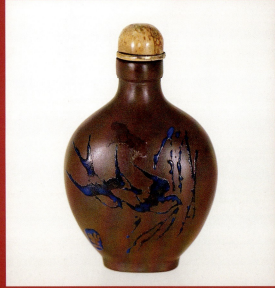

Vorangegangene Seite von links oben nach rechts unten

Abb. 204 Sepiamalerei (MOCAI) auf »cafe-au-lait«-glasiertem Porzellan, 2. Hälfte 19. Jh., Ps. Sch.
Abb. 205 Porzellan-Fläschchen in Form eines Pferdes mit unterglasurblauer Malerei auf erbsengrünem Grund, GUANGXU-Periode (1875-1908) mit Vier-Zeichen-NIANHAO
Abb. 206 Unterglasurblaurote Porzellan-Malerei, Sechszeichen-YONGZHENG-Marke, erste Hälfte 19. Jh.
Abb. 207 Unterglasurblaurote Porzellan-Malerei, 19. Jh., Ps. Sch.
Abb. 208 Kleines kürbisförmiges Porzellan-Fläschchen, 20. Jh.

– Auf mit Emailfarben bemalten Snuff Bottles unterglasurblau gemalte Vier-Zeichen-Qianlong NIANHAO-Marken in Siegelschrift (also nicht aus dieser Periode).
– Auf mit Unterglasurfarben bemalten Fläschchen unterglasurblau gemalte Vier-Zeichen-NIANHAO-Marken in Siegelschrift der Periode DAOGUANG (1821-1850), seltener der Periode JIAQING (1796-1820).
– Auf mit Unterglasurfarben bemalten Fläschchen unterglasurblau gemalte Vier-oder Sechs-Zeichen-KANGXI NIANHAO-Marken in Normalschrift und Vier-Zeichen-YONGZHENG NIANHAO-Marken in Normalschrift (also nicht aus diesen Perioden).
– Auf mit Unterglasurfarben bemalten Snuff Bottles unterglasurblau gemalte Vier-Zeichen-DAOGUANG NIANHAO-Marken in Normalschrift oder sehr selten als DAOGUANG-Marke mit Datierung.
– Neben diesen Regierungsmarken gab es einige sogenannte »Hallenmarken« (TANGMINGKUAN), die auf einen Palast oder eine Manufaktur hinweisen, oder einige »einfache« Datierungsmarken ohne Angabe der Regierungsperiode, wie zum Beispiel GUIYOU NIANZHI, »im Jahre 1873 gemacht«. In diesem Falle kann die Datierung nur anhand stilistischer und materialtechnischer Kriterien innerhalb des chinesischen Datierungszyklus von sechzig Jahren eingeschränkt und berechnet werden. Siehe hierzu im Anhang »Das traditionelle chinesische Datierungssystem«.

Abb. 209 KANGXI-Sechs-Zeichen-NIANHAO, 19. Jh.

Monochrome Snuff Bottles tragen selten Marken. Ein erlesenes Beispiel ist das weiße Fläschchen im Züricher Rietberg Museum mit einer eingravierten QIANLONG NIANHAO-Siegelmarke. Schon erwähnt wurde ein auf 1757 datiertes blauglasiertes Medizinfläschchen. In der gleichfalls erwähnten grün glasierten Dreiergruppe tragen die beiden mit »splashes« (englisch »Tupfer«) dekorierten Fläschchen die eingravierte Marke GUYUEXUAN (»Alte Mond-Terrasse«), die in der Emailmalerei auf Porzellan und Glas eine geheimnisvolle Rolle spielt. Allerdings darf hier nicht die gleiche Herkunft vermutet werden. Die drei Fläschchen stammen eindeutig aus einer privaten Manufaktur. Eine besondere Gruppe monochromer Snuff Bottles der DAOGUANG-Periode trägt eingravierte Künstlernamen (RENMINGKUAN). Gleiches gilt für die YIXING-Keramik. Beide Fälle sind eine große Ausnahme in der Keramik. Nur in der Emailmalerei gibt es noch seltene Beispiele von Signaturen, allerdings nicht auf der Unterseite der Basis, sondern – analog der traditionellen Malerei – im Bild.

Abb. 210 Basis des Snuff Bottles von Abb. 165

Snuff Bottles aus YIXING-Keramik

In der Nähe von YIXING, westlich von SHANGHAI (Provinz JIANGSU) gelegen, gab es reiche Vorkommen an einer sehr eisenhaltigen, feinen Tonerde. Seit Ende des 17. Jahrhunderts war YIXING berühmt für seine unglasierte (SUTAI/»Biskuit«), dominierend rotbraune sowie dunkelbraune

146

bishellbraune, sehr harte Teekeramik. Das Rot rührt von einem sehr hohen Eisengehalt des Tons her. In gewissem Sinne stand diese Keramik in der Tradition der neolithischen roten Keramik, wenn auch von einer hochentwickelten Qualität, die den Eigenschaften des Porzellans sehr nahekommt. Neben schlichten, undekorierten Teekannen und Trinkschälchen, die bis heute einen Großteil des Massenbedarfs in China decken, gab es auch solche, die unter Kennern und Sammlern den Ruhm der YIXING-Keramik begründeten. Plastisch oder halbplastisch dekorierte oder vollplastisch geformte Stücke wurden durch ihre Vielfalt und künstlerische Gestaltung ein Sinnbild der heiteren Eigenwilligkeit. Teekannen waren entweder graviert, vorwiegend mit Kalligraphien, oder mit plastischen Applikationen versehen, wobei teilweise der Ton eingefärbt oder farbig gemischt (JIAOTAO) wurde. Diese Verzierungen waren voller Liebe zum Detail gestaltet, zum Beispiel in Form eines Blattwerkes oder von Früchten, geflochtenen Körben, Bambus u.a.m. Teekeramik aus YIXING wurde auch nach BEIJING geschickt und in den Palastwerkstätten glasiert und bemalt. Erst Ende des 18. Jahrhunderts entstand eine kleine Anzahl von Snuff Bottles, deren Gestaltung völlig eigenständig war. Sie zeichneten sich durch raffinierte Schlichtheit aus, die dem Hang der Literaten zu einer auf das Wesentliche reduzierten Lebensweise, ihrer latenten Abneigung gegen das Luxuriöse, nachkam. Von Anfang an scheinen sie weniger für den Gebrauch bestimmt als vielmehr Sammelobjekte gewesen zu sein. Technisch gesehen waren sie von höchster Perfektion, ihre Formen oval, »mondförmig« oder, sehr selten, vollplastisch einer natürlichen Vorlage, wie zum Beispiel einer Schnecke, nachgebildet. Von unvergleichlichem Raffinement ist eine Gruppe von Fläschchen, schlicht geformt, mit heller Tonmasse (Engobe) auf rotbraunem Grund bemalt. Diese Gruppe ist eine Schöpfung von ganz eigener Wirkung und als solche einer der Höhepunkte der chinesischen Keramik. Eine andere Gruppe war glasiert und mit Emailfarben bemalt, die sich von der üblichen Emailmalerei der Zeit durch Beschränkung auf wenige Farben und Sujets weit abhob. Neben einer Vielzahl an Studio- oder Ateliermarken sind auch – für die chinesische Keramik fast einzigartig – eine Reihe von Künstlermarken (RENMINGKUAN) und Signaturen bei der YIXING-Keramik anzutreffen. Diese beweisen die individuelle künstlerische Idee, die hinter den besten Stücken stand.

Abb. 211 Basis des Snuff Bottles von Abb. 195

Im einzelnen lassen sich typologisch folgende Gruppen von YIXING-Snuff Bottles unterscheiden:
- Fläschchen mit sehr flachem, reliefartigem, fast immer floralem, selten figuralem Dekor aus gleichfarbiger oder hellerer Tonmasse,
- Fläschchen mit einer extrem feinen, hellfarbigen Engobe- oder Goldmalerei auf Biskuitgrund, die Sujets standen der traditionellen Malerei nahe, die Formen sind teilweise ausgefallen,
- Fläschchen mit auf dem unglasierten Scherben gemalten Kalligraphien in Normalschrift, archaischer Schrift oder in Siegelform in schwarzer und/oder beige/weißer, seltener blauer Emailfarbe,

Abb. 212   Drei bemalte YIXING-Fläschchen, größtes 6 cm, 19. Jh. oder etwas später

– Fläschchen mit ungewöhnlichen Formen und mit wenigen Emailfarben ornamental übermalt,
– Fläschchen in meist ovaler Form, über die Schulter mit blauer Emailfarbe oder mit kleinem, ornamentalem, meist tükisfarbenem Dekor überzogen, seltener als Biskuit belassen, mit beidseitig ausgesparten, weiß emaillierten und mit Emailfarben bemalten Medaillons, typische Sujets waren Zweige mit Blüten, Vögel und angedeutete Landschaften,
– Fläschchen wie zuvor mit blauer Emailfarbe überzogen, jedoch die ausgesparten Madaillons mit verschiedenfarbiger Engobe mit figuralen Motiven reliefiert,
– Fläschchen mit direkt auf dem unglasierten Scherben aufgemalten Emailfarben fast ausschließlich mit floralem Dekor, seltener Landschaften,
– Fläschchen völlig mit weißer Emailfarbe überzogen, die dann mit Emailfarben und landschaftlichen Motiven, seltener mit Drachen, bemalt oder mit blauer Emailfarbe überzogen und floral mit weißen Blüten bemalt wurden und
– Fläschchen als kleine, unglasierte und unbemalte Skulpturen natürlicher Objekte oder skurriler Figuren.

Die häufig verwendete blaue Emailfarbe besteht aus einem gleichbleibenden, intensiven mittleren Blau und ist so typisch, daß man von einem YIXING-Blau sprechen kann.

Kategorien und Sammelbereiche von Snuff Bottles aus Porzellan, HUASHI-Porzellan und YIXING-Keramik

Die Untersuchung basiert auf ca. 2000 Snuff Bottles.
(S selten, H häufig)

Kategorie:	Marktpräsenz:
Porzellan	
Emailfarbenmalerei auf weißer Glasur:	
FENCAI	HHHHH
YINGCAI	SS
DOUCAI	SSSSS
Emailfarbenmalerei auf gelber Glasur	SSSS
Emailfarbenmalerei auf sonstigen Farbglasuren	SS
FENCAI	H
Grisaille-/Sepiamalerei auf weißer Glasur	S
Grisaille-/Sepiamalerei auf Farbglasuren	SSSS
Grisaille-/Sepiamalerei auf Biskuit	S
Vollplastisch, polychrom	HHH
Vollplastisch, monochrom	S
Halbplastisch/Relief, polychrom	HH
Halbplastisch/Relief, monochrom	S
Unterglasurblaumalerei	HHH
Unterglasurrotmalerei	SSS
Unterglasurblaurotmalerei	H
Monochrome Glasuren	S
Imitationsglasuren	H
HUASHI-Porzellan	
Monochrom	S
Vollplastisch	SS
Halbplastisch/Relief	S
Kobaltblaumalerei	S
YIXING-Keramik	
Unglasiert (Biskuit)	H
Unglasiert graviert (Biskuit)	HH
Schlickermalerei	HHH
Monochrome Glasur	SS
Emailfarbenmalerei, polychrom	HH
Bichrom glasiert	S
Vollplastisch	H
Relief/unglasiert (Biskuit)	H
Relief/unglasiert (Biskuit)/bemalt	H

Folgende Doppelseite von links nach rechts

Abb. 213 YIXING-Keramik-Snuff Bottle mit Emailfarbenmalerei, 6,2 cm, 1800-1850, Gallery Hall, London und Paris

Abb. 214/215 YIXING-Keramik-Snuff Bottle mit Emailfarbenmalerei, 6,2 cm, 1800-1850, Gallery Hall, London und Paris

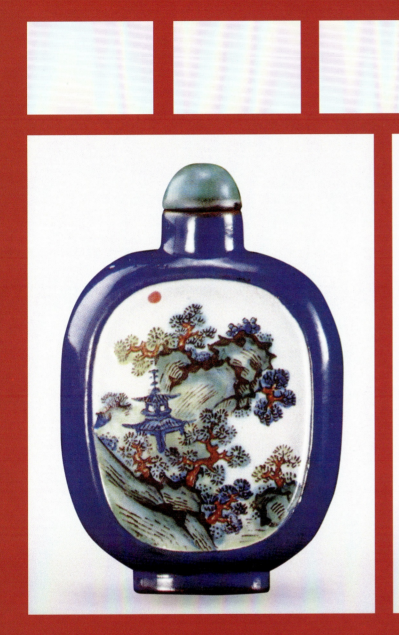

Marken

Regierungsmarken auf Porzellan-Snuff Bottles mit Emailmalerei

Jeweils von links nach rechts:
QIANLONG, 1736-1795
QIANLONG, 1736-1795
QIANLONG, 1736-1795

QIANLONG, 1736-1795
QIANLONG, 1736-1795
QIANLONG, 1736-1795

JIAQING, 1796-1820
JIAQING, 1796-1820
JIAQING, 1796-1820

JIAQING, 1796-1820
JIAQING, 1796-1820
JIAQING, 1796-1820

Marken

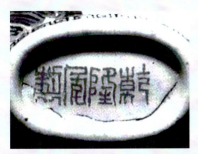  

Regierungsmarken auf Porzellan-Snuff Bottles mit Emailmalerei

Jeweils von links nach rechts:
1820-1860
1820-1860
1820-1860

1820-1860
DAOGUANG, 1821-1850
DAOGUANG, 1821-1850

DAOGUANG, 1821-1850
YONGZHENG-Marke, 1820-1880
1813-1873

Formen

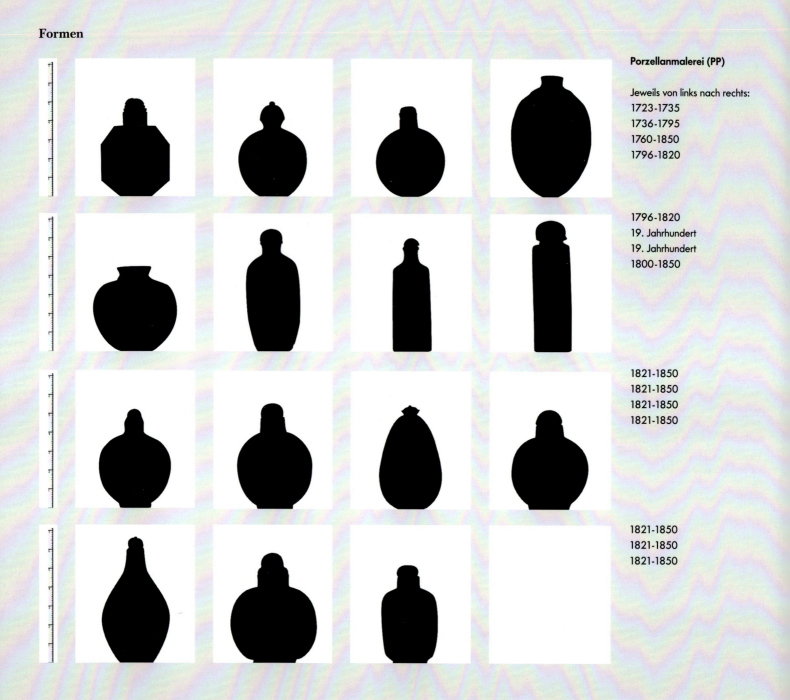

Porzellanmalerei (PP)

Jeweils von links nach rechts:
1723-1735
1736-1795
1760-1850
1796-1820

1796-1820
19. Jahrhundert
19. Jahrhundert
1800-1850

1821-1850
1821-1850
1821-1850
1821-1850

1821-1850
1821-1850
1821-1850

Formen

  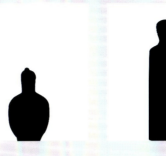 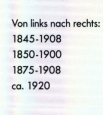

Porzellanmalerei (PP)

Von links nach rechts:
1845-1908
1850-1900
1875-1908
ca. 1920

YIXING-Keramik (YX)

Jeweils von links nach rechts:
1800-1840
1800-1850
1800-1850
1800-1850

1800-1860
1820-1850

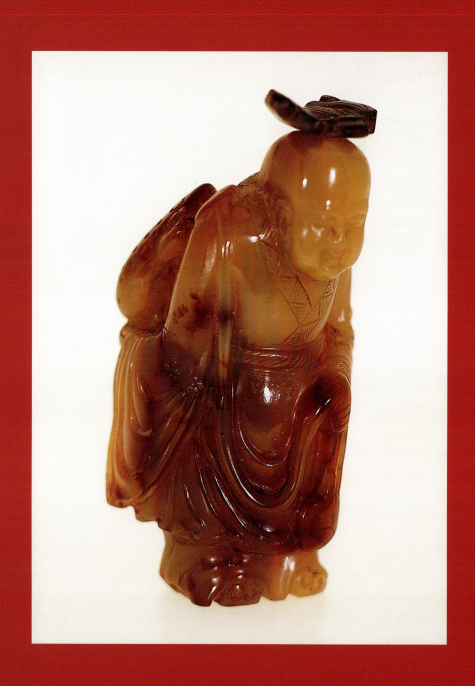

7. SNUFF BOTTLES AUS MINERALISCHEM MATERIAL

Für den Chinesen hatten Steine, die ihn faszinierten und die er verarbeitete, die seine Räume verschönerten, die er als Schmuck oder Handschmeichler bei sich trug, stets drei Bedeutungen: Sie waren ihm Magie und Schutz, Symbol und Wunschdenken sowie Schönheit und Harmonie.

Der Chinese kannte nicht die abfällige Unterscheidung in edle, halbedle oder nichtedle Steine. Nur die Steine, die nicht sein Auge erfreuten und nicht seine Phantasie beflügelten, ließ er beiseite. So war ihm schon seit 7000 Jahren ein einziger Stein am kostbarsten, so daß er dazu neigte, alle ihm nahestehenden Steine mit diesem Namen zu belegen: Jade (YU).[6]

Jade-Snuff Bottles

»Yu ist der schönste aller Steine. Ihn zeichnen fünf Tugenden aus. Sein strahlender, doch warmer Glanz entspricht der Wohltätigkeit, seine Durchsichtigkeit, seine Farbe und Maserung entsprechen der Rechtschaffenheit; seine Reinheit und der eindringliche, beim Anschlagen hervorgerufene Klang entsprechen der Weisheit, seine Zähigkeit entspricht der Tapferkeit, er ist wie die Gerechtigkeit hart und nicht leicht verletzt.«

(Zitat nach Willetts von XU SHEN, um 100 n. Chr.)

Doch Schönheit und Farbenspiel allein waren nicht die Gründe, warum Jade in China eine alles überragende Wertschätzung genoß und den chinesischen Kunstsinn seit Jahrtausenden zu den grandiosen Schöpfungen antrieb. Seit dem Neolithikum wurden der Jade (auch »dem« Jade) einzigartige magische Kräfte zugeschrieben. Als Talisman gewährte Jade göttlichen Schutz, als BI-Scheibe war sie Sinnbild von Himmel und Erde und als Grabbeigabe (MINGQI) bewahrte sie die Toten vor Verwesung und Fluch. Jade wurde in die neun Öffnungen des Leichnams gelegt oder umhüllte, wie im Falle des HAN-Prinzen LIUSHENG und seiner Gemahlin, den ganzen Körper mit einem Kleid von 2498 beziehungsweise 2160 Jadeplättchen.

Aufgrund ihrer Härte war die Herstellung von Jadeobjekten mit größten Mühen verbunden. Jade ist härter als Stahl, kann nicht geschnitten, sondern nur geschliffen werden und ist verarbeitet von einem weichen, opaken Glanz und einer typischen Glätte. Bei der zeitraubenden Bearbeitung verwendete man Bohrer aus verschiedenen Materialien. Sie wurden mit Hilfe einer Bogensehne angetrieben. Schleifmittel waren Sand aus

Abb. 216   Größeres Achat-Snuff Bottle in Form des Glücksgottes LIUHAI mit dreibeiniger Kröte (SHAN) auf dem Rücken und einem Stöpsel in Form einer glücksbringenden Fledermaus (FU), 8,5 cm, 19. Jh.

6   Wie »Jü« ausgesprochen!

Abb. 217 Gruppe verschiedener Fläschchen: rechts zwei Snuff Bottles aus Nephritjade, davon das in der Mitte »Hammel- oder Schafsfettjade« (YANG-ZHIYU), 1760-1820, rechts 19. Jh., links Glasimitation, 1780-1850

Quarz, Granat oder Korund. Die Technik des Jadeschleifens änderte sich in Lauf von Jahrtausenden nur allmählich, so daß die Einführung neuer Techniken charakteristisch für bestimmte Epochen wurde. Zum Beispiel haben frühe beziehungsweise aus der SHANG- und West-ZHOU-Periode stammende Objekte konisch zulaufende Bohrlöcher und Scheiben unterschiedlichen Durchmessers. Außerdem dominieren gewisse Steintypen aufgrund bestimmter frequentierter Vorkommen innerhalb einer Zeitspanne. So sind die meisten SHANG-Jaden von weißer, grünlicher oder schwarzbrauner Färbung, während in der darauffolgenden Epoche der ZHOU- und HAN-Dynastie (1028 v. Chr.-220 n. Chr.) eine gelbbraune oder grünlich beige Farbe überwog. In der frühen Ost-ZHOU-Periode entwickelte sich die Technik, mit Draht zu sägen und mit Sand zu schleifen, auch wurde erstmals ein Bohrer eingesetzt. Aus diesem Grunde sind in dieser Periode und in der nachfolgenden HAN-Zeit ornamental reich durchbrochene Scheiben und flache Objekte typisch. Eine große Vielfalt an reich bearbeiteten Schmuckobjekten, Kleinplastiken und Nachbildungen von Bronzegefäßen war eine weitere Folge dieser verbesserten Techniken.

In China wird neben der echten Jade (ZHENYU) eine hohe Anzahl beliebter Steine gleichfalls als »Jade« bezeichnet; Kenner sprechen dann aber von FUYU, das heißt »Jadeersatz«, oder allgemeiner von JIAYU (»falscher Jade«). Beim Kauf von Snuff Bottles in China sollte man sich nicht auf die englische Angabe »real jade« verlassen, besser ist es, die chinesischen Bezeichnungen zu verwenden. Manche dieser Steine haben einen geringen, andere einen mit der besten Jade vergleichbaren hohen Wert, wie zum Beispiel der gelbe TIANHUANG-Stein (»Himmel-Gelb«), der vor allem als kostbarer Siegelstein verwendet wird. Jedoch hat auch echte Jade je nach Art, Größe, Farbe, Maserung oder, verarbeitet, nach Alter einen extrem unterschiedlichen Marktwert. Bei alten Jadestücken, »antiker Jade« (GUYU), dürfen mineralogisch keine zu engen Maßstäbe angelegt werden. Einerseits verdient der Fund selbst immer größte Wertschätzung und andererseits gibt es mineralogisch häufig große Schwierigkeiten, den Stein als Jade zu identifizieren. In diesem Sinne ist GUYU aus vorchristlicher Zeit nicht immer echte Nephrit-Jade.

Drei verschiedene Mineralien versteht man im allgemeinen unter »echter Jade«:
– Nephrit (Calcium-Magnesium-Eisensilikat),
– Jadeit (Natrium-Aluminium-Silikat) und
– Chloromelanit.

Die ersten Snuff Bottles, zunächst aus Nephrit-Jade, entstanden in der YONGZHENG-Periode (1723-1735), die ersten aus Jadeit in der QIANLONG-Periode (1736-1795).

Nephrit-Jade ist der klassische Jadestein (YU) mit einem Härtegrad von 6 bis 6,5 der Mohsschen Skala von 1 (Graphit/Talk) bis 10 (Diamant); er wurde am häufigsten in der chinesischen Kunst verarbeitet. In der Hand ist ein Stück fein verarbeitetes Nephrit, oder in unserem Falle ein Snuff Bottle, durch seine bei den Chinesen besonders beliebte ölig glatte Oberfläche ein »Schmeichelstein«. In China wurde Nephrit im Geröll bestimmter Flüsse gefunden (HEYU/»Flußjade«) oder in Bergwerken abgebaut (SHANYU/»Bergjade«). Nephrit-Jade wird seit mindestens 7000 Jahren gewonnen. Nephrit – und dies trifft auch auf andere Steine zu – erhielt seine verschiedenen Farbtöne und seine so hochgeschätzte Maserung durch verschiedene mineralogische Beimengungen.

Häufige färbende Beimengungen bei Nephrit:	Farbtöne:
weitgehend ohne färbende Beimengungen	Weiß (»Hammelfettjade«)
Eisen	Gelb-Brauntöne
Kupfer	Grüntöne
Zinnober	Rottöne
Quecksilber	Schwarz
Kalzium	Grautöne

Darüber hinaus gab es noch geringe Anteile einer Reihe anderer Mineralien, die die Steinfärbung mit beeinträchtigten. Die Farbpalette von Nephrit reicht von Elfenbeinweiß, verschiedensten Gelb-, Braun- und Rötlichbrauntönen über Grünschattierungen bis zu Schwarzbraun. Im Altertum wurden 13 Farbtöne der Jade unterschieden. Lange in der Erde eingelagerte Jade (GUYU/»alte Jade«), von den Chinesen allgemein und ohne Bezug auf eine bestimmte Periode auch als »HAN-Jade« (HANYU) bezeichnet, war, je nach Zeitraum, mineralogischen Bedingungen und Feuchtigkeit im Boden, einer entsprechenden Verwitterung der Oberfläche in Form einer weißlichen, fest mit dem Stein verbundenen Patina ausgesetzt. Eine Besonderheit ist das seltene Nephrit ohne Eisengehalt, die weitgehend homogenweiße »Hammelfettjade« (YANGZHIYU). Seit der »Elitären Periode« (ab 1730/40) galt sie als kostbarste Nephrit-Jade, die meist in einer schlichten Form des Snuff Bottles ihre größte Wirkung entfalten durfte. Danach kam in der Wertschätzung die mit weißlichen und mit braungelben Schichten durchzogene »gelbe Jade« (HUANGYU).

Bedeutung der Jadefarben im chinesischen Symbolismus:

Jadefarben:	*Mythologisch:*	*Element:*
Weiß	Westen, Herbst, Abend	Metall
Gelb-Braun	Mitte	Erde
Grün	Osten, Frühling, Morgen	Holz
Rot	Süden, Sommer, Mittag	Feuer
Schwarz	Norden, Winter, Nacht	Wasser

Wenn alte Nephrit-Jade Brand oder Hitze ausgesetzt war, so erhielt sie nach Meinung der Chinesen das Aussehen von Hühnerknochen, weshalb sie auch als »Hühnerknochen«-Jade (JIGUYU) oder profaner als »gebrannte« Jade (SHAOYU) bezeichnet wird. Solch ein Nephritstück ist opakgrauweiß, fleckig verfärbt und fein gesprenkelt. Selbstverständlich wurde und wird dieser Effekt durch Erhitzen neuer Jade künstlich herbeigeführt. Sie ist – sofern ausgegraben – hoch geschätzt und wurde auch vereinzelt für Snuff Bottles verwendet. Nephrit-Jade verwittert (»kalzifiziert«, von Fälschern durch Ätzung auch vorgetäuscht) und verfärbt sich leicht in Gräbern: Es entstehen unregelmäßig gelblich-braune Farbflecken. Nach chinesischer Auffassung kommen die Verfärbungen durch Verwesungseinflüsse zum Vorschein (gerne durch künstliches Einfärben von

Abb. 218 Nephrit-Jade-Snuff Bottle, 19. Jh. oder später

Abb. 219 Seladonfarbige Nephrit-Jade in Form einer Frucht, 20. Jh.

Fälschern imitiert), weshalb solche Stücke besonders verehrt und gesammelt werden. Man spricht dann auch von »Grabjade« (MUYU). Aus der SHANG- und ZHOU-Zeit sind außer Schmuckobjekten und Klangsteinen (QING) vor allem sechs Formen der »Sakraljade« bekannt: Es handelt sich um die runde, gelochte BI-Scheibe (Symbol Himmel), das quadratische CONG-Rohr (Symbol Erde), die GUI-Täfelchen (Frühling, Osten), die HUANG-Halbscheiben (Winter, Norden), die ZHANG-Täfelchen (Sommer, Süden) und weiße Jadescheiben in Form eines Tigers (Herbst, Westen). Ansonsten war Nephrit-Jade das am höchsten geschätzte Material für Opfergaben, Ritualwaffen, Schmuck, kostbare Geschenke und Grabbeigaben.

Abb. 220 Grüne Nephrit-Jade-Snuff Bottle, 19. Jh. oder später

Die beste Nephrit-Jade kam aus dem Umkreis von Khotan (heute HOTAN) aus der Provinz XINJIANG, die nach ihrem Fundort auch JIAOSHANSHI oder nach ihrem Anschein »weiche Jade« (RUANYU) genannt wird, sowie aus Yarkand, gleichfalls in der heutigen Provinz XINJIANG gelegen. In der Provinz LIAONING wurde eine gelblich-graue Jade, die nach dem Fundort auch als XIUYANYU bezeichnet wird, gefunden. Der Import von Nephrit aus Khotan war bis Mitte des 18. Jahrhunderts mit Schwierigkeiten verbunden und deshalb spärlich. Erst 1759 kam auch Khotan unter die Vorherrschaft Chinas. Nephrit konnte erst dann in größeren Mengen für viele Alltagsobjekte verarbeitet werden. Bis dahin waren Jade-Snuff Bottles sehr selten und von vergleichsweise zierlicher Größe. Es begann die Zeit der schönsten Jade-Snuff Bottles, von strenger Schlichtheit und in ovaler oder runder Form. Der Hals war breit und relativ kurz. Jade-Snuff Bottles dieser Zeit waren zurückhaltend im Dekor, zum Beispiel in Form eines Reliefs eines archaisierten Drachens (KUEILONG), eines kalligraphischen Medaillons (SHOU/»hohes Alter«) oder eines eingravierten Gedichts des Kaisers QIANLONG. An der Schulterseite waren oft TAOTIE-Masken mit angedeutetem Henkelring herausgeschnitten. Häufig überließ man Jade-Fläschchen nur der Schönheit des Materials und ließ sie deshalb undekoriert. Beliebt waren auch Snuff Bottles aus Jade, einer natürlichen Kieselform nachempfunden. Einige Fläschchen waren auch skulptiert in Gestalt einer Frucht oder eines Fisches.

Jadeit, chinesisch FEICUI oder YINGYU, erhält seine Färbung durch Anteile von Eisen, Nickel, Chrom, seltener durch Mangan (malvenfarbig). Es gibt hier herrliche Farb- und Zwischentöne: von Reinweiß bis Opakweiß, von Hellblau bis Blaugrün, von Spinatgrün bis zu dem kostbaren Sma-

Verschiedene Steinmaterialien für Snuff Bottles

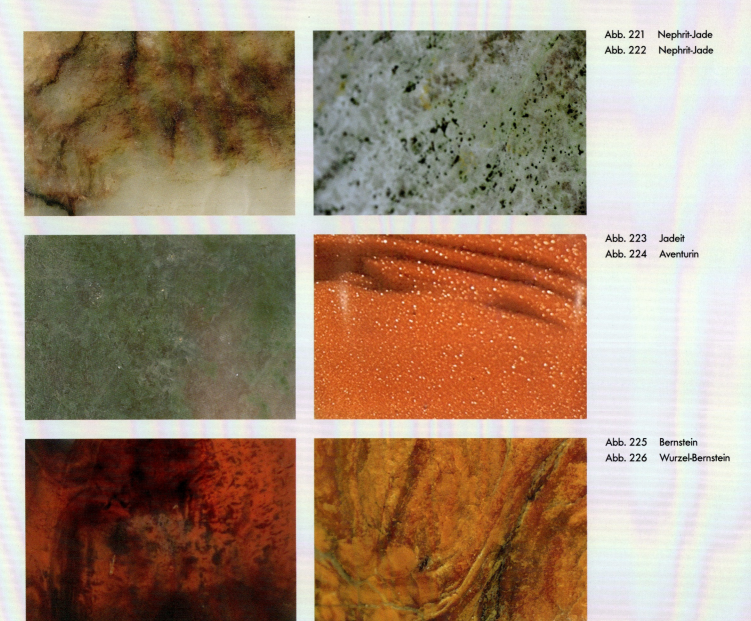

Abb. 221 Nephrit-Jade
Abb. 222 Nephrit-Jade

Abb. 223 Jadeit
Abb. 224 Aventurin

Abb. 225 Bernstein
Abb. 226 Wurzel-Bernstein

Verschiedene Steinmaterialien für Snuff Bottles

Abb. 227 Achat
Abb. 228 Moosachat

 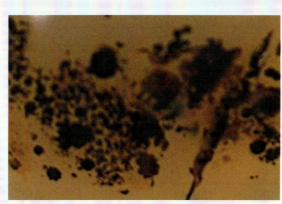

Abb. 229 Chalcedon
Abb. 230 »Silhouette«-Chalcedon

Abb. 231 Jaspis
Abb. 232 Kalksteinkonglomerat

Abb. 233 Kleines kürbisförmiges, smaragdgrünes Jadeit-Snuff Bottle, 19. Jh.

ragdgrün, das als »kaiserlich« gilt. Jadeit hat einen Härtegrad wie Bergkristall, 6,5 bis 7 der Mohsschen Skala, ist damit härter als Nephrit und insgesamt kristalliner. Meistens ist Jadeit farbig durchzogen oder gefleckt, wobei die Grüntöne weitgehend den Wert bestimmen. Gehandelt wird Jadeit häufig als ein natürlich belassener, unansehnlicher Stein, der nur an einer Stelle angeschliffen wurde. Nach der sichtbaren Färbung an dieser Stelle wird der Preis vom Einkäufer ausgehandelt. Zeigt sich eine ins Smaragdgrün spielende Färbung, so ist der Preis sehr hoch. Die Spekulation des Käufers besteht darin, daß der erhoffte Gewinn (oder mögliche Ruin) allein von dem nicht sichtbaren Ausmaß der grünen Färbung bestimmt wird.

Jadeit wird erst seit mehr als 200 Jahren aus Birma (Burma) eingeführt, weshalb man auch von »Yunnan-Jade« spricht, benannt nach der südchinesischen Provinz, über die Jadeit importiert wurde. Jadeit wurde und wird hauptsächlich zu Schmuck, aber auch zu kleineren Vasen, Statuetten, Schalen, Teekannen und Schnupftabakfläschchen verarbeitet. Für Snuff Bottles wurde weißer Jadeit bevorzugt, welcher im Gegensatz zu der in der Regel mehr elfenbeinweißen Nephrit-Jade von härterem und reinerem Weiß war, sowie alle grünen Farbabstufungen beziehungsweise Einsprengsel. Zudem symbolisierte weiße Jade die Reinheit der buddhistischen Lehre beziehungsweise die Klarheit der Erkenntnis. Auch Jadeit-Snuff Bottles sind tendenziell im Dekor zurückhaltend oder oft ohne Dekor.

Chloromelanit, gleichfalls zur Gruppe echter Jade zählend, ist eine Varietät von Jadeit, durch einen hohen Eisengehalt dunkelgrün bis schwärzlich gefärbt.

Imitationen von Jade sind immer aus Glas. Drei Eigenschaften lassen relativ leicht eine Bestimmung von Original und Imitat zu:
Im Gegensatz zu Glas
– besitzt Jade keine Luftbläschen (Lupe),
– kann sie mit dem Messer nicht geritzt werden,
– ist sie »schlüpfrig«-glatt und nicht leicht »klebrig«-rutschig (mit Daumendruck!) verarbeitet.
Im übrigen umschreibt der chinesische Jade-Connaisseur die geforderten metaphorischen

Abb. 234 Seladonfarbenes Jadeit-Snuff Bottle, 19. Jh., Ps. Sch.

Eigenschaften eines Jadestücks mit zwei für uns schwer zu erfassenden Begriffen:
- MEI (»schön, gut«) und kaum übersetzbar,
- DE (»Tugend, Moral, Güte«); DE ist ein konfuzianisches Ideal, die früheste Bedeutung war »magisches Wirken«.

Sonstige Steine für Snuff Bottles

Snuff Bottles aus mineralischem Material dürften erstmals Ende der KANGXI-Periode für den Hof gefertigt worden sein, wie ein Bericht über den Besuch des päpstlichen Gesandten belegt. Demnach übergab der Kaiser KANGXI diesem Gesandten als Geschenk für den Papst ein Snuff Bottle aus Bergkristall. In der ersten Hälfte des 18. Jahrhunderts war die Produktion von Snuff Bottles weitgehend auf Jade, Achat beziehungsweise Chalcedon, Lapislazuli und Bergkristall beschränkt. Die Zentren für Edelsteinschnitzerei in der QING-Epoche waren SUZHOU und YANGZHOU sowie NANJING, JIUJIANG, HANGZHOU, FENGYANGGUAN, HUAIGUAN und TIANJIN. So ist bekannt, daß außer der Palastwerkstatt auch ausgesuchte Manufakturen in SUZHOU und YANGZHOU im Auftrag des Hofes Snuff Bottles herstellten.

Abb. 235 Rauchquarz-Snuff Bottle, 19. Jh., Antiquitäten Mona Lisa, Ascona

Termini und Technik der Steinschnitzerei (SHIKE) entsprechen weitgehend der Dekorschnitttechnik bei Glas. Schließlich war es die Steinschnitzerei, die im Laufe der Geschichte alle Techniken entwickelte, die von der Glasbearbeitung übernommen wurden, nicht zuletzt weil Glas in China von Anfang an als ein edles steinartiges Material angesehen wurde. Deshalb wurden nicht selten in der gleichen Manufaktur Snuff Bottles sowohl aus Stein geschnitzt als auch aus Glas geschnitten (LIAOKE).

SUZHOU in der Provinz JIANGSU war, neben den Palastwerkstätten in BEIJING, das bedeutendste Herstellungszentrum von Snuff Bottles, und zwar zur Hauptsache aus Nephrit- und Jadeit-Jade, Achat und Chalcedon. Schon in der MING-Epoche (1368-1643) war SUZHOU berühmt für seine Jadeschnitzarbeiten. Charakteristisch für diese »Schule« war der typisch nur partielle, dominierend figurale Reliefdekor, der geschickt jede natürliche Maserung und kontrastierende Färbung nutzte, so daß Material und Sujet lebhaft miteinander korrespondierten, wobei große Flächen undekoriert blieben. Nach Stevens gilt SUZHOU schlechthin als Vorbild und Inbegriff der chinesischen Vorstellung eines QIAODIAO (»geschicktes Schnitzen«) oder eines QIAOZUO (»gekonnt gemacht«). Typisch für

Suzhou-Jade ist auch die Verwendung von tiefgrauem Nephrit mit hellen Schichten, die zu Figurengruppen unter Bäumen, Gebirge und Wolkenformationen auf dunklem Grund herausgearbeitet wurden. Snuff Bottles, die aus Suzhou kamen oder von anderen Werkstätten dem Stil von Suzhou nachempfunden waren, wurden ab Mitte des 18. Jahrhunderts bis Ende der Qing-Dynastie hergestellt. Seit dem Zweiten Weltkrieg begann man in Hong Kong, Snuff Bottles im Suzhou-Stil wieder herzustellen. Sie sind sehr sorgfältig gearbeitet und verraten sich am ehesten durch eine oberflächliche Aushöhlung des Fläschchens. Darüber hinaus werden noch immer in Hong Kong alte undekorierte Snuff Bottles nachträglich im Suzhou-Stil und im Suzhou-typischen Dekor nachgeschnitzt. Von hoher Qualität waren auch die Jade-Arbeiten von Yangzhou, gleichfalls bekannt für einen Typ feinster Überfangglas-Snuff Bottles.

Es gibt eine Gruppe Fläschchen, hauptsächlich aus weißer Nephrit-Jade, Achat oder Bernstein, die mit Perlmutt oder farbigem Speckstein oder mit Halbedelsteinen in Form eines mehr oder weniger plastischen Reliefdekors (z.B. Fruchtschale) geschmückt (Zhuang) oder intarsiert (Qian) wurde. Gleichfalls kennt man einige Snuff Bottles aus Perlmutt, die mit farbiger Jade, Achat und anderen Steinen sowohl geschmückt als auch gleichzeitig intarsiert waren (Abb. 237-239). Fast alle Snuff Bottles dieser Gruppe muß man dem 19. Jahrhundert zurechnen.

Hochgeschätzt und relativ selten sind auch Jade oder Achatfläschchen mit gravierter Kalligraphie (Keshu). Beispiele, meist aus der Qianlong-Periode, sind achtseitig geschnittene Snuff Bottles mit jeweils einer Kalligraphie auf jeder Seite. Analoge Beispiele – die exquisitesten tragen häufig eine Vier-Zeichen-Qianlong aus der Periode – kann man auch bei Glas-Snuff Bottles finden.

Abgesehen von einer gewissen perioden-typischen Formgebung, unterscheiden sich Snuff Bottles aus Jade und anderen Steinen in erster Linie

Abb. 236 Zwei Türkis-Snuff Bottles, 19. Jh. oder später, Ps. Sch.

Abb. 237-239 »Geschmücktes« (engl. »embellished«) Perlmutt-Snuff Bottle, u. a. mit Jade intarsiert, 5,4 cm, Ende des 19. Jhs.

durch die Güte der Verarbeitung, das heißt durch Art und Hochwertigkeit der Schnitzerei und des Feinschliffs sowie durch die künstlerische Handhabung des Dekors. Aufgrund der »Zeitlosigkeit« des häufig kostbaren Materials und der eher traditionellen Formgebung und Verarbeitung lassen sich in vielen Fällen Snuff Bottles aus der *Elitären Periode* von solchen aus der mittleren und späten *Populären Periode* nur bedingt unterscheiden. Aus diesem Grund findet man in der Literatur gerade hier viele weitgefaßte Zuschreibungen, wie zum Beispiel 1700-1820, 1750-1850, 1780-1900, 1800-1950.

Regierungsmarken bei Steinen sind nur vereinzelt bei Snuff Bottles aus Jade oder noch weniger bei Achat/Chalcedon, die typologisch viele Ähnlichkeiten mit denen auf Glas besitzen, sehr rar. Allerdings kennt man auch extrem seltene Beispiele von exzellent ausgeführten Chalcedon-Fläschchen aus der TONGZHI-Periode (1862-1874) mit einer NIANHAO-Vierzeichen-Siegelmarke auf (!) dem Korpus. Nur selten findet man auf SUZHOU-Jade-Snuff Bottles gegen Ende des 18. Jahrhunderts Datierungen.

Nachfolgend werden in alphabetischer Reihenfolge die häufigsten für Snuff Bottles verwendeten Mineralien kurz erläutert.

Achate

und die ihnen nahestehenden Chalcedone sind mit ihrem Spektrum an Varianten das am häufigsten verarbeitete Mineral für Snuff Bottles. Achate gehören zur Gruppe der Quarze (SHIJING), sind immer mehrfarbig, glas- oder seidenglänzend, durchscheinend, aber im Gegensatz zu Chalcedon undurchsichtig. Die meist intensiven Farben durchziehen schichtweise und jahresringartig den Stein und geben damit ein prächtiges Farbspiel der Kontraste ab. Der Steinschleifer nutzte bewußt diese Effekte bei der Herstellung sowohl geschnitzter als auch undekorierter Snuff Bottles. Geschickt folgte man den kontrastierenden Farbschichten, um den halb-

Abb. 240 Achat-Snuff Bottle, 19. Jh., Ps. Sch.

plastischen oder reliefartigen Dekor herauszuarbeiten. Achate besitzen eine so große Farbpalette, daß fast alle Farben vorkommen. Es dominieren die grauen, graublauen und weißen Farbtöne, häufig aber auch blauweiße, blaue, cremeweiße, rosafarbene, rötliche, rotbraune, gelbbraune, orangene, grauschwarze und seltener grüne. Typische Farbkombinationen sind Rot-Weiß, Rosa-Weiß, Grau-Weiß, Blau-Weiß, Braun-Weiß, Rot-Braun und Blau-Rot. Feine Äderungen haben meist eine weiße oder weißliche Farbe. Eine beliebte Spielart für Snuff Bottles waren Achate, deren weiße Einschlüsse das Aussehen eines Haufens hingeworfener Makkaronis hatten, man nennt sie deshalb auch »Makkaroni-Achate«. Sie sind eine Variante der gleichfalls für Snuff Bottles gerne bevorzugten »Moos-Achate«.

Amethyst

ist ein Quarz, durch Eisenbeimengung unterschiedlich intensiv violettrot gefärbt. Er wird weltweit gefunden, unter anderem in China, Korea, Japan und Burma.

Aquamarin

(»Farbe des Meerwassers«) ist ein zur Beryllgruppe zu zählendes, hellblaues bis dunkelblaues, auch grünblaues transparentes Kristall.

Rechte Seite von oben nach rechts unten

Abb. 241 Moos-Achat-Snuff Bottles, 1780-1900, Ps. Sch.
Abb. 242 rechts Aventurin-Snuff Bottle (SHAJINSHI), 5,8 cm, 19. Jh., links Aventurin-Glasimitation (LIAO-FANG SHAJINSHI), 1780-1850, links Ps. Sch.
Abb. 243 Bernstein-Fläschchen aus baltischem Bernstein (Galerie Sandvoss, Hannover), 19. Jh., rechts Bernsteinkopie aus Kunststoff.
Abb. 244 Rauchquarz-Snuff Bottle, LIUHAI mit dreibeiniger Kröte und Münzen an einer Schnur, 5,8 cm, 19. Jh.

Aventurin

ist ein feinkörniges Quarz mit intensiven Einwachsungen (Inklusionen) von Mineralschuppen (zum Beispiel Hämatit), die reflexartig an der Oberfläche schimmern. Er besitzt einen kupfernen Farbton, wird in Tibet und Indien gefunden und seit frühesten Zeiten nach China exportiert.

Bergkristall

ist im engeren Sinne ein farbloses, transparentes, oft durch Verunreinigungen etwas getrübtes, glasglänzendes Quarz (SHIJING). Es wird seit Jahrhunderten in der südlichen Provinz FUJIAN gefunden. Aufgrund seiner Farblosigkeit und Transparenz spielt es im Buddhismus als »Symbol der Reinheit« eine besondere Rolle. Zu der Gruppe der Bergkristalle sind auch alle Varietäten des hell- bis schwarzbraunen Rauchquarzes (CHAJING) und des rosaroten Rosenquarzes (FAJING) zu zählen. Bergkristall wurde häufig zu Snuff Bottles verarbeitet, gegen Ende des 19. Jahrhunderts und im 20. Jahrhundert in zunehmendem Maß aufgrund seiner Transparenz auch innenseitig bemalt (NEIHUA). Sehr beliebt für Snuff Bottles ohne Dekor waren Quarze mit Inklusionen mit dem Aussehen von dünnen Nadeln (»Haarkristall«), die durch Turmalin schwarz sind, durch Aktinolit grün oder durch Rutil rot, sowie solche mit dem Erscheinungsbild eines miniaturisierten Farnkrautes.

Abb. 245 Wurzel-Bernstein-Snuff Bottle, 19. Jh.

Bernstein

ist streng genommen kein Mineral, sondern versteinertes Baumharz, also organischen Ursprungs und deshalb brennbar. Die besten Sorten stammen aus dem Tertiär. In der Steinzeit war er ein Zahlungsmittel. Er ist durchscheinend und oft mit organischen Einschlüssen (Insekten) anzutreffen. Die wichtigsten Varianten sind hellgelb bis honiggelb und rötlich braun bis hyazinthrot, seltener ist der burmesische bläuliche, grünliche oder schwarze Bernstein. Bernstein gibt es weltweit – bekannt hierfür sind unter anderem die Küsten der Ostsee und Rußlands –, auch in China (»Retinit«), Birma (»Birmit«), Thailand und Vietnam.

Snuff Bottles aus braunem und gelblichem oder zweifarbigem (zum Beispiel gelbrotbraunem) Bernstein wurden voll- oder halbplastisch in allen Perioden geschnitzt. Daneben gab es solche, die nur in der naturgewachsenen Form belassen oder solche, die undekoriert zu einem elegant schlichten Fläschchen ausgearbeitet wurden. Einige Bernstein-Snuff Bottles wurden so dünn ausgehöhlt, daß sie leicht durchsichtig wurden. Diese malte man teilweise auch innen aus (NEIHUA). Eine besondere, undurchsichtige und häufig »marmorierte« Variante ist der hochgeschätzte »Wurzel-Bernstein« (Abb. 245). Der vorwiegend gelbliche Bernstein wurde über Rußland aus dem Baltikum und ein mehr bräunlich-roter aus Birma importiert oder in der Provinz YUNNAN gefunden. Snuff Bottles aus baltischem Bernstein, der in China besonders kostbar war, gab es wahrscheinlich erst Ende des 18. Jahrhunderts. Von seltenen Ausnahmen abgesehen, muß man die meisten älteren Schnupftabakfläschchen aus Bernstein dem 19. Jahrhundert zurechnen.

Im übrigen lassen sich Bernstein beziehungsweise Bernsteinstücke und Werkabfälle erwärmen und in formbarem Zustand zusammenfügen. Auf diese Weise erhält man nach Belieben große Bernsteinkonglomerate, aus denen selbst 30 Zentimeter große GUANYIN-Figuren geschnitzt werden. Vor allem neuere Bernstein-Snuff Bottles sind fast immer aus einer solchen heterogenen Masse zusammengesetzt. Sie sind leicht zu erkennen an ihrem dicken Korpus, an der eher einfachen Schnitzerei und vor allem am Aussehen des sichtbar aus grob zusammengepreßten Stücken bestehenden, bräunlich undurchsichtigen Materials. Natürlich gewachsener Bernstein besitzt immer Einschlüsse und Luftbläschen und ist trotzdem weitgehend transparent. Gewarnt sei vor »Bernstein«-Fläschchen aus Plastik. Sie sehen täuschend echt aus. Falscher Bernstein, gerieben an einem Wollstoff, erzeugt bekanntlich eine elektrische Aufladung, die man, das Fläschchen an die Wange haltend, spüren kann.

Bernstein gilt als Symbol der Langlebigkeit und des Mutes: Ersteres entspricht dem Volksglauben, daß das Harz der Pinie (auch Symbol der Langlebigkeit) tausend Jahre benötigt, um zu Stein zu werden, letzteres wird aus der Homophonie von HUPO (Bernstein) und HUPO (»Tiger-Seele«) abgeleitet.

Ende des 19. bis Mitte des 20. Jahrhunderts wurden häufig alte chinesische Bernstein-, Chalcedon- beziehungsweise Achat-Fläschchen in Japan mit Intarsien und Dekorationen aus Elfenbein, Perlmutt und Koralle sowie anderen Steinen figural oder floral reich geschmückt und mit Gold- und Farblack kunstvoll bemalt. Der Dekor war dem chinesischen Geschmack nachempfunden. Diese kostbaren Snuff Bottles bilden eine eigene Gruppe. Mit solchen Arbeiten erlangte die Familie Tsuda in Kyoto von 1930 bis 1960 Berühmtheit.

Chalcedone

gehören zur Quarzgruppe und stellen mit Nephrit die größte Gruppe der zu Snuff Bottles verarbeiteten Steine dar. Mineralogisch und in der Erscheinung nahe verwandt mit Achaten, sind sie aber nicht nur durchscheinend, sondern auch durchsichtig (!). In der nicht mineralogischen Literatur werden Chalcedone häufig

Abb. 246 »Silhouette«-Chalcedon-Snuff Bottle, 19. Jh., Ps. Sch.

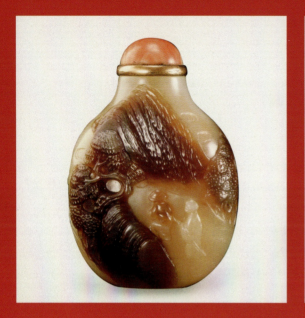

Abb. 250 Verschiedene Jaspis-Snuff Bottles, rechts in Kieselform, 1780–1900 (Mitte), übrige 19. Jh., Ps. Sch.

mit Achat gleichgesetzt; in Wahrheit gehören sie zu den mikrokristallinen Quarzen, sind weiß, weißgrau bis graublau, nur selten andersfarbig und besitzen eine glasglatte Oberfläche. Typische Farben von Chalcedon-Abarten, deren Färbung stark von Chalcedon im engeren Sinne abweicht, sind: Karneol (rot), Heliotrop (grün mit roten Einsprengelungen, siehe dazu auch Jaspis), Chrysopras (apfelgrün und dem Jadeit ähnlich) und Sarder (braun/braunschwarz). Die feinsten Snuff Bottles wurden mit so großer Akkuratesse ausgehöhlt, daß die Wände der Fläschchen beinahe papierdünn waren und gegen das Licht die natürliche Schönheit des einzelnen Mineralstückes mit seinen dunkleren Einschlüssen zur Wirkung kommen konnte. Eine andere Variante bestand darin, die natürlichen Umrisse der dunkleren Inklusionen im Chalcedon mit höchster Raffinesse und Geschicklichkeit so zu bearbeiten, daß – wie durch Zufall – partiell ein flacher, meist figuraler Reliefdekor entstand. Der Effekt war wie der einer »Silhouette« oder eines »Schattens« (YING). Vereinzelt wurden auch Ende der QING-Zeit feinst ausgehöhlte Chalcedon-Fläschchen innen ausgemalt (NEIHUA).

Eine seltene Gruppe aus dem 19. Jahrhundert sind Chalcedon- und Achat-Fläschchen, bemalt mit Goldlack und Lackfarben und geschmückt mit Korallen und Steinen. Nicht zu verwechseln sind diese mit den älteren chinesischen Snuff Bottles, die in Japan in der Neuzeit dekoriert wurden.

Citrine

gehören zur Gruppe der Quarze und kommen in den verschiedenen Gelbtönen wie Gelb, Zitronengelb, Gelbbraun und Gelborange vor. Fast alle Snuff Bottles aus diesem Mineral sind erst gegen Ende des 19. oder im ersten Drittel des 20. Jahrhunderts hergestellt.

Hühnerblutstein

ist ein bräunlicher, mit intensivem Rot durchzogener Stein, der fast ausschließlich für sehr kostbare Steinsiegel verwendet wird, aber auch für undekorierte Snuff Bottles.

Linke Seite von links oben nach rechts unten

Abb. 247 SUZHOU-Nephritjade-Snuff-Bottle, 6,5 cm, 1650–1760, Gallery Hall, London und Paris
Abb. 248 Seitenansicht einiger Fläschchen von Abb. 249
Abb. 249 Verschiedene Chalcedon-Snuff Bottles, 1780–1900, Ps. Sch.

Abb. 251 Snuff Bottle aus Kalksteinkonglomerat, 7,5 cm, 19./20. Jh.

Jaspis

ist in China ähnlich hoch geschätzt wie Jade. Er gehört zur Gruppe der Quarze beziehungsweise Chalcedone und tritt in den verschiedensten Farbvarianten auf, wobei vorwiegend der aus China und Indien stammende, grünliche, mit rötlichen Einsprengseln durchsetzte Jaspis zu Snuff Bottles verarbeitet wurde. Er ist auch als Heliotrop bekannt.

Dem Jaspis nahestehend sind alle sonstigen sogenannten »**Quarzsubstanzen**«, immer mehrfarbig und mit den verschiedensten Zeichnungen. Diese werden regional unterschiedlich gefunden und besitzen meist spezielle Namen. Ihr attraktives Erscheinungsbild rührt von anorganischen und organischen Beimengungen und Einschlüssen her. Bekannte Beispiele sind das Eisenquarz, der Feuerstein, der Hornstein und versteinerte Hölzer.

Kalksteine

wie Marmor und sogenannte fossile Kalksteinbildungen aller Art mit all ihren vielfältigen Einschlüssen und mineralischen Beimengungen waren ein hochgeschätztes Material für Snuff Bottles. Sie stellen durch Farbspiel und Zeichnung allesamt Unikate dar.

Karneol

ist eine Abart von Chalcedon. Er ist intensiv orangerot, dunkelrot oder rotbraun. In China wird Karneol auch sehr häufig für Steinsiegel verwendet.

Koralle

entsteht im Meer durch Kalkausscheidungen der Korallentiere und besitzt meist eine hell- bis dunkelrote Farbe. Die Chinesen glaubten, sie stamme von einem Baum am Meeresgrund, der nur alle hundert Jahre blüht. Koralle ist auch ein Emblem des Glücks (der roten Glücksfarbe zuzuschreiben) und der Langlebigkeit. Eine lachsfarbene Sorte wird bei TAIWAN gefunden. Sehr selten ist weiße Koralle, die nur in Japan vorkommt. Snuff Bottles aus Koralle sind meist figural plastisch oder halbplastisch geschnitzt. Koralle wurde aus Japan, Ceylon und Persien importiert und galt deshalb als kostbares und seltenes Mineral. Es wird angenommen, daß vor

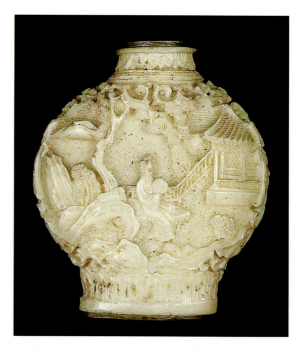

Abb. 252 Snuff Bottle aus weißer Koralle, wahrscheinlich Japan, Ende 19. Jh.

Ende des 18. Jahrhunderts aus Koralle keine Snuff Bottles gefertigt wurden.

Erst kürzlich entdeckte der Autor ein kleines, weißes, mondförmiges, fein geschnitztes Snuff Bottle, das bei oberflächlicher Betrachtung aus Elfenbein gemacht schien. Der Boden bestand aus einer einzigen durchgehenden Messingplatte mit einer schönen, linearen QIANLONG-Siegel-

---

Häufig für Snuff Bottles verwendete Steine (SHI)

Die Übersicht basiert auf der statistischen Grundlage von ca. 3000 Objekten.
(S selten, H häufig)

Mineral:	*Chinesische Bezeichnung*:*	*Marktpräsenz:*
Achate	MANAO	HHHHH
Amethyst	ZIJING (»Lila-Kristall«)	S
Aquamarin	HAILANBAOSHI (»Meeresblauer Edelstein«)	SS
Aventurin	SHAJINSHI (»Sand-Gold«) oder	
	KASHILUN	SSS
Bergkristalle	SHUIJING (»Wasser-Kristall«)	HHH
Bernstein	HUPO	HHHH
Chalcedone	YUSUI	HHHHH
Chloromelanit	LÜHEILIU SHI	SSSS
Citrin (Zitrin)	HUANGSHUIYING (»Gelb-Wasser-Kristall«)	
	oder CHAJING (»Tee-Kristall«)	SSS
Tuschsteine	DUAN SHI (Stein aus DUANXI)	SS
»Hühnerblut-Stein«	JIXUE SHI	SSSS
Jade (Nephrite)	YU SHI	HHHH
mit Schmuckdekor		SSS
Jadeit	FEICUI	HHH
mit Schmuckdekor		SSSS
Jaspis	BIYU (»Bläulichgrüne Jade«)	HH
mit Schmuckdekor		SSSS
Kalksteine (fossile)	HUA SHI	HHH
Sonstige		H
Kalksteine/Mamor	DALI SHI (»Groß-gemaserter«)	SS
Karneol	GUANGYUSUI	HHH
Koralle, rot	HONGSHANHU	HH
Koralle, weiß	BAISHANHU	SSS
Lapislazuli	QINGJIN SHI (»Blau-Gold«)	
	oder TIANQING SHI (»Himmelblau«)	H
Malachit	KONGQUE SHI (»Pfau«)	S
Puddingstein	LIYAN	HH
Rubin	HONGBAOSHI (»Rot-Edelstein«)	SSSSS
Saphir	LANBAOSHI (»Blau-Edelstein«)	SSSSS
Steatit/Speckstein	KUAIHUA SHI	S
TIANHUANG-Stein		SSSS
»Tigerauge«	HUYAN SHI	SS
Topas	HUANGJING (»Gelb-Kristall«)	S
Türkis	LÜSONG SHI (»Grün-Kiefer«)	S
Turmalin	DIANQI SHI	SS
Tuschsteine		
verschiedene Steinarten		SSSS

*) Einige chinesische Begriffe sind Eigennamen und lassen sich nicht sinnvoll wörtlich übersetzen.

marke, die aber Merkmale besaß, die eine Zuordnung zu dieser Periode ausschließen. Stilistisch entsprach das Fläschchen eher der DAOGUANG-Periode. Eine genauere Untersuchung des Materials führte zu dem Ergebnis, daß es sich um weiße Koralle handelt (Abb. 252). Die wichtigsten Unterschiede zwischen Elfenbein und weißer Koralle sind ein harter Glanz der Koralle an den Kanten und unter der Lupe schwarze Einsprengsel, die wie verspritzte Tinte aussehen. Der Messingabschluß, die Eigenart der Marke, die Ausarbeitung der Schnitzerei und die Herkunft der weißen Koralle lassen eine japanische Arbeit nach chinesischem Vorbild Ende des 19. Jahrhunderts vermuten.

Abb. 253   Lapislazuli-Snuff Bottle, 19. Jh. oder später, Ps. Sch.

Abb. 254   »Pudding stone«-Snuff Bottle aus kieseligem Konglomerat mit Cloisonné-Montur, 19. Jh., Antiquitäten Mona Lisa, Ascona

Lapislazuli

ist ein, je nach Oberflächenbearbeitung, sowohl glas- als auch mattglänzender, tief- bis mittelblauer Stein, mit weißlichen Adern oder mit schillernden Pyriteinschlüssen durchzogen. Zu Pulver zerrieben und angemischt, ergab er schon in frühen Zeiten eine kostbare ultramarinblaue Malfarbe. Fast alle Snuff Bottles aus Lapislazuli sind erst gegen Ende des 19. und im ersten Drittel des 20. Jahrhunderts entstanden.

Malachit

ist ein mit hellen Streifen und Bänderungen durchsetzter, intensiv grüner bis smaragdgrüner Stein. Besonders reiche Lagerstätten gibt es in China und Indien. Fast alle Malachit-Snuff-Bottles wurden erst gegen Ende des 19. und im ersten Drittel des 20. Jahrhunderts hergestellt.

Puddingstein

ist eine seit dem 18. Jahrhundert übliche Bezeichnung aus dem Englischen für Konglomerate, die haselnußgroßes, verschiedenfarbiges kieseliges Gestein enthalten und so ein farbenprächtiges und variantenreiches Bild darbieten (Abb. 254). Auch hier achtete man bei der Herstellung von Snuff Bottles ganz auf das Material und auf eine schlicht-elegante Form.

Rubine und Saphire

sind aufgrund ihrer Kostbarkeit extrem selten zu Snuff Bottles verarbeitet worden. Es handelt sich immer um relativ große, verunreinigte Steine, die auch in der südchinesischen Provinz YUNNAN gefunden werden. Rubine und Saphire gehören zur Gruppe der Korunde und sind auch bei Verunreinigungen mehr oder weniger transparent. Bekanntlich erscheinen Rubine in verschiedenen Rottönen, während bei den selteneren Saphiren die Blautöne, die bis ins Violett reichen können, vorherrschen. Daneben gibt es auch gelbe und manchmal grüne Farbtöne.

Speckstein oder Seifenstein (Steatit)

besitzt den niedrigsten Härtegrad und ist eine Variante des Talks. Er hat eine weißlich beige bis bräunliche Farbe, häufig mit dekorativen Einschlüssen. In China wird Speckstein massenhaft für die Schnitzkunst von Steinfiguren und Steinsiegel eingesetzt. Snuff Bottles wurden kaum aus Speckstein hergestellt, nicht zuletzt der Materialanfälligkeit wegen.

TIANHUANG-(»Gelber-Himmels-«)Stein

ist, wie der Name schon ausdrückt, von einem intensiven Braungelb (Ocker) und gilt in China als ganz große Rarität. Er wird fast ausschließlich für Steinsiegel verwendet. Offensichtlich wurden vereinzelt für gelehrte Liebhaber edler Dinge auch Snuff Bottles aus diesem Stein gefertigt.

Tigerauge

gehört zur Gruppe der Augenquarze; es ist immer gestreift, intensiv schimmernd und leuchtend goldgelb und gelbbraun.

Topas

ist ein transparenter, glasglänzender, kristalliner Stein, farblos oder in verschiedenen Farbtönen, wie zum Beispiel gelb bis goldgelb (Goldtopas), braun, rot, rosa, bläulich, grünlich, orange, violett, auch zweifarbig. Hellrosa Topase werden in China gefunden, hellblaue in der Mongolei.

Türkis

ist ein undurchsichtiges, durch mehr oder weniger große Beimengungen von Eisen gesprenkeltes, blaues bis grünblaues, manchmal auch hellbrau-

Abb. 255 Kleines »Falkenaugen«-Snuff Bottle (Augenquarz), 19. Jh.

Abb. 256 Türkis-Snuff Bottles, 19. Jh. oder später, Ps. Sch.

Dekormotive und Formen bei Achat-, Chalcedon- und Jade-Snuff Bottles

Die Übersicht zeigt auf der Basis von ca. 1000 auf dem Markt angebotenen Snuff Bottles häufige Formen und Dekormotive bei Achat, Chalcedon und Jade mit ihrer Marktpräsenz. Sie ist als Orientierung für den Sammler gedacht. Tendenziell wurden gleiche oder ähnliche Motive und Formen in analoger Häufigkeit auch bei anderen Mineralien verwendet. Es fällt auf, daß Jade im Vergleich zu anderen Mineralien um ein Vielfaches häufiger zu vollplastischen Snuff Bottles verarbeitet wurde.
(S selten, H häufig)

Achate/Chalcedon

Skulpturen:	*Marktpräsenz:*	*Reliefdekor:*	*Marktpräsenz:*
Pfirsich	SSS	Fuchs	SS
sonstige Früchte	SSS	Garnele	SS
Kürbis	SSS	Grille	SS
Melone	HH	Hahn	SSS
Loquat	SSSS	Hehe-Zwillinge	SS
Figur (siehe Liuhai)	SSSS	Hund	SSS
		Kamel	SSS
Reliefdekor:	*Marktpräsenz:*	Katze	SS
Affe	HHHHH	Krabbe	SSSSS
Bär	SSS	Kürbis	SSSSS
Bauer	SS	Kröte, dreibeinig	SS
Bäume/Landschaft	HHHH	Libai (Poet)	SS
Blattwerk	SSS	Lingzhi	HH
Blüten	HH	Lotos	HHH
Biene	SS	Löwe	HHH
Boot	H	Mystisches Tier	SS
Boy	S	Pferd	HHHH
Büffel	SSS	Pfirsich	S
Drache	H	Phönix	SSS
Eichhörnchen	SS	Qilin	SS
Ente	SSS	Reiter	SS
Falke	SS	Schmetterlinge	SS
Figuren	HHHHH	Tiger	SSS
Fisch	H	Trauben	SS
Fischer	HHH	Vögel	HHHH
Flammende Perle	SS	Yinyang-Symbol	SS
Fledermaus	HHH	Zwölf Tierkreiszeichen	SS

Nephrit-Jade /Jadeit

Skulpturen:	*Marktpräsenz:*	*Skulpturen:*	*Marktpräsenz:*
Aubergine	HHH	Schwein	SS
Buddha	S	Tiere (sonstige)	S
Buddhas Hand	H	Zikade	SS
Chrysantheme	SS		
Fische	H	*Reliefdekor:*	*Marktpräsenz:*
Fischpaar	S	Adept/Gelehrter	SS
Korbgeflecht	H	Affe	SSS
Kröte	H	Aspara	SS
Kürbis	HHHH	Bambus	SS
Maus	SSS	Bäume	SS
Melone	HHHHH	Blattwerk	S
Meeresschnecke	SSS	Blüten	S
Pfirsich	SS	Boot	S

Reliefdekor:	Marktpräsenz:	Reliefdekor:	Marktpräsenz:
Bronzegefäß	SS	Lancaihe	SS
Budai	SS	Lingzhi	S
Drachen	HHHH	Liuhai	S
Falke	SS	Lotos	H
Figuren	H	Magnolie	SS
Fische	S	Melone	SS
Flammende Perle	SS	Pfingstrose	SS
Fledermaus	S	Pfirsich	S
Früchte	H	Phönix	S
Fu-Zeichen	S	Schmetterlinge	S
Guanyin	SS	Schwein	SS
Hehe-Zwillinge	H	Shou-Zeichen	SS
Knabe	SS	Taotie-Maske	H
Kongzi	SS	Vögel	S
Kröte (dreibeinig)	S	Widder	SSS
Landschaft	HHHHH	Ziege	S

nes Mineral. In China, aber auch in Tibet, gibt es davon große Vorkommen. Fast alle Snuff Bottles wurden erst gegen Ende des 19. und im ersten Drittel des 20. Jahrhunderts hergestellt.

Turmaline

sind transparent bis undurchsichtig, sie gibt es – oft farblich abgesetzt in einem Stück, sogenannte Elbaite – in vielen Farbtönen, wie Rot, Rosa, Blau, Grün, Gelb, Braun, Schwarz sowie farblos. Fast alle Snuff Bottles wurden erst gegen Ende des 19. und im ersten Drittel des 20. Jahrhunderts hergestellt.

Abb. 257 Fläschchen aus Gagat-Stein (versteinerte Kohle), 19. Jh. oder später, Ps. Sch.

Tuschsteine

sind Steine, die in China speziell zur Fertigung von Tuschreibesteinen verwendet werden. Bekanntlich ist das klassische Schreibinstrument der Pinsel (Bi), mit dem noch heute mit Tusche geschrieben wird. Chinesische Tusche (Mozhi) gibt es immer nur in fester Form als gepreßte Tuschstange, die auf einer Steinplatte mit Wasser angerieben wird. Geeignete Steine müssen eine samtig rauhe Oberfläche aufweisen. Man verwendet seit langer Zeit verschiedene Steinarten, teilweise auch mit dekorativ fossilen Einschlüssen. Die meisten Tuschsteine sind schwärzlich bis braun, teilweise auch grünlich. Der bekannteste Tuschstein ist der Duan-Stein, der im Fluß Duan seit langer Zeit abgebaut und fast ausschließlich zu Tuschreibesteinen verarbeitet wird. Auch sie gehören, häufig noch kunstvoll bearbeitet, zu den Sammelobjekten des Gelehrten. Vereinzelt wurden aus diesem schwarz-matten Stein schlicht belassene Schnupftabakfläschchen hergestellt.

Einige einfache, seltene Snuff Bottles wurden auch aus schwarzem, wachsglänzendem **Gagat-Stein (Jet),** eine Versteinerung der Kohle, angefertigt.

Marken

Marken auf Jade-Snuff Bottles

Jeweils von links nach rechts:
Qianlong, 1736–1795
Qianlong, 1736–1795
Qianlong, 1736–1795

Qianlong, 1736–1795
Qianlong, 1736–1795

Achat-Snuff Bottle

Qianlong, 1736–1795

Bernstein- und Perlmutt-Snuff Bottle

Qianlong, 1736–1795

Formen

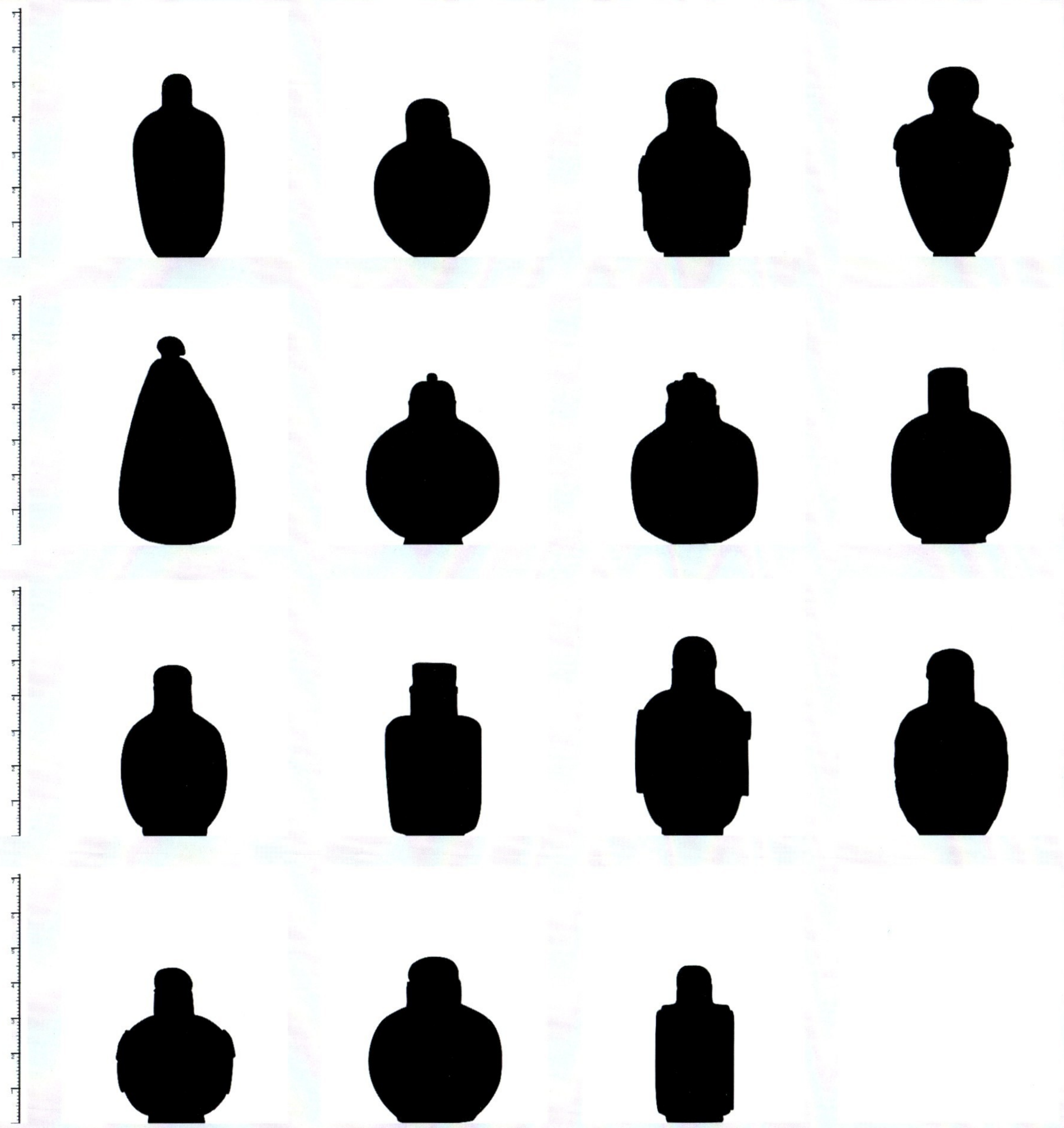

Nephrit-Jade und Jadeit (J)

Jeweils von links nach rechts:
1736–1795
1750–1800
1750–1800
1750–1800

1750–1800
1750–1850
1750–1850
1780–1820

1780–1850
1780–1850
1800–1850
1800–1850

1800–1860
1800–1880
1800–1880

Formen

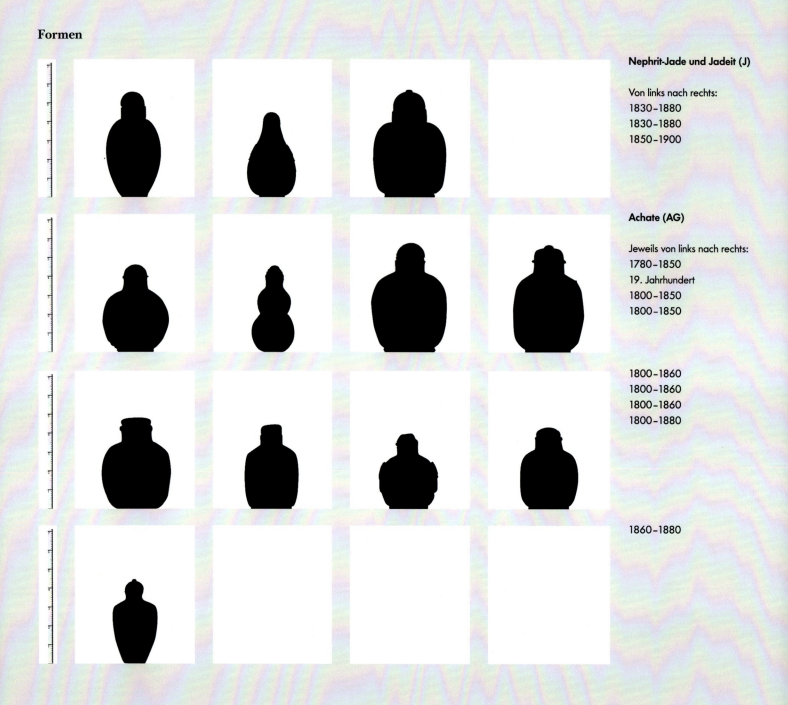

Nephrit-Jade und Jadeit (J)

Von links nach rechts:
1830–1880
1830–1880
1850–1900

Achate (AG)

Jeweils von links nach rechts:
1780–1850
19. Jahrhundert
1800–1850
1800–1850

1800–1860
1800–1860
1800–1860
1800–1880

1860–1880

Formen

Bergkristall (QC)

Jeweils von links nach rechts:
1750–1850
1780–1850
1780–1850
1780–1880

19. Jahrhundert
1800–1860

8. SNUFF BOTTLES AUS NATUR-ORGANISCHEM MATERIAL

Diese Snuff Bottle-Gruppe birgt für den Sammler Überraschungen der skurrilsten Art und offenbart häufig großartige Beispiele der Experimentierfreude und Kunstfertigkeit des chinesischen Kunsthandwerkers.

Die meisten naturorganischen Materialien unterliegen ähnlichen Arbeitstechniken. Unterschiede bestehen im Härtegrad und in der Struktur des jeweiligen Materials. Häufig nutzte der chinesische Künstler diese besonderen Eigenschaften des Materials, um äußerst filigrane und detailreiche Fläschchen herzustellen. Oder er zollte mit nur schlicht belassenen Snuff Bottles der naturgegebenen Schönheit des Materials Tribut.

Übersicht über die wichtigsten organischen und naturgewachsenen Materialien für Snuff Bottles

Die Untersuchung basiert auf ca. 1000 Snuff Bottles aller Perioden.
(S: selten, H: häufig)

Material:	Dekortechniken:	Marktpräsenz:
Bambusholz	Schnitzen/Gravur	H
Betelnuß	Reliefschnitzerei	S
Elfenbein	Schnitzen/Relief/Gravur	HH
	figural-plastisch geschnitzt	SSS
Fruchtsamenhülse	naturbelassen/Schmuckdekor	SS
Haifischhaut	Überzug	S
Horn	Schnitzen/Relief/Gravur	H
Hornbill	Schnitzen/Relief/Gravur	SS
Jimu-Holz	Schnitzen/Relief/Gravur	SS
Kakifrucht	formgewachsen	SSS
Kokosnußholz	Schnitzen/Relief/Gravur	H
Kürbis	formgewachsen	SSSSS
Lack, rot	Schnitzen/Relief/Gravur	HH
Lack, schwarz	Schnitzen/Relief/Gravur	SS
Lack	Silber-/Gold-Einlegearbeit	SSS
Lacque Burgaute	Einlegearbeit m. Perlmutt	H
Mammutelfenbein	nur Formschnitt	SS
Orangenhaut	formgewachsen	SS
Perlmutt*	Schnitzen/Gravur	H
	Schnitzen/Schmuckdekor	SS
Rhinozeroshorn	Schnitzen/Relief/Gravur	SS
Samen (siehe Frucht)		
Schildpatt	Schnitzen/Relief	SS
Tangerinrinde	formgewachsen	SSS
Walnuß	naturbelassen	H

* Wird auch häufig zu »Steinen« gezählt.

Abb. 258 »Warzen«-Kürbis-Snuff Bottle, erste Hälfte 19. Jh.

Abb. 259 Holz-Snuff Bottles in Flaschenkürbisform, 19. Jh.

Nachfolgend soll auf alle wichtigen organischen Materialien näher eingegangen werden. Teilweise wurden auch verschiedene, aber verwandte oder handwerkstechnisch nahestehende Materialien in Gruppen zusammengefaßt.

Neben den Manufakturen im Palast befanden sich die wichtigsten Zentren für Schnitzerei von Elfenbein, Bambusholz, anderen Hölzern und Horn in GUANGZHOU beziehungsweise JIUJIANG (Provinz GUANGDONG), HANGZHOU (Provinz ZHEJIANG), JIADING und SUZHOU (Provinz JIANGSU). Von der Periode KANGXI an bis JIAQING wurden von diesen Zentren laufend Kunsthandwerker für die kaiserlichen Werkstätten in BEIJING angefordert.

Regierungsmarken auf Snuff Bottles aus tierischen oder pflanzlichen Materialien sind generell sehr selten.

Snuff Bottles aus Bambusholz, anderen Hölzern und Nüssen

Bambus (ZHU) ist als Holz (MU) einzigartig. Es ist – abgesehen von hier nicht in Betracht kommenden Hölzern – das härteste und dichteste, sowie als Rohr das biegsamste Holz. In Ostasien besitzt es aufgrund seiner ungewöhnlichen Eigenschaften und seiner Verfügbarkeit eine so vielseitige Bedeutung, daß man von einer »Bambuskultur« in diesen Regionen sprechen muß. Es gibt fast keinen Bereich des täglichen Lebens, in dem nicht

Rechte Seite von links oben nach rechts unten

Abb. 260 Doppelfläschchen (SHUANGLIAN HU) aus Bambus, Typ ZHUHUANG, mit dem Dekor »zwei Drachen und flammender Perle«, 5,6 cm, QIANLONG-Periode, 1736-1795, Gallery Hall, London und Paris

Abb. 261 Kokosnußholz-Snuff Bottle (YEZIMU), 5,8 cm, Ende des 19. Jhs.

Abb. 262 Furniertes Holz-Snuff Bottle, feinstes Relief durch teilweises Abtragen der Furnieroberfläche, 6,2 cm, 20. Jh.

187

der Bambus seine Verwendung fand und noch heute findet. Seit Jahrtausenden dient er für eine Vielzahl von alltäglichen Gebrauchsgegenständen, Arbeitsgeräten und den Hausbau. Er ist auch Material für eine große Palette von Kleinkunstobjekten, beliebt als Zierpflanze und begehrt als Nahrungsmittel (Sprossen). Ferner gilt er als Sinnbild philosophischer Ideale und ist deshalb auch eines der wichtigsten Sujets in der Malerei. Auch ist Bambus für Snuff Bottles bestens geeignet: Er liegt leicht in der Hand, ist durch seine Härte dauerhaft für den häufigen Gebrauch und ideal für einen extrem feinen Schnitzdekor; seine Strukturen ergeben eine glatte, dichte und elegant gemaserte Oberfläche.

Für die Herstellung von Snuff Bottles wurden verschiedene Teile der Pflanze verwendet. Drei unterschiedliche Gruppen von Bambus-Snuff Bottles basieren auf folgenden diversen Dekor- und Bearbeitungstechniken:

– ZHUHUANG: Die innere Schicht einer Bambusrinde wurde abgetragen, eingeweicht, geglättet und über einen Flaschenkorpus (zum Beispiel aus Holz) aufgetragen, wobei eine monochrom helle, gelbliche Oberfläche entstand. Danach legte man eine zweite Schicht, geschnitten nach einem Dekor, partiell auf die erste Schicht auf, so daß ein extrem flaches Relief entstand. Diese in einer Palastwerkstatt Ende des 18. und Anfang des 19. Jahrhunderts angewandte Intarsientechnik ZHUHUANG (»gelber Bambus«) war aufwendig, delikat, äußerst selten und ein vom Hof bevorzugter Dekorstil.

– TIANXING ZHU: Die natürliche Zeichnung des Bambus oder der Bambuswurzel wurde genutzt, um die Schönheit des Holzes in den Mittelpunkt zu stellen. Diese Technik nannte man TIANXING (»Natur-Charakter«).

– ZAOXING ZHU: Das Bambusholz wurde frei und vollplastisch, figural (ZAOXING) mit oder ohne zusätzlichen Dekor geschnitzt.

Abb. 263 Versteinertes Mammutelfenbein, rechts 6,1 cm, 19./20. Jh.

Andere Hölzer, die seltener für Snuff Bottles verwendet wurden, mußten ähnliche Eigenschaften besitzen, so auch das gleichfalls harte Kokosnußholz oder das kostbarste aller Hölzer, das rötlich schwarzbraune ZITAN-Holz (ZITANMU). Allerdings gibt es auch vereinzelt Snuff Bottles aus weicheren Hölzern, wie zum Beispiel aus Buchsbaumholz oder aus dem im Süden Chinas beheimateten »Schattenholz« (YINGZIMU).

Nüsse, wie die Walnuß (JIANGUO), waren für kleine Snuff Bottles sehr beliebt, einerseits, weil ihre natürliche Gestalt schon die Form eines Fläschchens vorgab, und andererseits, weil die Unebenheiten zu figuralen, halbplastischen Schnitzereien einluden, so daß erst der »zweite« Blick das Motiv erkannte. Dagegen erlaubte die Betelnuß die Kunst der feinsten Reliefschnitzerei. Bekannt sind atemberaubende Miniaturreliefschnitzereien (WEIDIAO) mit Figuren, Landschaften und Kalligraphien auf jeweils einem einzigen Obststein. Es gab sogar kostbare Amtsketten mit 108 aufgereihten Obststeinen, wobei jeder Stein ein anderes geschnitztes Bild mit zusätzlicher Kalligraphie aufwies. Solche Dinge hielten Chinesen mehr in Ehren als Perlen und Edelsteine.

Elfenbein-Snuff Bottles

Zu Elfenbein (YA) zählt man das Elefantenelfenbein, das Walroßelfenbein, das fossile Mammutelfenbein und das versteinerte Mammutelfenbein sowie das Hornbill-»Elfenbein«.

Elefanten- und Walroßelfenbein sind harte und homogene Materialien, während **Mammutelfenbein**, chinesisch MENGMA (phonetisch nachempfunden) oder MAOXIANGYA (»Haar-Elefanten-Zahn«), Jahrtausende in der sibirischen Erde oder im ewigen Eis lagerte und deshalb meist rissig sowie bräunlich-gelb verfärbt ist. Eine Variante stellt das versteinerte Mammutelfenbein (YASHI) dar, welches in tieferen Erdschichten eingebettet war und deshalb mit starken, steingrauen, schichtartigen Streifen durchzogen ist. Wegen seiner hohen Brüchigkeit kann es nicht geschnitzt werden. Dieses versteinerte Mammutelfenbein wurde mit Vorliebe zu undekorierten, schlichten Schnupftabakfläschchen verarbeitet, die nur durch das verwendete seltene Material wirken.

Das **Walroßelfenbein** (HAIXIANGYA/»Meereselefant«) unterscheidet sich vom Elefantenelfenbein durch eine von dünnen, langen Rissen durchzogene – mit dem Alter durch Verschmutzung dunkel gewordene – Oberfläche. Häufig wurde Walroßelfenbein grün eingefärbt. Vor dem 18. Jahrhundert kam es aus Rußland, danach brachten englische und amerikanische Handelsschiffe große Mengen nach China. Spezialisierte Werkstätten für die Verarbeitung dieses Materials gab es vor allem in BEIJING. Mit Beginn der Republik 1912 endete die Verarbeitung von Walroßelfenbein.

Elefantenelfenbein (XIANGYA) wird seit Jahrhunderten über Häfen der südlichen Provinzen FUJIAN und GUANGDONG aus Indien und Afrika eingeführt. In China ist seit dem 18. Jahrhundert der einheimische, in der Südprovinz YUNNAN vorgekommene Elefant ausgestorben. Das indische Elfenbein ist tendenziell etwas heller und weniger gemasert als das afrikanische. Gegen Ende der MING-Epoche (1368-1643) entwickelte sich in den südlichen Provinzen eine bedeutende Elfenbeinschnitzerei.

Die Verwendung von Elfenbein galt in früheren Epochen überwiegend den nützlichen Dingen des Alltags wie Haarnadeln, Kämmen, Rückenkratzern, Gürtelschnallen, Eßstäbchen, Musikinstrumenten, HU-Zeptern (längliche Notiztäfelchen für kaiserliche Beamte bei Audienzen), Spielsteinen, Maßstäben, Siegeln. Auch setzte man es als Dekorationsmaterial für Einlegearbeiten ein. Vor der MING-Epoche wurden selten Kunstgegenstände aus Elfenbein angefertigt. Immerhin haben wir aber schon aus der HONGWU-Periode (1368-1368) der MING-Zeit Kenntnis von der Existenz durchbrochen geschnitzter, ineinander konzentrisch angeordneter Elfenbeinkugeln, sogenannten »Teufelswerk-Kugeln« (GUIGONGQIU), später in Europa als Beweis der ungewöhnlichen Kunstfertigkeit chinesischer Elfenbeinschnitzer so bewundert wurden. Seit dem 19. Jahrhundert und noch heute werden diese massenhaft und meist lieblos für den Export hergestellt. Trotzdem entstanden aufgrund der Handelsbeziehungen mit Spanien und Portugal erst Ende des 16. Jahrhunderts große Zentren der Elfenbeinschnitzerei in der Hafenstadt ZHANGZHOU (Provinz FUJIAN) und in GUANGZHOU (Provinz GUANGDONG). Sie waren Folge einer starken Nachfrage aus Europa nach Elfenbeinfiguren: Besonders beliebt waren die Jungfrau Maria mit Jesuskind auf dem Arm und Kruzifixe, welche nun preiswert in großer Anzahl hergestellt und exportiert wurden. Auch für den eigenen Markt wurden verschiedene Elfenbeinfiguren chinesisch-mythologischer und volksreligiöser Ausrichtung produziert. Ein Typ der GUANYIN, der buddhistischen »Göttin der Barmherzigkeit«, trug gleichfalls ein Kind auf dem Arm und wurde in inhaltlicher und teilweise

Abb. 264 Hornbill-Elfenbein-Snuff Bottle mit exzellent »weicher« (GUANG) Reliefschnitzerei, 3,4 cm, frühes 19. Jh.

Rechte Seite von links oben nach rechts unten

Abb. 265 Detailaufnahme des Snuff Bottles von Abb. 267 links

Abb. 266 Rückseite des Snuff Bottles von Abb. 267 rechts

Abb. 267 Links: rundes Elfenbein-Snuff Bottle mit feinster Reliefschnitzerei, mit 16 archaischen CHILONG-Drachen und vier Fledermäusen, 5,8 cm, 1760-1820. Rechts: Elfenbein-Snuff Bottle mit flacher Reliefschnitzerei, auf der einen Seite eine chinesische und auf der anderen eine Figurengruppe aus einem Indianer, einem Perser und einer Europäerin (?), 7,4 cm, 1880-1940

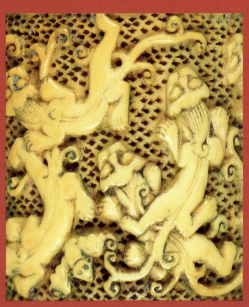
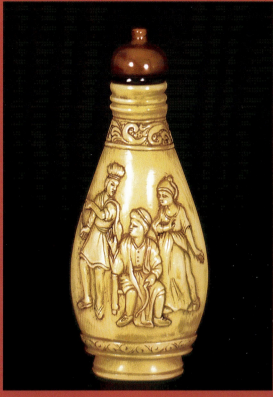

Abb. 268 Zwei Elfenbein-Snuff Bottles, links zweite und rechts erste Hälfte 19. Jh., Ps. M.H.-F.

stilistischer Anlehnung an das christliche Vorbild »Maria mit Kind« von da an gleichfalls exportiert. In der Literatur wird deshalb manchmal behauptet, daß erst zu dieser Zeit eine GUANYIN mit Kind in China aufgetreten sei. Die Annahme liegt nahe, ist aber falsch. Zumindest schon in der SONG-/YUAN-Epoche, ungefähr 500 Jahre früher, existierte eine GUANYIN SONGZI (»Kinder schenkende«) mit einem Kind auf dem Arm. Diese wurde um Kindersegen angefleht. Neben religiösen Motiven gab es andere Elfenbeinobjekte, wie zum Beispiel erotische Figurengruppen oder nackte Frauenfiguren, anhand derer die Chinesinnen ihre Beschwerden dem Arzt anzeigten, sowie HU-Zepter für die Beamten, kunstvolle Gürtelschnallen, Fächer und Schalen. Leider sind bis ins 18. Jahrhundert keine Namen von Elfenbeinschnitzern bekannt.

Innerhalb der kaiserlichen Palaststadt in BEIJING wurden unter KANGXI (1662-1722) einunddreißig und später unter QIANLONG (1736-1795) bis zweiundvierzig Werkstätten für alle Kategorien des Kunsthandwerks für den kaiserlichen Haushalt eingerichtet; darunter war auch eine Werkstatt für Elfenbeinarbeiten. Diese markierte den Beginn einer fast hundertjährigen Periode voller Höhepunkte für Snuff Bootles aus Elfenbein. Spätestens Anfang des 20. Jahrhunderts erstarrte die Elfenbeinschnitzerei zunehmend unter der geballten Macht einer neuen, die Kunst entfremdenden Technik touristisch bedingter Massenproduktion.

Hornbill-Elfenbein (HEDING), allgemein unter dieser englischen Bezeichnung bekannt, materialtechnisch dem Elfenbein zugehörig, stellt die seltenste und kostbarste Elfenbeinart dar. Sie ist vergleichbar mit der besten Nephritjade unter den Mineralien, weshalb sie auch in China JINYU, »goldene Jade«, genannt wird. Hornbill besitzt die Farbe von Elfenbein, ist aber der Schnabel-Schädelteil eines seltenen, schwanengroßen Vogels, des Nashornvogels (XINIAO), der hoch in den Bäumen des malaischen Dschungels haust. Die im letzten Jahrhundert stetig steigende

Nachfrage nach Snuff Bottles und japanischen Netsukes aus Hornbill hatte dazu geführt, daß er fast ausgerottet wurde und heute streng geschützt ist.

Ältere Hornbill-Fläschchen (Abb. 264) sind besonders rar: Sie besitzen im Gegensatz zu solchen aus dem 20. Jahrhundert eine natürliche Vergilbung und Glätte durch den Gebrauch und ein ausgewogeneres, schlichteres und relativ flaches Reliefbild. Ein eindeutiges Charakteristikum und Anlaß der außergewöhnlichen Wertschätzung ist die rubinrot leuchtende, dünne Ummantelung des vorderen Kopfteils des Vogels, der kostbarste Teil des Hornbill-Elfenbeins. Diese rote Elfenbeinschicht bildet immer die Seitenteile eines Snuff Bottles und begrenzt die Anzahl der Stücke, die aus einem Schädel hergestellt werden konnten. Aus Restteilen des roten Materials fertigte man den Stöpsel.

Die Art der Schnitztechnik bei Elfenbeinsorten war identisch mit der Hornschnitzerei und annähernd gleich mit der ähnlich harten Bambusholzschnitzerei. Sie beruhte auf einer Palette einfachster Werkzeuge wie Säge, Messer, Stichel, Bohrer und Feilen. Häufig arbeitete, je nach Bedarf, ein Schnitzer in der gleichen Werkstatt mit mehreren Materialien. Auch hier galt, daß die Bearbeitung des Elfenbeins möglichst der natürlichen Beschaffenheit des Materials folgte. Die besondere Härte des Elfenbeins erlaubte hierbei ein extrem feines Schnitzwerk.

Es gab fünf verschiedene, **typische Anwendungen der Elfenbeinschnitzerei** (Yadiao/Yake »Zahn-Schnitzen«, Yake auch »Zahnheilkunde«), im Folgenden mit den gebräuchlichen chinesischen Bezeichnungen aufgelistet. Häufig wurden diese auch kombiniert angewendet:

– Die Gravur oder der **Tiefschnitt** (Yinke/»Schnitzen nach dem Yin-Prinzip«): Mit einem Stichel wurden der Dekor oder die Schriftzeichen mit feinen Linien eingeschnitten. Danach rieb man diese mit Tusche oder, seltener, mit Goldstaub ein.

– Das Relief oder der **Hochschnitt** (Yangke/»Schnitzen nach dem Yang-Prinzip«): Dieses entstand durch Abtragen des Elfenbeins außerhalb der Umrißlinie des Bildelementes oder des Schriftzeichens.

– Die **Reliefskulptur** (Xiandi Shenke/»Schnitzen bis auf den Grund«): Die Härte des Materials erlaubte eine Schnitztiefe, um Figuren, Tiere, Pflanzen und Gegenstände vollplastisch herauszuarbeiten, so daß sie innerhalb des Reliefbildes frei standen. So weit bekannt, ist diese Technik eine Erfindung der frühen Qianlong-Periode (ca. 1740/1750).

– Die **Skulptur** (Diaoxiang/»Schnitzen-Bild«).

– Die **Intarsie** (Qian oder Xiangqian/»Einlegen-Intarsie«): Seit frühester Zeit wurde Elfenbein für Einlegearbeiten in Holz oder in andere Materialien verwendet.

Diese Begriffe, mit Ausnahme der bei Elfenbein so typischen und hochgeschätzten »Reliefskulptur« (die nur noch mit Bambusholz möglich ist), sind aufgrund analoger Dekortechniken auch auf andere Materialien übertragbar.

Im allgemeinen sind heute Elfenbein-Snuff Bottles keineswegs so häufig am Markt präsent, wie man vermuten könnte; vor allem qualitätvollere Exemplare aus dem 18. und aus der ersten Hälfte des 19. Jahrhunderts sind selten.

Die **Form** des Elfenbein-Schnupftabakfläschchens aus der QIANLONG-Periode ist halbflach, meist herz- oder mondförmig, manchmal oval oder, seltener, leicht gedrungen rund. Es ist mit einer flachen oder halbplastischen, figuralen Reliefschnitzerei überzogen. Stiltechnisch sind drei Varianten des **Reliefdekors** zu unterscheiden:

– Relief, relativ flach, mit fein gerundeten Kanten, weichen Bildkonturen und einer typischen Glätte (GUANG), meist bei Snuff Bottles der QIANLONG-Periode;
– Relief, relativ tief halbplastisch, sorgfältig ausgearbeitete Figuren und Dekor, großzügige, ausgewogene Bildkomposition, QIANLONG-Periode;
– Relief mit sehr filigranem Schnitzwerk, das Bildwerk etwas »kantig« und »hart« (YING), vorherrschend seit Beginn des 19. Jahrhunderts.

Es ist in Einzelfällen nicht so leicht, diese drei Varianten zu unterscheiden, denn die Übergänge sind fließend, und in allen Perioden wurde auf frühere Vorlagen zurückgegriffen.

Schließlich gab es auch eine Vorliebe des Kaisers für **vollplastische Fläschchen**, zum Beispiel in der QIANLONG-Periode in Gestalt einer »Buddha-Hand-Frucht«, eines »Fischpaares« (Eheglück), einer Bittermelone oder eines Kranichs; im 19. Jahrhundert war die Form eines Unsterblichen oder einer weiblichen Figur mit länglichem, ausdruckslosem Gesicht besonders beliebt. Andere figurale Fläschchen in Gestalt eines Pferdes oder Elefanten sind fast immer erst im letzten Jahrhundert in Japan entstanden. Die Elfenbeinschnitzerei hat bei Japanern eine große Tradition, wie deren vielseitige Kleinkunst beweist. Alle japanischen Elfenbein-Snuff Bottles, die manchmal mit rotem Schnitzlackdekor kombiniert waren, wurden für den Export nach Europa und teilweise auch nach China hergestellt.

Abb. 269 Frühes Elfenbein-Snuff Bottle, 6 cm, 1730-1800, Gallery Hall, London und Paris

Snuff Bottles mit figuraler Reliefskulptur gab es vor allem gegen Ende des 19. Jahrhunderts, vereinzelt waren sie auch polychrom koloriert. Sie waren von Anfang an mehr Sammelobjekte als für den täglichen Gebrauch bestimmt. In der ersten Hälfte des 19. Jahrhunderts wurden die Formen tendenziell gestreckter und nach unten verjüngt, teilweise rechteckig oder leicht quadratisch sowie andeutungsweise elipsoid oder mondförmig.

Japanische Snuff Bottles, ab ca. 1860 für China oder den landeseigenen Tourismus hergestellt, sind nicht unbedingt leicht von chinesischen zu unterscheiden, da sie sich stark an chinesische Vorbilder anlehnen.

In Kapitel 11 wird teilweise auf die Problematik der **periodenbezogenen Zuordnung** des Snuff Bottles eingegangen. Neben dem Wandel von stilistischen und handwerkstechnischen Kriterien sind auch **zeitbedingte Materialveränderungen** von entscheidender Bedeutung für einen Datierungsansatz. Bezogen auf Elfenbein sind natürliche Verfärbungen ausschlaggebend. Elfenbein nimmt, wenn es Licht, Temperaturschwankungen und Handgebrauch ausgesetzt ist, mehr oder weniger eine orange-gelbliche bis leicht braungelbe Färbung (Patina) an und neigt zu Rissen. Jedoch sind hier zwei Einschränkungen hinzuzufügen: Einerseits waren Snuff Bottles aus Elfenbein sehr oft mehr Sammelobjekte als Gebrauchsgegenstände, weshalb man sie meist in Schachteln verschlossen hielt. Solche Fläschchen besitzen kaum Verfärbungen. Andererseits wurden Elfenbein-Snuff Bottles zur Aufbewahrung von Schnupftabak benutzt oder sogar als »Augenschmaus« für längere Zeiträume aufgestellt. Die Verfärbung als wichtiges Indiz muß also stets in Verbindung mit Form, Stilistik des Dekors und Schnitztechnik gesehen werden. Des weiteren besteht ein weitverbreiteter chinesischer Brauch darin, Objekte aller Art aus Elfenbein und Knochen künstlich (mit braunem Tee) einzufärben, um diesen eine intensivere Tönung und ein denkbar »würdiges« Alter (GU) zu verleihen. Auch wurde manchmal ein tatsächlich altes, aber noch helles Stück auf diese Weise nachgedunkelt. Es erscheint merkwürdig, daß Elfenbein immer schon häufig getönt und im 19. Jahrhundert auch polychrom bemalt wurde. Naheliegend wäre es zu glauben, das Edelste des Elfenbeins sei dessen natürliches Aussehen. Das trifft zu und doch wieder nicht; es handelt sich um die sprichwörtlichen »zwei Seelen« in der Brust, die auch im Chinesen schlummern. Bis zu einem gewissen Grade erkennt man durch die fast völlige Gleichmäßigkeit des Farbtons eine künstliche Verfärbung an allen Stellen des Flaschenkörpers. Altersbedingte Verfärbungen, die der jahresringähnlichen Struktur des Elefanten-Elfenbeins folgen, zeigen unterschiedliche Farbtöne an verschiedenen Stellen. Stücke aus dem 18. Jahrhundert unterscheiden sich durch diese natürlichen und zeitbedingten Verfärbungen deutlich von solchen aus dem späten 19. Jahrhundert. Mit geübtem und kritischem Blick wird man die Natürlichkeit oder die Künstlichkeit der Verfärbung weitestgehend erkennen. Wer einmal ein Elfenbeinstück des 16. Jahrhunderts (starke Verfärbungen) mit einem des 17. Jahrhunderts (deutliche Verfärbungen), einem des 18. Jahrhunderts (schwache oder partielle Verfärbungen) und einem des frühen 19. Jahrhunderts (angedeutete, leichte Verfärbungen) vergleichen konnte, wird in seinem Erfahrungsschatz diese Erkennungszeichen immer vor Augen haben.

Elfenbein-Snuff Bottles mit **Regierungsmarken** aus der Periode sind sehr selten. Einige Vier-Zeichen-Marken aus der QIANLONG- und

JIAQING-Periode in Siegelschrift, seltener in Normalschrift, sind bekannt.

Ein sehr häufiger **Ersatz für Elfenbein** sind Knochen (GU). Besonders eignen sich für die Herstellung von Snuff Bottles Kamelknochen. Diese sind meist unnatürlich getönt und haben eine rauhe Struktur: Es fehlt ihnen die Glätte und Eleganz von Elfenbein. Hie und da gibt es wohl ein älteres, gut gearbeitetes Exemplar, und es mag auch reizvoll sein, ein solches Vergleichsstück zu besitzen. In China wird man diesbezüglich an jeder Ecke erfolgreich sein. Auch werden viele Elfenbeinimitationen aus Kunststoff verkauft, wobei neuerdings sogar die »Handschwere« von Elfenbein berücksichtigt wird. Seit kurzem gibt es außerdem kleine Schnitzereien aus der ovalen, sehr harten Nuß der subtropischen Tagua-Palme, die Elfenbein täuschend ähnlich sieht. An dieser Stelle sei angemerkt, daß Knochen vom Zoll als solche oft nicht erkannt werden, und Elfenbein einzuführen hat den Rang eines international geächteten Vergehens. Auch kann es vorkommen, daß altes und damit legales Elfenbein gleichfalls zunächst nicht als solches eingeschätzt und deshalb mit schwerwiegenden Folgen konfisziert wird. Eine Einfuhrbewilligung zu erhalten ist ein Unterfangen größter Geduld und kann nur dem Händler zugemutet werden. Elfenbein ist aus heutiger Sicht ein Material, das nur streng kontrolliert verarbeitet werden sollte. Davon ausgeschlossen ist das relativ leicht zu identifizierende Mammutelfenbein, das in letzter Zeit in größeren Mengen in Rußland ausgegraben und von deutschen Elfenbeinschnitzern fast ausschließlich verarbeitet wird. Bedenkt der Kunstliebhaber Hintergründe und Tragödien, die mit Elfenbein verknüpft sind, so überkommt ihn beim Anblick von zeitgenössischen Elfenbeinschnitzereien aus Indien und Ostasien ein Grausen über die Nachlässigkeit und Einfallslosigkeit solcher Werke. Der Sammler von Elfenbein-Snuff Bottles darf sich jedoch glücklich schätzen und sich beschützt fühlen: Sein Sinn steht nur nach der Kunst der Vergangenheit.

Abb. 270 Kleines Horn-Snuff Bottle mit graviertem Elfenbein-Medaillon eingelegt, 20. Jh.

Horn-Snuff Bottles

Die Technik der Hornschnitzerei (JIAOKE) stimmt mit der der Elfenbeinschnitzerei überein. Die bedeutendsten Hornmaterialien sind das seltene Horn des Rhinozerosses (XINIU JIAO) aus der Familie der Panzernashörner, die in Asien fast ausgerottet wurden, und das gewöhnlichere Horn des Wasserbüffels (SHUINIU JIAO).

Vergleicht man die Rangfolge der Materialien organischen Ursprungs in der chinesischen Kleinkunst mit der Rangfolge der Mineralien, so entspricht Rhinozeroshorn smaragdgrünem Jadeit und Elfenbein dem Nephrit. Snuff Bottles aus braun-rötlichem, halbtransparentem Rhinozeroshorn sind extrem selten. Die meisten Fläschchen sind aus dem Horn des Wasserbüffels oder, seltener, aus dem Horn des Hirschs oder der Antilope gefertigt. Ähnlich wie bei SUZHOU-Nephritjade verstand es der Schnitzer, geschickt verschieden getönte Schichten für plastische Effekte seiner Reliefbilder zu nutzen.

Flaschenkürbis-Snuff Bottles

葫蘆

Der getrocknete Flaschenkürbis (HULU) besitzt in China seit Urzeiten eine große Bedeutung als Gefäß für Getränke und Medizinmixturen. Er ist deshalb auch das Attribut des SHOULAO, des »Gottes der Langlebigkeit«, und des zaubermächtigen »Unsterblichen« LI TIEGUAI. Anfang des 18. Jahrhunderts wurde in der KANGXI-Periode (1662-1722) eine skurrile Erfindung chinesischer Bauern für die wohl ungewöhnlichste Kategorie von Snuff Bottles angewendet. Man ließ einen Kürbis in einer Preßform (Model) heranwachsen, die aus zwei oder vier zusammengebundenen Teilen aus Holz oder Keramik bestand. Teilweise war die Innenwandung des Models mit einem Dekormuster versehen, welches sich während des Wachstums in die Oberfläche des Kürbisses einprägte. Spiegelverkehrt waren Schriftzeichen, Figuren und florale Motive eingeschnitten, so daß der Kürbis danach einen reliefartigen Dekor besaß. Schließlich wurde der Kürbis getrocknet, ausgehärtet und gelackt. Auf diese Weise entstanden papierleichte, wasserdichte kleine Vasen, Flaschen (Kalebasse, PAO), Schalen, Gefäße und Snuff Bottles. Berichtet wird, daß in BEIJING innerhalb der westlichen Palaststadt im FENGZE-Garten beim NANHAI-See seit der späten KANGXI-Periode längere Zeit solche Züchtungen unternommen wurden. Der Kaiser QIANLONG (1736-1795) drückte seine Freude über diese »gewachsenen Kunstwerke« in einem Gedicht aus (»Zum Lob der Kürbis-Gefäße«) und notierte persönlich im Vorwort: »In der Epoche des KANGXI befahl der Kaiser die Herstellung von Gefäßen wie Schalen, Töpfe, Teller und Schachteln, indem man Kürbisse in entsprechenden Modeln wachsen ließ. Diese Gefäße sind so wundervoll natürlich und doch so exquisit – der Mensch allein könnte solches nicht erschaffen.« Diese kleinen Objekte, entstanden im 18. Jahrhundert bis Ende der DAOGUANG-Periode (1850), gehören zu den größten Raritäten des chinesischen Kunsthandwerks. 1988 tauchte auf einer Auktion erstmals ein Kürbis-Snuff Bottle mit

Abb. 271   Horn-Snuff Bottle, Reliefschnitzerei (BUDAI-Buddha), Typ SUZHOU, 6,7 cm, 19. Jh. oder später

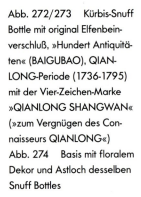

Abb. 272/273 Kürbis-Snuff Bottle mit original Elfenbeinverschluß, »Hundert Antiquitäten« (BAIGUBAO), QIANLONG-Periode (1736-1795) mit der Vier-Zeichen-Marke »QIANLONG SHANGWAN« (»zum Vergnügen des Connaisseurs QIANLONG«)
Abb. 274 Basis mit floralem Dekor und Astloch desselben Snuff Bottles

einer authentischen KANGXI-Regierungsmarke (KANGXI YUZHI/»auf Befehl des Kaisers KANGXI gemacht«) auf; bis dahin zweifelte man an der Existenz so früher Fläschchen. Erst seit der Mitte der QIANLONG-Periode (1736-1795), wie schriftliche Bemerkungen des Kaisers andeuten, dürften alle Anstrengungen unternommen worden sein, wenigstens einige Fläschchen im Jahr zu »ernten«. Die hohe Wertschätzung bei chinesischen Kaisern und Sammlern beruht aber nicht nur auf der Seltenheit und Symbolik des Materials, sondern auch auf der chinesischen Mentalität, sich für skurrile Kunstschöpfungen zu begeistern. Gerade in solchen Fällen kann der Materialwert allein banal sein. Die Seltenheit dieser Fläschchen liegt in den wechselnden klimatischen Bedingungen begründet, so daß im Schnitt von tausend Versuchen nur ein oder zwei erfolgreich waren, wie der Autor SHEN CHU berichtete. Die größte Schwierigkeit lag weniger in der Formung des Kürbisses als im gelungenen Reliefdekor. Man darf daraus folgern, daß jährlich bis Ende der QING-Zeit (1911) – sofern die Produktion jedes Jahr erfolgte – neben einigen anderen Objekten sehr wenige Snuff Bottles mit Reliefs auf diese Weise entstanden. Geformte Kürbisgefäße (Grillenkäfige, Vasen, Schalen) und Snuff Bottles ohne Reliefdekor waren nicht annähernd so problematisch herzustellen wie die mit Reliefdekor. Deshalb ist es erstaunlich, daß Snuff Bottles auch in dieser schlichten Form relativ selten zu finden sind, auch wenn man die Einbußen im Laufe der Zeit aufgrund der Materialempfindlichkeit einbezieht. Eine hochgeschätzte Variante waren kugelige Fläschchen mit natürlichen, sehr ausgeprägten Auswüchsen eines »Warzenkürbisses« (YOUGUA, Abb. 258). Seit Mitte des 19. Jahrhunderts konnte man größere Gefäße in großen Mengen herstellen. So findet man heute auf dem Markt massenhaft formgewachsene Flaschenkürbisse als Grillenkäfige in einer sehr typischen Form mit oder ohne Relief hergestellt. Sie werden mit einem kunstvoll aus Elfenbein oder Holz geschnitzten und durchbrochenen Schraubverschluß versehen. Anstelle eines Reliefs werden Bildnisse aller Art oder Kalligraphien auch graviert oder mit heißer Nadel eingebrannt.

Die Abbildungen 272-274 zeigen ein ungewöhnlich perfektes und gelungenes Kürbis-Snuff Bottle mit einer QIANLONG-Marke. Ein ähnliches aus der DAOGUANG-Periode (1821-1850) stammendes Fläschchen, das ohne Marke ist, im Dekor schlichter, mit abgerundeteren Schultern und seitlich mit einer anderen TAOTIE-Maske, befindet sich in der Bloch-Sammlung (siehe Literaturverzeichnis). Das abgebildete QIANLONG-Kürbisfläschchen scheint für den kaiserlichen Gebrauch gedacht gewesen zu sein. Es trägt auf der einen Schmalseite oberhalb und unterhalb einer TAOTIE-Henkelmaske die Schriftzeichen QIAN-LONG und auf der anderen Seite die Schriftzeichen SHANG-WAN mit der Bedeutung »zum Vergnügen von QIANLONG«. Dies ist eine berühmte, wenn auch eine sehr seltene »persönliche Gebrauchsmarke« eines Kaisers (bekannt auch aus der DAOGUANG-Periode [1821-1850], siehe Kapitel »Snuff Bottles aus Porzellan«). Zum Vergleich: Auf einer kleineren Kürbisvase mit figürlichen Motiven, die 1998 in China für ca. 50.000,– Euro (bei dem chinesischen Auktionshaus »China Guardian« in BEIJING) angeboten wurde, findet sich die gleiche Marke. Solche Snuff Bottles, wie auch das abgebildete, zwölffach gekantete Kürbis-Fläschchen (mit QIANLONG NIANZHI-Marke an der Basis) konnte man im September 2000 für ca. 35 Euro in der LIULICHANG-Straße in BEIJING in einem spezialisierten Shop (seit Frühjahr 2001 wieder – wie so oft in China – verschwunden!) erstehen. Es handelt sich um bewundernswert gelungene Kopien originaler Fläschchen. In Gewächshäusern hat man im Laufe des 19. Jahrhunderts offensichtlich die wechselnden klimatischen Bedingungen und andere Schwierigkeiten in den Griff bekommen. Jedenfalls war es möglich, die Unterschiede zwischen dem abgebildeten und dem neuzeitlichen Fläschchen eingehend zu studieren. Das ältere Fläschchen zeichnet sich durch eine typisch hoch glänzende und lebhafte »Handpatina« aus, die unter einem Vergrößerungsglas an den stark nachgedunkelten Vertiefungen zu erkennen ist; hingegen ist die Oberfläche der Kopie trotz Lackierung deutlich matter und im Farbton eintönig, das Relief weniger ausgeprägt. Abschluß und Stöpsel des älteren Snuff Bottles (Gesamthöhe

Abb. 275 Kürbis-Fläschchen mit Vierzeichen-QIANLONG-Marke (Kopie nach einem Original aus dem 18. Jh.), Ende 20. Jh.

18 Millimeter) bestehen aus einem natürlich gealterten, verfärbten Elfenbein, bei der Kopie (Gesamthöhe 13 Millimeter) wurde hierfür eingefärbtes Knochenmaterial verwendet. Unter der Lupe lassen sich bei dem neuzeitlichen Fläschchen winzige rote Lackergänzungen über undichten Stellen erkennen. Stücke aus dem 18. und 19. Jahrhundert wären kaum mit solchen Fehlern in der Manufaktur akzeptiert worden. Alte Fläschchen können natürlich auf diese Weise restauriert worden sein, wobei die Schadstellen aber mit bloßem Auge zu erkennen wären. Im übrigen sind wenige Kürbisfläschchen mit Regierungsmarken bekannt, meist tragen sie jedoch eine DAOGUANG-Marke (1821-1850) aus der Periode.

Mit gleichem Verfahren wurden vereinzelt auch Snuff Bottles aus einer Kakifrucht oder einer Orange hergestellt. Anschließend färbte man sie oft ein. Die Herstellung dieser Snuff Bottles war nicht so delikat, der Reliefdekor erreichte nie die Qualität von Kürbisfläschchen.

Lack-Snuff Bottles

Seit Jahrtausenden wird ein Naturlack aus dem Saft des in den Provinzen HENAN und SICHUAN verbreiteten Lackbaumes (Rhus verniciflua) gewonnen. Der aus der eingeschnittenen Baumrinde austretende und gesammelte Rohlack wird erwärmt und gefiltert. Er ist dann klar und gelblich-braun. Nach der Aushärtung, für die ein feuchtwarmes Klima benötigt wird, ist der Lack resistent gegen Wasser, verschiedene Lösungsmittel, Alkohol, Säuren und Basen.

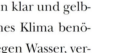

In der chinesischen Kunst wurde und wird immer noch Lack (QI) für folgende Zwecke eingesetzt:
– als schützender und verschönernder Klarlack,
– als Lackfarbe,
– als Malgrund für Lackmalerei,
– als Schnitz- oder Schichtlack (bei den feinsten Qualitäten konnte ein Millimeter aus dreißig [!] Schichten bestehen),
– als Lackgrund für Einlegearbeiten,
– als Skulpturlack, plastisch geformt und geschnitzt.

Lack wurde mit Ausnahme von Klarlack stets unter Einsatz von fünf natürlichen **Farbpigmenten** eingefärbt:
– Zinnober oder rotes Eisenoxid oder Hämatit für Rotlack (QIHONG),
– Ruß oder Eisensulfat für Schwarzlack (QIHEI),
– Arsentrisulfid für Gelblack (QIHUANG),

Abb. 276   Nahaufnahme des Snuff Bottles von Abb. 278/279

– braunes Eisenoxid für Braunlack (QIHE) und
– Malachit für Grünlack (QILÜ).

Um ein Lack-Snuff Bottle (QIYANHU) herzustellen, waren verschiedene **Arbeitsvorgänge** vonnöten, die hier vereinfacht dargestellt werden:

Ein Fläschchen aus Kupfer oder Messing, ein Holzfläschchen oder seltener ein mit lackgetränkter Seide (TUOTAI- oder JIAZHU-Technik) geformtes und ausgehärtetes Fläschchen (auch als »Trockenlack«-Technik bezeichnet) wurde mit Leim und Lack überzogen, getrocknet und schließlich mit einer faserhaltigen Lackpaste (QIHUI) grundiert. Nach der Trocknung wurde die Oberfläche des Fläschchens geschliffen. Danach trug man fallweise eine unterschiedliche Anzahl von Lackschichten auf, wobei nach jeder Schicht das Fläschchen getrocknet, geschliffen und poliert werden mußte. Schließlich wurde das lackierte Fläschchen graviert oder geschnitzt (DIAOKE), seltener mit Farb- oder Goldlack (CAIHUA oder JINHUA) bemalt oder mit Perlmutt eingelegt. Snuff Bottles auf Textilbasis sind federleicht im Vergleich zu denen mit einem Kupferkorpus. In der DAOGUANG-Periode (1821-1850) wurden Lackfläschchen vereinzelt auch auf einem zylindrischen Porzellankörper aufgebaut. Alter Lack ist im übrigen immer weicher als Lack neuerer oder moderner Produktion (Nagelprobe).

Abb. 277 Basis des Snuff Bottles von Abb. 278/279

Die bedeutendsten **Produktionszentren** für Lackarbeiten in der QING-Epoche befanden sich in SUZHOU und YANGZHOU (JIANGSU), GUIZHOU (GUANGXI) und JIUJIANG (GUANGDONG) sowie in BEIJING mit der kaiserlichen Manufaktur. In den Palastannalen wurden Lack-Snuff Bottles erstmals 1758 im Zusammenhang mit einem Auftrag zur Herstellung von Schachteln erwähnt, die der Aufbewahrung von Schnupftabakfläschchen dienten. Ansonsten existiert keine Notiz über Lack-Snuff Bottles. Erst 1798 und 1819 ist die Rede von einigen Snuff Bottles aus Lack, offensichtlich aus einem der oben genannten Produktionszentren und von einem Provinzgouverneur dem Palast zugesandt worden. Die häufige Zuordnung einer Reihe von Snuff Bottles als Produkte der Palastwerkstatt für Lackarbeiten muß mit einem Fragezeichen versehen werden, denn kein Hinweis in den Archiven belegt eine solche Herkunft. Vielmehr trifft wohl zu, daß Lack-Snuff Bottles in den Provinzen hergestellt wurden, in Zentren, die bekannt waren für ihre Tradition exzellenter Schnitzarbeiten mit den verschiedensten Materialien: Zum Beispiel waren SUZHOU oder YANGZHOU bis Mitte des 19. Jahrhunderts bedeutende Stätten der Produktion. Ende des 19. Jahrhunderts wurden Snuff Bottles mit Schnitzlack von feinster Qualität auch in GUANGZHOU hergestellt.

Alle Lack-Snuff-Bottles gehören einer der nachfolgenden **Kategorien** an:
– Snuff Bottles mit **Rotlack** (Bronzebasis) und Reliefschnitzerei stellen mit Abstand die größte Gruppe dar; die Reliefschnitzerei ist vergleichs-

Folgende Seite von links oben nach rechts unten

Abb. 278 Rotes Schnitzlack-Snuff Bottle auf Gelbbronze, QIANLONG-Periode mit Vier-Zeichen-NIANHAO, 6,3 cm, zweite Hälfte 18. Jh.
Abb. 279 Rückseite desselben Snuff Bottles, »Hundert Antiquitäten« (BAIGUBAO),
Abb. 280 Verschiedene Lacque Burgautée-Snuff Bottles, 19. Jh. oder später, Ps. Sch.

202

203

Vorhergehende Seite von links nach rechts

Abb. 281 Snuff Bottle Schwarzlack auf Rotlack, Korpus Gelbbronze, 7,1 cm, letztes Drittel des 18. Jh.
Abb. 282 Rotes Schnitzlack-Snuff Bottle auf Kupfer, 6,8 cm, letztes Drittel des 18. Jh.

weise tief (Hochrelief), ohne halbplastisch zu werden; der Dekor ist meist figural, landschaftlich oder floral gestaltet, vor einem Hintergrund mit geometrisch-konzentrischem Muster (ursprünglich bei frühen Bronzen); die Form ist fast immer herzförmig (XINXING), seltener mondförmig (YUEXING). Im Gegensatz zu anderen Lackobjekten des 18. Jahrhunderts sind authentische Regierungsmarken äußerst selten; sehr häufig wurden dagegen figural geschnitzte Rotlack-Snuff Bottles nach chinesischem Vorbild von ca. 1860-1930 in Japan hergestellt, diese besitzen meist eine Vier-Zeichen-QIANLONG-Marke in Normalschrift, sind stilistisch kaum von chinesischen zu unterscheiden, jedoch ist der Flaschenkörper meist nicht aus Metall, sondern aus Holz oder lackgetränktem Papiermaché oder Textilmaterial und deshalb leichter an Gewicht; im übrigen hat man seit einiger Zeit auch auf Rotlack vortäuschende Plastikfläschchen zu achten; bei diesen schimmert an den Kanten das Licht durch;

– Snuff Bottles mit reliefgeschnitztem **Schwarzlack auf Rotlack** (sichtbar in den Zwischenräumen) auf Bronzebasis, ansonsten wie bei Fläschchen mit Rotlack meist japanischer Herkunft aus den Jahren 1860 bis 1930, nicht selten mit einer am Boden eingravierten Vier-Zeichen-QIANLONG-Regierungsmarke in Normalschrift; figuraler Dekor, stilistisch kaum von chinesischen Snuff Bottles zu unterscheiden; jedoch ist der Flaschenkörper meist nicht aus Metall, sondern aus Holz, lackgetränktem Papiermaché oder Textilmaterial und deshalb leichter an Gewicht;

– Snuff Bottles mit Farblacküberzug (Holzbasis) und **Gravur** (KE); die meist schwarzen, häufig dunkelrötlichbraunen, manchmal auch roten Fläschchen wurden mit floralem Bilddekor (HUAKE) und Kalligraphien (SHUKE) graviert, sind ein seltener Typ und wurden höchstwahrscheinlich in YANGZHOU (1800-1850) hergestellt; der florale Bilddekor war in der Art von Tuschmalerei floral »strichelgraviert« (pinselartig, chinesisch TIEBI/»eiserner Pinsel«) und zusätzlich graviert mit den Schriftzeichen eines Gedichtes nebst einer Signierung des Künstlers. Bekannt gewordene Künstler sind LU DONG und TAO WENLIN;

– Snuff Bottles auf Textilbasis (TUOTAI), flache oder runde Fläschchenformen in der Art **formalisierter Naturobjekte**, zum Beispiel einer Blüte, eines Kürbisses, einer Schildkröte; mit Goldlack und Lackfarben bemalt; dargestellt sind Fledermäuse, Fische, Blüten u.v.m.; solche Fläschchen wurden im 19. Jahrhundert vorwiegend in FUZHOU (Provinz FUJIAN) hergestellt; die besten Fläschchen werden der in fünf Generationen arbeitenden SHEN-Familie in MINHOU bei FUZHOU zugeschrieben, extrem selten;

– Snuff Bottles **vollplastisch** auf Textilbasis (TUOTAI) geformt und dann geschnitzt, beispielsweise in Gestalt einer Schnecke oder einer Frucht, teilweise mit Lackfarben und Gold dekoriert, sehr selten;

– Snuff Bottles (Bronzebasis) mit Perlmutteinlage (XIANGQIAN LUODIAN DE YANHU/»mit Perlmutt eingelegtes Snuff Bottle«), allgemein bekannt unter dem französischen Begriff »**Laque Burgautée**« (französisch »burgau«/Perlmutt); mit feinsten Plättchen der prachtvoll grün-blau-lilarosa schimmernden Schale der Haliotis-Meeresschnecke wurden geometrische, figürliche oder kalligraphische Motive in schwarzen Lack eingelegt (Qian); extrem selten mit einer Regierungsmarke (Qianlong); im allgemeinen sind frühe Fläschchen selten, dagegen findet man relativ häufig Snuff Bottles japanischer Produktion (Ende des 19. bis Mitte des 20. Jahrhunderts), diese besitzen eigenwillige Formen, zum Beispiel die eines Schmetterlings (Kyoto 1920-1950, Tsuda-Familie, auf Messingbasis) und sind teilweise zusätzlich noch mit Lackfarben bemalt, auch tragen einige eine Qianlong-Marke; ohne Marken werden in neuerer Zeit größere Mengen an Snuff Bottles mit Perlmutteinlage hergestellt;

– Snuff Bottles mit Schwarzlack (Holzbasis) und kalligraphischen oder floralen **Gold- und Silberdrahteinlagen** (Jinyinqian), auch nur mit Golddraht (Jinqian) oder Silberdraht (Yinqian), sehr selten;

– Snuff Bottles mit Schwarzlack (Holzbasis), mit **Elfenbeinplättchen intarsiert** (Yaqian), extrem selten.

Ganz allgemein sind authentische **Regierungsmarken** auf Lack-Snuff Bottles äußerst selten. Fast alle Qianlong-Marken auf einem Lack-Snuff Bottle deuten auf eine japanische Herkunft zwischen 1860 und 1930 hin.

9. SNUFF BOTTLES MIT INSIDE-PAINTING

Inside-painted-Snuff Bottles (NEIHUAHU) sind transparente Fläschchen – in der Regel aus farblosem Glas –, die durch die Öffnung mit einem gebogenen Pinsel innenseitig bemalt wurden. Diese Art von Snuff Bottles löst beim Betrachter größte Bewunderung aus. Etwas Ureigenes des Chinesen tritt uns hier gegenüber: Es bietet sich eine ideale Gelegenheit, die verspielte Seite seiner Mentalität und seine Lust am künstlerischen Geschick zu bestaunen.

內畫壺

Der im Deutschen zur Verfügung stehende, geläufige Begriff »Hinterglasmalerei« ist hier unzulänglich. Zum einen handelt es sich nicht um eine Malerei auf der Rückseite einer Glasscheibe, sondern um eine technisch völlig anders zu handhabende Malerei innerhalb eines geschlossenen, extrem kleinen Gefäßes mit enger Öffnung. Zum anderen wurde außer Glas fast jedes transparente Material, wie zum Beispiel Kristalle, Chalcedon, Bernstein und selbst dünnes Schildpatt, auf diese Weise inseitig bemalt, Glas jedoch am häufigsten. Unter anderem soll deshalb nachfolgend der englische (»Inside-painted«) oder der chinesische Begriff (NEIHUA-/»Innen-Malerei«) verwendet werden.

Inside-painted-Snuff Bottles erfordern eine ausgefeilte Maltechnik, eine ungewöhnliche Begabung und eine hohe Spezialisierung. Die zu bemalenden Innenflächen des Fläschchens wurden zunächst mechanisch oder bei Glas mit Säure aufgerauht, damit die Wasserfarben haften konnten. Mit einem entsprechend dünnen Bambuspinsel, an dessen Ende eine extrem feine gebogene Spitze angebracht war, konnte der Künstler durch die kleine Öffnung des Fläschchens die Innenseiten bemalen. Eine Kalligraphie (SHUFA) war spiegelverkehrt aufzutragen und erforderte deshalb einen besonderen Grad an Übung und Fertigkeit. Der Maler verwendete deshalb gerne häufig die gleiche Kalligraphie.

Die Snuff Bottle-Inside-Malerei wird in China als eine eigene Kategorie der Malerei verstanden, weshalb auch häufig der Künstler sein Werk signierte und datierte. Eine Reihe von Künstlern ist namentlich bekannt und in der nachfolgenden Übersicht aufgeführt. Hierbei ist zu beachten, daß die Berechnung einer Datierung auf einem Fläschchen aus der MINGUO-Zeit (Republik) mit dem Jahr 1912 beginnt, der Gründung der Republik; so entspricht zum Beispiel das »14. Jahr« (WUYIN) dem Jahr 1926 (siehe auch Anhang).

In einem französischen Auktionskatalog aus dem Jahre 1810 wird erstmals ein Snuff Bottle mit einer Inside-Malerei erwähnt. In einem weiteren Katalog von 1845 wurde wiederum ein Snuff Bottle dieser Art angeboten,

Abb. 283 NEIHUA-Malerei von ZHOU LEYUAN, Ende der QING-Zeit, Palastmuseum BEIJING

Abb. 284 Gruppe von Snuff Bottles mit NEIHUA-Malerei, von links nach rechts Porträts der Kaiser KANGXI, YONGZHENG und QIANLONG, datiert 1954 (JIAWU), Ps. H. P. Lehmann, Antiquitäten Mona Lisa, Ascona

wobei das Sensationelle daran ist, daß der Eigentümer schon 1801(!) aus China zurückkehrte, 15 Jahre (1816) früher als die früheste uns bekannte Datierung eines Snuff Bottles mit NEIHUA-Malerei. Dieses ist im übrigen ein Werk des ersten namentlich bekannten Künstlers, GAN XUANWEN aus GUANGZHOU. Da es kaum wahrscheinlich ist, daß es sich um ein weiteres Beispiel eines schon an anderer Stelle erwähnten Vorläufers aus der kaiserlichen Sammlung der frühen QIANLONG-Ära (1736-1795) handelte, kann realistisch der Beginn der Snuff Bottle-Inside-Malerei auf Ende des 18. Jahrhunderts festgelegt werden. Allerdings gibt es in chinesischen Quellen, entsprechend der Neigung des Chinesen, Erfindungen in mythologische Zeiträume zu verlegen, eine Vielzahl anderer Versionen über die chinesische »Erfindung« der Hinterglasmalerei auf Glasscheiben beziehungsweise der ersten Anwendung bei Snuff Bottles. Die ursprünglich in Europa entstandene Hinterglasmalerei auf Glasscheiben wurde in China immerhin schon Mitte des 18. Jahrhunderts bekannt und praktiziert. Doch wäre es zu gewagt, darin eine direkte Verbindung zur Idee der Inside-Malerei bei Snuff Bottles zu sehen.

Die Herstellung von Inside-painted-Snuff Bottles wurde beherrscht von einigen »Schulen«, in China immer eine Art Sammelbegriff für bestimmte Orte, Stile, Sujets oder Dekortechniken. Produktionszentren dieser Schulen waren BEIJING, BOSHAN (ZIBO) in der Provinz SHANDONG, TIANJIN in der Provinz HEBEI und GUANGZHOU in der Provinz GUANGDONG. Heute ist hierfür HENGSHUI in der Provinz HEBEI das bedeutenste Zentrum.

Die frühesten Inside-painted-Snuff Bottles dürften aus der sogenannten LINGNAN-Schule in GUANGZHOU stammen. Wie schon erwähnt, ist das erste von GAN XUANWEN, einem Maler dieser Schule, signiert und mit der Jahresangabe 1816 versehen. Die meisten dieser frühen Fläschchen waren zunächst aus Bergkristall, die Form rechteckig, schmal und an den Seiten flach. Sie wurden offensichtlich speziell für diese Malerei hergestellt. Die Malerei selbst entsprach der traditionellen Tuschmalerei (MOCAIHUA) mit äußerst spärlichem Einsatz von Farben. Bis in die siebziger Jahre des vorletzten Jahrhunderts verharrte die Inside-Malerei stilistisch bei dieser Linie, so daß allgemein von einer sogenannten »Frühen Schule« gesprochen wird. Die Produktion war gering, und nur wenige Maler dieser Periode wurden namentlich bekannt.

Die große Zeit der Inside-Malerei begann mit der Gründung der »BEIJING-Schule« durch ZHOU LEYUAN Anfang der achtziger Jahre des 19. Jahrhunderts, dann durch YE ZHONGSAN Ende des 19. Jahrhunderts sowie MA SHAOXUAN bis Anfang der dreißiger Jahre, setzte sich in YE BENGQI im zweiten Viertel des 20. Jahrhunderts fort und behielt mit WANG XISAN bis heute den Ruf einer bewundernswürdigen Kunst. Der Stil von ZHOU LEYUAN prägte die vorwiegend traditionelle Malerei bei den Inside-painted-Snuff Bottles. Eine Gruppe akademischer Maler spezialisierte sich auf diese Malerei und auf bestimmte Sujets. Diese erste Blütezeit dauerte bis Anfang des 20. Jahrhunderts und fand ein plötzliches Ende mit dem Untergang der QING-Dynastie. Erst in den zwanziger Jahren erlangte die Inside-Malerei mit YE ZHONGSAN und seinem Studio »Aprikosenhain« wieder eine überragende Bedeutung, die sie bis heute innehat. Fläschchen aus Bergkristall dominierten bis Anfang des 20. Jahrhunderts, danach kamen mehr und mehr solche aus Glas zum Einsatz.

Abb. 285 NEIHUA-Malerei im Stil von QI BAISHI (1863-1957), Mitte 20. Jh.

Die NEIHUA-Snuff Bottles waren nie ernsthaft für den Gebrauch gedacht. Die Malerei (Wasserfarben) war hoch empfindlich, allein die Berührung mit dem Löffelchen konnte sie zerstören. Höchstwahrscheinlich ist dies der Grund, weshalb nach Erfindung der Inside-Malerei Anfang des 19. Jahrhunderts, das heißt in einer Zeit des exzessiven Tabakschnupfens, trotzdem so wenige Stücke gefertigt wurden. Schließlich schuf in dieser Zeit die explosionsartige Verbreitung dieser Passion eine gewaltige Nachfrage nach Snuff Bottles in ganz China. Ein Fläschchen mußte aber für diesen Zweck zu gebrauchen sein. Dagegen war aber Ende des 19. Jahrhunderts diese Leidenschaft weitgehend abgeebbt, und das Rauchen allein bestimmte wieder die Liebe zum Tabak, vor allem durch die in Mode gekommene Zigarette. Jetzt erst konnte das Inside-painted-Snuff Bottle endgültig zu dem werden, zu dem es sich am besten eignete – zum Medium einer grandiosen Miniaturmalerei, zum kostbaren Geschenk an Freund und Feind, zum Liebhaberstück für Sammler.

Bedeutende Snuff Bottle-Inside-Maler

Name	Schaffensperiode	Ort	Sujets (TICAI)
Bi Rongjiu	ca. 1895-ca. 1913	Boshan	Landschaft
Chen Chuan	frühes 19. Jh.		
Chen Shaofu	ca. 1903-ca. 1905	Beijing	Insekten
Chen Zhongsan	ca. 1907-ca. 1919	Beijing	Fische, Blumen, Vögel, Landschaft
Ding Erzhong	ca. 1893-ca. 1930	Beijing	Landschaft, Vögel, Mythologisches
Ding Hong	zeitgenössisch		Vögel, Figurales
Dong Xue	zeitgenössisch	Hengshui	Landschaft
Gan Xuanwen	ca. 1814-ca. 1823	Guangzhou	Landschaft, Lingnan-Schule** Fische/Figuren
Gui Xianggu	ca. 1895 bis ca. 1900	Beijing	Tiere, Landschaft
Kiu Detian	um 1900	Beijing?	Landschaft
Liu Baojun	ca. 1903-1911	Beijing?	Vögel-Blumen
Liu Baoshen	zeitgenössisch	Hengshui	Porträts, Florales
Liu Shouben	zeitgenössisch	Beijing	Porträts
Ma Shaoxian	ca. 1899-ca. 1939	Beijing	Landschaft
Ma Shaoxuan	ca. 1894-ca. 1925	Beijing	Landschaft, Tiere, Mythologisches, Opernfiguren, Porträts, Kalligraphie
Meng Zishou	ca. 1904-ca. 1919	Beijing	Tiere, Landschaft, Fische
Sun Xingwu	ca. 1894-ca. 1900	Beijing	Landschaft
Wang Baichuan	zeitgenössisch		Katzen
Wang Guanyu	zeitgenössisch		Landschaft
Wang Xisan	geb.1938/ab 1958	Beijing	Literarisches, Pferde, Porträts, Landschaft, Pandabären
Arts & Crafts Company	Hengshui	»1-Flasche-Studio«	
Xiaoxue	zeitgenössisch	Hengshui	
Yan Yutian	ca. 1900		Florales
Ye Bengqi	2. Drittel 20. Jh.	Beijing*	Florales, Figuren »Aprikosenhain«
Ye Bengzhen	2. Drittel 20. Jh.	Beijing/Studio*	Florales, Figuren »Aprikosenhain«
Ye Shuyin	zeitgenössisch		Fische
Ye Xiaofeng	1912-1928	Beijing/Studio*:	Tiere »Aprikosenhain«
Ye Zhongsan	ca. 1893-ca. 1912	Beijing/Studio*	Porträts/Tiere »Aprikosenhain« Opernfiguren
Yiru Jushi	ca. 1860-ca. 1875	Beijing ?	Floral/Buddhistisch »Lingnan-Schule«**
Yu Shuyun	ca. 1893	Beijing	Landschaft
Zhang Baotian	ca. 1891-ca. 1904	Beijing	Landschaft
Zhang Rucai	zeitgenössisch	Beijing	Porträts
Zhou Leyuan	ca. 1879-ca. 1893	Beijing	Landschaft, Tiere Gründer der Beijing-Malschule
Zhou Shaoyuan	ca. 1901-ca. 1909	Beijing	Vögel, Felsen
Zi Yizi	ca. 1895-ca. 1907	Beijing	Landschaft, Porträts

Tätig: * 1913-1949
** ca. 1800-1850

Die in den Manufakturen für Glas oder für Halbedelsteinarbeiten gefertigten Fläschchen wurden in »Studios« und »Schulen« bemalt, die die Künstler teilweise selbst gründeten. Häufig arbeiteten mehrere bedeutende Inside-Maler (NEIHUAJIA) in diesen Ateliers. Ein Studio war so etwas wie ein Markenzeichen, und die Sujets und Stile der in einem Studio entstandenen Werke ähnelten einander sehr. Vorbilder der Inside-Malerei stellten die traditionelle Malerei und Werke großer Meister der MING- und QING-Dynastie dar; hiervon waren dominierende Motive:

– Landschaften (SHANSHUI/»Berg, Wasser«),
– »Blumen, Vögel« (HUANIAO/»Blumen, Vogel«),
– »Vögel, Tiere« (LINGNAO/»Feder, Pelz«),
– Pferde (MAANMA/»Sattel, Pferd«),
– Tiger (HU)
– sowie Figuren (RENWU) aus Mythologie und Geschichte oder vereinzelt des Buddhismus (FO).

Manchmal befindet sich auf der Rückseite der Fläschchen eine Kalligraphie (SHUFA). Mehr und mehr kamen aber auch neue Sujets hinzu. Der traditionellen Malerei fremd, entwickelte sich eine (auch aus abendländischer Sicht) naturalistische Porträtmalerei (HUAXIANG) mit privaten Personen, bedeutenden Persönlichkeiten oder mächtigen Generälen (»warlords«), die häufig als Vorlage schon eine Fotografie verwendete. Eine Variante davon waren Abbildungen berühmter Darsteller der chinesischen Oper in ihren Kostümen oder ausländischer Persönlichkeiten: In der Volksrepublik wurden auf diese Weise sogar Staatsbesucher porträtiert.

Abb. 286 NEIHUA-Malerei von ZHOU LEYUAN, Ende der QING-Zeit, Palastmuseum BEIJING

Neben ZHOU LEYUAN, dem Begründer der »BEIJING-Schule«, verkörperte YE ZHONGSAN als Haupt der bis Mitte des 20. Jahrhunderts die Inside-Malerei beherrschenden »YE-Familie« eine weitere große Gründerpersönlichkeit. Seine drei Söhne YE BENGZHEN, YE XIAOFENG und YE BENGQI schufen strikt in der Linie ihres Vaters Malereien, die kaum von den seinen zu unterscheiden waren. Ihr »Aprikosenhain«-Studio in BEIJING war nicht nur berühmt für Inside-painted-Snuff Bottles, sondern auch für die von YE BENGQI mit Emailfarben bemalten Glas-Snuff Bottles und kleinen Glasväschen in der Tradition des 18. Jahrhunderts. Später wurde YE BENGQI in den fünfziger Jahren Leiter einer staatlich geförderten Malschule in BEIJING, aus welcher der alles überragende WANG XISAN der zeitgenössischen Inside-Malerei und Glasemailmalerei hervorging. Sie kreierte neben traditionellen auch völlig neue Sujets, wie die des Pandabären (XIONGMAO) von XISAN oder Krabben (XIE) im Stil des berühmten Malers QI BAISHI (1863-1957). Neben den Werken einiger herausragender Künstler der zeitgenössischen Inside-Malerei werden heute die meisten Snuff Bottles von routinierten Kopisten und unbekannten Malern bemalt. Einige mögen darunter sein, die es wert sind, einen Sammler zu erfreuen, andere entsprechen spontan nur dem persönlichen Geschmack des Käufers. Zu beachten ist noch, daß das transparente farblose Glas älterer Fläschchen, d.h. ungefähr bis Mitte des 20. Jahrhunderts, im Vergleich zu neueren Fläschchen eine leicht warme Farbtönung besitzt.

In China gibt es heute in fast allen Touristen-Shops NEIHUA-Snuff Bottles in großen Mengen mit vielen unterschiedlichen Sujets zu sehr moderaten Preisen (schon ab ca. 25,- Euro bei kleinen Fläschchen), die entsprechend dem Talent des meist unbekannten Malers durchaus kleine Meisterwerke sein können. Häufig werden auch Garantien gegeben, oder den etwas teureren, meist auch signierten Fläschchen (ab 100,- Euro) ist ein Zertifikat beilegt. Bei signierten Stücken können die Preisunterschiede enorm sein; sie sind davon abhängig, ob der Maler einen gewissen Ruf genießt oder welcher »Schule« er angehört. Dazu zählen Meisterkopien von Werken großer NEIHUA-Künstler, die für sich gesehen großartige, wenn auch nicht originäre Kunstwerke sind.

Vor wenigen Jahren wurden alle staatlichen Werkstätten für NEIHUA-Malerei im Zuge einer Rationalisierung in BEIJING geschlossen. Allerdings arbeitet eine Reihe von Malern auf sich allein gestellt nach wie vor in BEIJING oder in anderen Städten Chinas. Häufig demonstrieren sie

Abb. 287 Glas-Fläschchen mit NEIHUA-Malerei, Ende 19./erste Hälfte 20. Jh., rechts von YAN YUTIAN (tätig 1895-1918) und datiert 1898 (WUXU), Ps. Sch.

Rechte Seite

Abb. 288 Drei Glas-Fläschchen mit NEIHUA-Malerei, Ende 19./erste Hälfte 20. Jh., Ps. Sch.

ihre Kunst in Hotels und Einkaufszentren. Das traditionelle Zentrum für Glasprodukte in ZIBO/BOSHAN in der Provinz SHANDONG ist heute hauptsächlich Lieferant von Rohfläschchen. Dagegen ist jetzt HENGSHUI in der Provinz HEBEI das bedeutendste Zentrum für NEIHUA-Malerei.

Kurzbiographien bedeutender Inside-Snuff Bottle-Maler

In der Kunstgeschichte Chinas fällt immer wieder auf, daß fast nichts über das Leben eines Künstlers überliefert wurde. Kunstgeschichtliche Abhandlungen chinesischer Autoren sind zwar häufig, doch nach unserem Verständnis eher Spekulationen. Dies gilt sogar für historische Daten, die kaum eine halbe Generation zurückliegen. Hier kommt das für den Chinesen typische Desinteresse an dem persönlichen Lebensweg eines Menschen, der nicht zum näheren Umfeld zählt, zum Ausdruck. Allein die Aussage und die Vollkommenheit des Werkes zählen.

Abb. 289   Großes, datiertes (1912) Snuff Bottle mit NEIHUA-Malerei und Porträt des kaiserlichen Generals YUAN SHIKAI und ersten Präsidenten der Chinesischen Republik (MINGUO) sowie des Begründers der kurzlebigen HONGXIAN-Dynastie im Jahre 1916. Galerie Sandvoss, Hannover

Abb. 290   Kalligraphie auf der Rückseite des Snuff Bottles von Abb. 289: »Im Frühling des ersten Jahres (1912) der Republik (MINGUO YUAN-NIAN ZHICHUN)/YUAN SHIKAI zur Erinnerung der Amtseinsetzung des großen Präsidenten (YUAN SHIKAI DAZHONG TONGJIUZHI JINIAN)/von HUANG ZHONGSAN ehrerbietigst in der Hauptstadt gemacht (HUANG HONGSAN GONGZUOYU JINGSHI)«

Die Namen der Künstler, d. h. die Signaturen einer Malerei, sind häufig nicht die bürgerlichen Namen (ZI oder MINGZI) der Maler. Es sind meist »Künstlernamen« (HAO), wie auch wir sie aus der bildenden Kunst und Literatur kennen. Der Regelfall ist die doppelte Signatur in Form der Normalschrift (KAISHU) und eines Siegels (ZHUANSHU), wovon der Künstler meist eine Vielzahl verschiedener Siegel besitzt, die er spontan wahlweise verwendet.

BI RONGJIU

Bekannt ist nur, daß er 1893 mit der Bemalung von Inside-Snuff Bottles begann. Er scheint der erste Inside-Maler in der Provinz SHANDONG (ZIBO) gewesen zu sein. Vier Namen seiner Schüler sind überliefert, der bedeutendste war ZHANG DUNRUI.

CHEN ZHONGSAN

Der Künstler malte von 1907-1918. Er bevorzugte intensive Farben und wurde geschätzt für seine Landschaftsbilder, auf denen häufig in humorvoller Art Reisende mit Eseln dargestellt sind, sowie für seine Tierbilder (vorwiegend Pferde und Insekten).

Ding Erzhong

Mit der Hinterglasmalerei begann der Künstler 1895. Er war auf Landschaftsbilder nach traditionellen Vorlagen sowie auf ländliche Szenen und Tiere spezialisiert. Seine Maltechnik gilt als sehr delikat. Es sind nur ca. 60 Werke von ihm bekannt.

Liu Baoshen

Jahrgang 1963. Er ist einer der exzellentesten zeitgenössischen Inside-Maler mit einem eigenen Studio mit 20 »Studenten« in Hengshui, Provinz Hebei. Die Bandbreite seiner Begabung ist erstaunlich, hervorzuheben ist seine Porträtmalerei.

Abb. 291   NEIHUA-Malerei, erste Hälfte 20. Jh.

Li Shouchang

Man weiß von ihm nur, daß er von 1893 bis 1895 einige Snuff Bottles bemalte.

Liu Shouben

Einer der bedeutendsten zeitgenössischen Inside-Maler. Seine Sujets sind Porträts sowie Landschaften im traditionellen Stil, die dem Vorbild von Zhou Leyuan nacheifern.

Ma Shaoxian

Er war wahrscheinlich ein Verwandter von Ma Shaoxuan (s.u.) und arbeitete möglicherweise in dessen Studio. Seine frühesten Snuff Bottles tragen eine Datierung von 1899, seine letzten stammen von 1939. Es gibt von ihm Fläschchen mit einer individuellen und lebhaften, doch sehr feinen Malerei, aber auch solche nach standardisierten Vorlagen (Landschaften).

Ma Shaoxuan

Geburtsdatum und Ableben sind unbekannt. Seine lange Schaffensperiode begann 1894 und endete 1925. Landschaften und Porträts von hohen Regierungsbeamten der Qing-Dynastie und anderen berühmten Zeitgenossen waren seine bevorzugten Sujets. Typisch für ihn ist, daß sich auf der einen Seite des Snuff Bottles ein Bild, auf der anderen eine lange Kalligraphie befindet. Letztere war der Handschrift des berühmten Kalligraphen Ou Yangxun aus der Tang-Epoche (618-906) nachempfunden. Er ist wahrscheinlich der bekannteste und begehrteste Künstler für inseitig bemalte Snuff Bottles. Die Qualität der Malerei variiert jedoch; dies läßt vermuten, daß er in seinem Studio auch andere Maler für sich arbeiten ließ und deren Werke mit seinem Namen signierte.

Meng Zishou

Seine Schaffensperiode begann 1904 und endete 1919. Hauptsächlich malte er Porträts – unter anderem solche von Warlords, dem militärischen Despoten einzelner Provinzen während der Republik – sowie Bilder der buddhistischen Göttin Guanyin. Er wurde vom ersten Präsidenten der Chinesischen Republik, Yuan Shikai (Regierungszeit 1912-1916), gefördert.

Tang Zichuan

Bekannt ist nur, daß er von 1892 bis 1896 arbeitete.

Sun Xingwu

Von ihm bemalte Snuff Bottles sind sehr selten. Er scheint nur zwischen 1894 und 1900 tätig gewesen zu sein. Der Künstler arbeitete mit feinsten Farbtönen. Seine Malerei war lebendig und gleichzeitig subtil.

Wang Xisan

Schüler von Ye Bengqi. Er ist, neben seiner Emailmalerei auf Glas-Snuff Bottles, der bedeutendste Inside-Painting-Künstler der zweiten Hälfte des letzten Jahrhunderts. Er entwickelte einen ganz eigenen Stil und führte ein Reihe neuer Motive ein, wie unter anderem »spielende Kinder«, Pandabären oder sehr farbige Blumenkompositionen. Heute hat er seine eigene Schule in Hengshui (»1-Flasche-Studio«) in der Provinz Hebei. In China soll, nach Angaben eines mit ihm in Verbindung stehenden chinesischen Händlers und Sammlers, zur Zeit ein von ihm selbst bemaltes Inside-painted-Snuff Bottle 30.000,- Euro (?) kosten, eines von seinen Schülern zwischen 500,- und 2000,- Euro. Am internationalen Markt werden aber noch genügend ältere Beispiele aus seiner Hand um ca. 2000,- Euro angeboten.

Abb. 292 NEIHUA-Malerei, Tiger mit Junge (»Mutter und Kind«), auf das Jahr 1953 datiert (YISI = 41 Jahre, d. h. 1912 [Beginn der Republik!] plus 41)

Yan Yutian

Er war tätig von 1895 bis 1918. Berühmt wurde er für seine Malerei von Landschaften im traditionellen Stil der alten Meister. Seine bevorzugten Farben variierten zwischen Braun und Grau. Seine Sujets waren Landschaften, Stilleben, Tiere, vor allem Vögel.

Ye-Familie

Ye Zhongsan lebte von 1869 bis 1945. Er ist Begründer der für Inside-Malerei und teilweise für Emailmalerei auf Glas berühmten Ye-Familie. Mit seinen drei Söhnen stand er während der gesamten ersten Hälfte des 20. Jahrhunderts im Mittelpunkt der künstlerischen Blütezeit dieser Art von Malerei. Die frühesten Werke sind 1893 datiert und stehen stilistisch den Arbeiten von Ma Shaoxuan und von Zhou Leyuan nahe, der auch sein Mentor war. Er entwickelte schließlich seinen eigenen, bildhaft beschreibenden Stil, der häufig Legenden und berühmte historische Geschichten zum Inhalt hat, und wich so thematisch und kompositorisch stark von der bisherigen Malerei ab. Es wird vermutet, daß Snuff Bottles mit seinen Signaturen bis 1912 von ihm selbst ausgeführt wurden, danach stammen sie wohl von seinem ersten Sohn Ye Fengzhen oder Ye Xiaofeng, welcher 1928 starb. Weitere Sujets von Zhongsan waren Insekten, Blumen und Vögel sowie Landschaften. Außer gläsernen Fläschchen bemalte er auch inseitig Snuff Bottles aus Kristall (Bergkristall, Rauchquarz) und Bernstein. Generell wurden bis 1945 alle Malereien der Söhne, die sich durch intensivere Farben auszeichnen, mit der Signatur Ye Zhongsan versehen, was heute eine sichere Zuordnung sehr schwierig macht. Danach begannen die beiden noch lebenden Söhne ihre Arbeiten unter ihrem eigenen Namen – oder den Stil von Zhou Leyuan kopierend mit dessen Namen – zu signieren.

Abb. 293 NEIHUA-Malerei von YE SHUYIN, ca. 1960-1990, Ps. H. P. Lehmann, Antiquitäten Mona Lisa, Ascona

Ansonsten orientierten sich die Söhne weiterhin an der Malerei ihres Vaters. Von seinen zwei Söhnen (Fengzhen und Bengqi) ist der bedeutendste Ye Bengqi (auch Ye Xiaosan), der mit seiner Emailmalerei auf Glas-Snuff Bottles und kleinen Glasväschen (Vier-Zeichen-Qianlong-Nianhao mit blauer Emailfarbe) im Stil des 18. Jahrhunderts einen absoluten Höhepunkt in dieser Malerei erreichte. Er gründete in den fünfziger Jahren mit Förderung der Regierung eine eigene Schule, aus der eine neue Generation großer Künstler, wie Wang Xisan, hervorging. Auch eine Tochter von Bengqi mit Namen Ye Shuyin zählt heute zu den bedeutenderen zeitgenössischen Inside-Malern.

Yong Shoutian

Er bevorzugte figurale Motive, insbesondere Kriegsszenen aus der Geschichte Chinas und war von 1898 bis 1926 tätig.

Zhang Baosan oder Baotian

Der Künstler malte von 1891 bis 1904. Seine bevorzugten fein gemalten Motive waren Lotos, Felsen und Landschaften im traditionellen Stil.

Abb. 294 Glas-Fläschchen mit NEIHUA-Malerei, erste Hälfte 20. Jh., Ps. Sch.

ZHOU LEYUAN

Geburtsdatum unbekannt. Seine Arbeiten sind datiert von 1879 bis 1893. Man vermutet, daß er 1893 gestorben ist. Die Sujets seiner Arbeiten umfaßten Landschaften, die dem berühmten Maler WANG SHIGU aus dem 17. Jahrhundert nachempfunden waren, Figuren, Blumen, Vögel und Insekten sowie Kalligraphien. Er gilt als der Gründer der »BEIJING-Schule«. Im Gegensatz zu einer ganzen Reihe anderer Inside-Maler erscheint er auf keiner offiziellen Liste der damaligen Künstler des ZHONGGUO MEISHUJIA RENMING CIDIAN (Nachschlagewerk berühmter chinesischer Künstler). Fast alle Hinterglasmaler waren hauptberuflich akademisch ausgebildete Maler.

ZI YIZI

Tätig um 1900, die Lebensdaten sind nicht bekannt. Er scheint zwischen 1899 und 1907 gearbeitet zu haben. Nur wenige von ihm bemalte Fläschchen kennt man. Berühmt ist er für eine Serie von Snuff Bottles mit Porträts hochgestellter Persönlichkeiten der QING-Dynastie. Seine Farben waren lebhaft und sein Malstil von größter Subtilität.

Viele dieser alten Meister wurden und werden noch heute ständig von Meisterkopisten nachgeahmt und mit Signaturen der kopierten Künstler versehen, so daß oft nur ein Kenner anhand feiner Unterschiede an der Urheberschaft zu zweifeln beginnt. Manchmal verraten sich solche neu angefertigten Snuff Bottles bei Preisverhandlungen in China durch einen zu niedrigen Endpreis (unter 1000,– Euro). Andererseits ist nicht auszuschließen, daß der Händler selbst an eine Echtheit glaubt und deshalb einen hohen Preis verlangt. Jedenfalls ist ein Kauf dieser Art ein schwieriges Unterfangen.

Formen

Hinterglasmalerei (IPG)

Jeweils von links nach rechts:
dat. 1888
dat. 1888
dat. 1892
dat. 1904

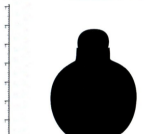

dat. 1905
dat. 1917
dat. 1929
dat. 1968

dat. 1972
dat. 1973
dat. 1985
modern

10. AUSWAHL WICHTIGER BEGRIFFE, SYMBOLE UND MOTIVE UND DEREN BEDEUTUNG FÜR DEN DEKOR DES SNUFF BOTTLES

Dieses Kapitel kann auch als größeres **Glossar** aufgefaßt werden, da es eine Reihe wichtiger Begriffe der chinesischen Kunst beinhaltet.

Der Liebhaber und Händler von Snuff Bottles sieht sich mit einer großen Vielfalt an Dekormotiven konfrontiert, die allesamt als Sinnbilder versteckte Botschaften enthalten. Meist handelt es sich um Hoffnungen und Wünsche in bezug auf das Schicksal, die das Snuff Bottle für den Eigentümer geradezu zu einem Talisman, zu einem Gegenstand magischer Vorstellungen werden lassen. In anderen Fällen zeigt der Dekor auf mythologische, religiöse oder historische Persönlichkeiten, oder ein humoriges Sujet verrät das verschmitzte Gemüt des Trägers. Schließlich kann das Snuff Bottle einfach nur Gegenstand des persönlichen Geschmacks, des individuellen Kunstsinns oder kontemplativer Besinnlichkeit sein. Nicht zuletzt war das Schnupftabakfläschchen als kostbares Objekt hoher Kunstfertigkeit sicher auch eitler Ausdruck von Besitz und sozialem Stand.

Die alphabetische Reihenfolge der Begriffe soll eine schnelle Information ermöglichen, den Leser aber nicht davon abhalten, dieses Kapitel als normalen Textteil aufzufassen. Im übrigen ist in der Regel dem deutschen Begriff die chinesische Übersetzung (in PINYIN-Umschrift) hinzugefügt.

A

Acht buddhistische Symbole (BAJIXIANG) Jeweils wechselweise acht Symbole: Glocke (ZHONG) für »Verehrung«, »Rad der Lehre« (LUN) für »Buddha« und »ewiger Wechsel«, Muschelhorn (LO) für »Stimme Buddhas« und »Sieg der Lehre«, Baldachin (GAI) für »Sieg der Lehre«, Lotos (LIANHUA) als »Symbol der Reinheit und der Harmonie«, Vase (PING) für »Reliquie«, Fischpaar (YU) für »Harmonie«, Staatsschirm (SAN) als »Schutz vor Dämonen«, »endloser Knoten« (ZHANG) für »Unendlichkeit«, Donner (LEI) für »politischen Umschwung«, »flammendes Juwel« oder Perle (ZHU) für »Herz Buddhas« und »Reinheit der Lehre«, »Buddhas Fußspuren« als Symbol der Lehre, Pagode (TA) für »Reliquie«, Diamantzepter (JINGANG) für »Macht und Reinheit der Lehre«, Fliegenwedel (CHENWEI) für »Magie«, Messer (DAO) für »Opfer«, chinesische Laute (PIPA) für »Reinheit und Treue« und Trommel (GU) als Symbol für »Veränderung und Bewußtwerdung«.

Linke Seite

Abb. 295 SHUANGTAO-LIAO-Snuff Bottle, Fläschchen von einer Lotosblüte umhüllt mit Schmetterling (dritter Überfang), 5,6 cm, 19. Jh.

Folgende Doppelseite, jeweils von links oben nach rechts unten

Abb. 296-303 Acht daoistische Unsterbliche:
ZHANG GUOLAO
LI TIEGUAI
HE XIANGU
HAN XIANGZI
ZHONG LIQUAN
CAO GUOQUI
LÜ DONGBIN
LAN CAIHE

221

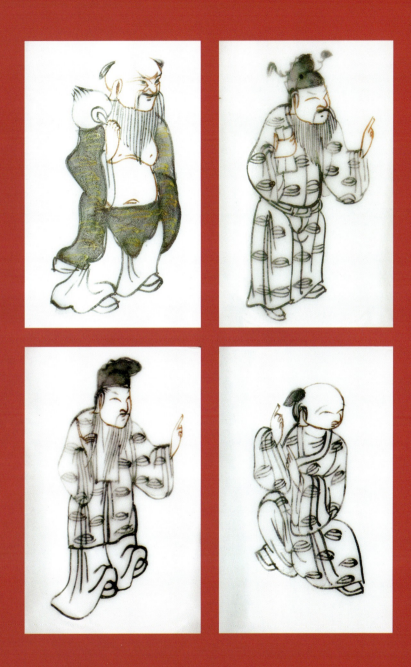

Acht daoistische Unsterbliche Daoistische Heilige (BAXIAN) mit übernatürlichen Kräften (LING) ausgestattet; sie leben auf den »Inseln des Ostens« und besuchen alle 1000, 3000 oder 9000 Jahre (verschiedene Auffassungen) das »Paradies des Westens« der Königinmutter XI WANGMU (s. d.), wo sie von den »Pfirsichen der Unsterblichkeit« essen dürfen. Namentlich sind es: CAO GUOJIU mit Kastagnetten, Schwager eines SONG-Kaisers, HAN XIANGZI mit Flöte oder Pfirsich, HE XIANGU mit Lotos und einzige weibliche Unsterbliche, LAN CAIHE, in Lumpen und mit Korb, LÜ DONGBIN mit magischem Schwert, LI TIEGUAI mit Kürbis und eiserner Krücke, ZHANG GUOLAO mit Fischtrommel und ZHONG LIQUAN mit Fächer (s. a. »Unsterbliche«)

Acht Diagramme oder acht Trigramme, s. a. BAGUA.

Acht kostbare Organe Buddhas Herz, Galle, Lunge, Milz, Magen, Nieren, Leber und Gedärm.

Acht Kostbarkeiten des Konfuzianismus (BABAO) U.a. Bücherpaar (SHU) für Gelehrtentum, Artemisblatt (AIYE) für gute Vorbedeutung, Raute (FANGSHENG) für Erfolg, Rhinozerosbecher (YUE) für Überfluß, Klangstein (QING) als Sinnbild für Glück, Münze (QIAN) für Wohlstand, Bildrolle (HUA) für Kennerschaft und Kultur, Perle (ZHU) als magisches Mittel der Wunscherfüllung, ferner Vase (PING) für Treue, endloser Knoten (ZHANG) für langes Leben.

Acht Musikinstrumente Klangstein, Glocke, Laute, Flöte, Metallhammer, Trommel, Panflöte und Okarina.

Acht Pferde des Königs MUWANG (MUWANG BAJUNMA) Er lebte von 1001-946 v. Chr. Der daoistischen Legende nach besuchte er mit einem Wagen, der von acht Pferden gezogen wurde, die »Königinmutter des Westens« (XIWANGMU, s. d.) in ihrem Paradies. Häufige Darstellung von acht verschieden gefärbten oder gescheckten Pferden in jeweils acht verschiedenen Stellungen.

Acht Symbole der Unsterblichen s. »Acht daoistische Unsterbliche«.

Adler (YING) Symbol der Stärke. Bei dem zentralasiatischen, chinesischen Nachbarvolk, den Hunnen (XIONGNU), war er um die Zeitenwende das Symbol des Herrschers.

Affe (HOU) In Südchina eine Gottheit und ein Dämonenvertreiber. Ansonsten repräsentiert der Affe die menschliche Neigung zum Bösen. Der unsterbliche und zauberkundige Affe SUNHOUZI ist eine wichtige Figur in der Mythologie, da er seine boshafte Natur durch Selbstlosigkeit besiegen konnte (Um heilige buddhistische Schriften zu holen, begleitet

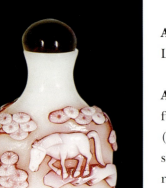

Abb. 304 Rot-weißes Doppelüberfangglas-Snuff Bottle (SHUANGTIAOLIAO), »Acht Pferde des Königs WANGMA«, 1880-1920

er den Pilger TANGSENG auf seiner Reise zu XIWANGMU, s. d.). Im Volksmund ist der Affe das Sinnbild des Ehebrechers. Er ist das neunte Tier im »Tierkreiszeichen« (s. d.). Wegen gleichlautender Bezeichnung Anspielung auf einen Fürsten (HOU).

Alte Mond-Terrasse s. GUYUEXUAN

Apfel (PING) Versinnbildlicht »Frieden« (auch PING) und Blütezeit einer schönen Frau.

Apfelsine (GAN) Eine glücksverheißende Frucht.

Aprikose (XING) Symbol für eine schöne Frau.

Artemisia- oder Schafgarbenblatt (AIYE) Symbolisiert Glückseligkeit und gute Vorbedeutung; die Stengel sind ein Hilfsmittel für das traditionelle Orakel.

Aubergine (JIEZE) Symbol, den Rang eines Beamten zu erhalten.

B

BABAO »Acht Schätze«, s. »Acht Kostbarkeiten« des Gelehrten oder des Konfuzianismus und s. »Acht buddhistische Symbole« des Buddhismus.

BAGUA »Acht Diagramme (oder Trigramme)«, die acht elementaren Formen des Orakelbuches YIJING (»Buch der Wandlungen«), KONGZI zugeschrieben. Jeweils drei Linien übereinander mit durchgehenden (männlich/YANG) oder unterbrochenen Linien (weiblich/YIN) bilden ein Diagramm beziehungsweise Trigramm. Daraus ergeben sich acht verschiedene Grundformen jeweils mit drei Linien (im klassischen Orakel entsprechend den gebrochenen und nicht gebrochenen Schafgarben). Durch Potenzierung der Trigramme entstehen 64 Hexagramme, denen jeweils eine elementare Aussage im YIJING zugeordnet ist. Eine zusätzliche Potenzierung der Hexagramme führt zu 4096 Möglichkeiten einer Interpretation.

Baldachin (GAI) Symbolisiert sowohl königliche Güte und im Buddhismus die Lunge Buddhas.

Bambus (Zhu) Symbolisiert Langlebigkeit und Flexibilität sowie Beständigkeit und Treue, Sinnbild für einen aufrechten Charakter, Reinheit und Keuschheit. Eines der wichtigsten Motive in der Malerei

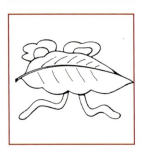

Bananenblatt oder Bananenstaude (Bajiao oder Jiaoye) Wichtiges Dekorelement, manchmal als Bildmarke in der frühen Kangxi-Periode, meist aber in der Ming-Epoche als fortlaufendes Bandornament.

Bär (Xiong) Symbolisiert Anständigkeit und Kraft als auch Virilität (auch Xiong).

Baxian s. »Acht daoistische Unsterbliche«.

Baiyu Guanyin s. Guanyin.

Beamter (Guan oder Li) Insbesondere in der konfuzianischen und legistischen Staatslehre besitzt der Beamte nach dem Kaiser und der kaiserlichen Familie die höchste Stellung im Staat. Er kann seit der Han-Epoche (206 v. Chr.-220 n. Chr.) seine Stellung nur durch ein Staatsexamen erreichen (es gab drei Stufen, die höchste alle drei Jahre in der Hauptstadt), das jedem offenstand.

Becher (Zong) Meist zwei Becher, symbolisieren Fruchtbarkeit und Zeremonien.

Begonie (Jiuhaitang) Symbol für den Herbst.

 Berge (Shan) Symbolisieren Orte der Verehrung, gelten als Sitz der Götter und Symbol des Herrschertums. Abbildungen von Reitern und Wanderern, die einen Berg erklimmen, symbolisieren den Wunsch, durch bestandene Prüfungen im Rang zu steigen.

Berufe, klassische Berufe Gelehrter, Bauer, Fischer und Holzsammler. S. a. »Stände«.

Biding Ruyi Wunschformel: »Es möge ganz bestimmt alles nach deinem Wunsch gehen«.

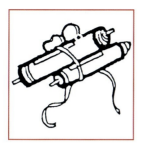

Bild, Bildrolle (Hua) Symbol für Kunst, Malerei, Gelehrtentum und Wahrheit.

Birne (Li) Symbolisiert Reinheit und Langlebigkeit sowie eine gerechte Regierung.

Bi-Scheibe Kreisförmige Scheibe, meist aus Jade, mit einem kreisförmigen Loch in halber Größe des Scheibendurchmessers; Symbol des kreisrunden Himmels. Das Loch entspricht dem Liequi, durch das die Blitze auf die Erde niederfahren. Die Bi-Scheibe wurde von den Zhou-Königen beim Himmelsritual verwendet und galt als Symbol des »Mandats des Himmels« (Tianming, s. d.). Wanbi (»vollständiger Ring«) bedeutet auch Jungfräulichkeit.

Biskuit (Sutai) Unglasierter Porzellanscherben.

Blau (Lan) Symbol des Himmels und Farbe des Ostens, aber auch des schlechten Charakters eines Menschen.

Blume, Blüte (Hua) s. »Monatsblumen«.

Blumenkorb (Hualan) Symbolisiert hohes Alter.

Blumenschale (Huapan) Symbolisiert Harmonie und Schönheit.

Blüten der vier Jahreszeiten: Wilder Apfel, Granatapfel, Orchidee und Schwertlilie.

Bodhisattva (Sanskrit, chinesisch Pusa) »Erleuchtungswesen«, ein göttliches Wesen, das trotz seiner »Erleuchtung« freiwillig auf die Buddhaschaft und das Eintreten in das Nirwana verzichtet, um aus Barmherzigkeit hilfreich anderen Wesen auf dem Weg der »Erleuchtung« zur Seite zu stehen. Häufig auch als Verkörperung eines Buddha auf Erden. Bedeutendster Bodhisattva ist der/die GUANYIN, s. d.

Boot (CHUAN) Symbol des Fischers, Boot mit Mann bedeutet auch »Glkck für die ganze Familie.«

BOSHI Klassischer Begriff für »Gelehrter«, der die Staatsprüfungen bestanden hat. Heutige Bedeutung »Professor«.

BOZHONG s. »Glocke«.

Bücher (SHU) Symbolisieren Literatur und Wahrheit sowie Schutz gegen böse Geister; zusammen mit den Emblemen Bildrolle, Musikinstrument und Schachbrett Sinnbild für die »vier Fertigkeiten des Gelehrten«.

BUDAI (»Hanfsack«), BUDAI HESHANG oder MILUOFO, »Lachender Buddha oder Dickbauchbuddha«, eine seit dem 10. Jahrhundert bekannte, fröhliche und glücksverheißende Darstellung des »Buddha der Zukunft«, des Maitreya (s. d.), dickbäuchig und lachend und oft von einer Kinderschar umgeben. Diese Form bezieht sich auf einen Mönch, der im 10. Jahrhundert lebte und als Inkarnation des Maitreya-Buddhas angesehen wurde.

Abb. 305 BUDAI-Buddha, SANCAI-Porzellan, Mitte QING-Periode

Buddha (Fo oder Fotuo) Der »Erwachte« und der unter dem Bodhibaum (Pappelfeigenbaum) »Erleuchtete«. Der Buddha repräsentiert vier Aspekte im Buddhismus: (1) Der historische Buddha wird als Buddha S(h)akyamuni (Shijiamoni) bezeichnet, geboren am 13. Mai als Siddharta Gautama (563-483 v. Chr.) und war Begründer der buddhistischen Lehre (s. »Buddhismus«). (2) Der Mensch, der erleuchtet die Buddhaschaft erlangt und den Kreislauf der Wiedergeburt aufhebt. (3) Der transzendente Buddha, von dem es eine große Anzahl gibt, verkörpert das »Buddha-Prinzip« und steht jeweils für ein Konzept der Hilfe beziehungsweise der Bitte. (4) Symbol und Synonym für das Buddha-Wesen, für die endgültige und ewige Buddha-Natur aller Wesen. Buddhistische Motive sind bei Snuff Bottles selten.

Abb. 306 Bronze-Buddha, vergoldet, Mitte MING-Epoche

Buddha-Hand-Frucht (Foshou) Eine nicht eßbare, stark duftende Frucht, die durch ihre Form an eine greifende Hand erinnert und deshalb Reichtum symbolisiert.

 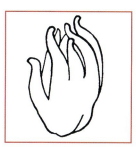

Buddhismus (Fojiao) Im Mittelpunkt des Buddhismus, der Anfang des 1. Jahrhunderts n. Chr. nach China kam, steht die Lehre von der Erlösung von allem Leiden. Diese Erlösung besteht in der Erkenntnis, daß jedes Begehren, jeder Haß und jede Verblendung Leiden verursacht, daß nur gute, »heilsame« Taten das künftige Los auf Erden verbessern werden und daß nur die »Erleuchtung« (Wu) endgültig Erlösung von allem Leiden bewirkt. Erst die Erlangung dieses »All-Wissens«, das grenzenlose Verstehen und die damit verbundene Befreiung von allen uns anhaftenden Fixierungen, hebt den ewigen, schmerzerfüllten Kreislauf von Tod und Wiedergeburt – sinnbildlich dargestellt in einem Rad mit vierundzwanzig Speichen (heute Staatswappen Indiens) – auf und läßt die menschliche Wesenheit in das Nirwana, in das höchste Nichtsein, gelangen.

Zwei Lehrrichtungen sind zu unterscheiden: Hinayana (»kleines Fahrzeug«), ursprüngliche Lehre von der Selbstbefreiung (keine helfenden Götter, keine Gebete, kein Paradies, keine Hölle) und Mahayana (»großes Fahrzeug«) seit dem ersten vorchristlichen Jahrhundert mit tröstenden und helfenden Gottheiten, mit einer Vielzahl von Paradiesen und Höllen auf dem Weg der Erlösung. Der chinesische Buddhismus ist eine Fortentwicklung und Erweiterung des Mahayana-Buddhismus (»großes Fahrzeug«) mit starken tibetanischen beziehungsweise tantrischen (auch Vajrayana) Einflüssen. Er kam im zweiten Jahrhundert n. Chr. aus Zentralasien nach China. Seine Blütezeit währte zwischen ca. dem vierten und neunten Jahrhundert. (s. a. »Buddha«)

C

Caishen s. »Gott des Reichtums«.

Cao Guojiu Einer der »Acht daoistischen Heiligen« (s. d.) und mit den Attributen Zepter und Kastagnetten Beschützer der Schauspieler.

Cao Shu Konzept- oder sogenannte Grasschrift (schnelle Schreibweise).

China, chinesisch Zhongguo »Mitte-Reich«, Chinese: Zhongguoren, Selbstbezeichnung: Hanren (nach der Han-Dynastie 206 v. Chr.-220 n. Chr.) oder auch in Südchina Tangren (nach der Tang-Dynastie 618-906). Der Name China leitet sich von der kurzen Qin-Dynastie (221-206 v. Chr.) ab, die alle damaligen chinesischen Teilreiche vereinigte und erstmals einen Kaiser (Huangdi) statt eines Königs (Wang) kannte.

Chinesische Kunst Zhongguo Yishu oder Meishu.

Chinesische Schrift Zhongguowen.

Chilong-Drache s. »Drache«.

Chongkui »Gott der Literatur«, seit der Tang-Epoche.

Chrysantheme (Juhua) Wichtiges Motiv in der Kunst, symbolisiert angenehmes Leben und Abschied vom öffentlichen Dienst sowie den Herbst und den 10. Monat.

Cong-Röhre Emblem der Erde, meist aus Jade, quadratischer, meist länglicher Steinblock mit seitlich querlaufenden Kerben, innen rund gelocht, häufig über Eck mit eingeschnittenen Taotie-Masken (s. d.) im Relief. Die ältesten Stücke stammen aus der Liangzhu-Kultur (ca. 3000-1900 v. Chr.). Sie sollen den Verstorbenen auf den Magen gelegt worden sein (s. a. Pangu).

D

Dabei Guanyin s. Guanyin.

Dachs (Huan) Symbol für eheliche Treue.

Daoismus Der philosophische Daoismus (Daojia) basiert auf zwei klassischen Werken, dem des Zhuangzi (»Meister Zhuang«/ca. 350-280

v. Chr.) Nanhua Zhenjing (»Das wahre Buch vom südlichen Blütenrand« und dem Daodejing (»Das Buch von Weg und Tugend«), welches dem mythenumrankten Laozi (s. d., »Alter Meister«) zugeschrieben wird. Ziel des Adepten ist es, durch intuitive Einsicht (Ming) beziehungsweise mit Hilfe der Meditation die »Einheit, Einfachheit (Pu) und Leerheit des Dao« in sich zu verwirklichen. In der Qin-/Han-Epoche (221 v. Chr.-220 n. Chr.) entstand ein religiöser Daoismus (Daojiao), der sich stark mit schamanischen, animistischen und später auch mit mahayana-buddhistischen Glaubensvorstellungen vermischte (u. a. mit der Idee einer Wiedergeburt). Schließlich verkam dieser Daoismus immer mehr unter Aufnahme volksreligiöser Glaubensvorstellungen und religiös-magischer Praktiken zu einem abergläubischen Populärdaoismus. Dieser volksreligiöse Zweig des Daoismus ist u. a. geprägt von der Idee der Erlangung der Unsterblichkeit, der Existenz einer Vielzahl von Höllen und bösen Dämonen sowie von zu Unsterblichen und Göttern erhobenen Naturkräften, Seen, Bergen, Orten aller Art sowie historischen Persönlichkeiten.

Daodejing Grundlegendes Werk des Daoismus mit 81 Kapiteln und, wenig glaubhaft, dem Laozi (s. d.) zugeschrieben. Gefundene Texte aus dem 2. Jahrhundert sind praktisch identisch mit den bisher bekannten Fassungen (!).

Dazhuan Shu Große Siegelschrift (s. »Schrift«).

Datierungssysteme, traditionelle s. »Anhang«.

Dian Begriff für in allen poetischen Texten weitverbreitete wortsymbolische »versteckte Botschaften« beziehungsweise (literarische) Anspielungen mittels Homophonen verschiedener Bedeutungen (und verschiedener Schriftzeichen!), wie zum Beispiel »Gelb« (Huang, s. d.) für »kaiserlich« (Huang) oder Qing (»klar«) für Qing (»Liebe« / »Gefühl« / »Güte«) oder Fu (»Fledermaus«) für Fu (»Glück«) oder Yu (»Fisch«) für Yu (»Überfluß«) oder Li (»Karpfen«) für Li (»Gewinn«) oder Ping (»Apfel«) für Ping (»Frieden«) oder He (»Walnuß«) für He (»zusammenkommen«) usw. Alle diese Anspielungen finden sich auch bildlich umgesetzt in der Malerei und im Kunsthandwerk.

Dickbauch-Buddha s. Budai.

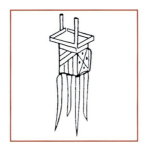

Ding Drei- oder vierfüßiger Weihrauchbrenner in Bronze oder Keramik. Auch als Bildmarke in der frühen Kangxi-Periode.

Donner-und-Blitz (LEIWEN) Wichtiges mäanderartiges Dekormotiv.

Doppelte Freude (XIXI) s. »Glück«.

Doppeltes Glück (XIXI) s. »Glück«.

DOUCAI-Malerei »Streitende-Farben«-Malerei auf Porzellan ist eine vergleichsweise seltene Technik, bei der die Konturlinien des Motivs in Unterglasur-Kobaltblau auf den unglasierten, noch nicht gebrannten Scherben aufgemalt werden, der dann farblos glasiert und gebrannt wird. Danach werden in die konturierten Flächen des Motivs Emailfarben der WUCAI-Palette (s. d.) eingemalt und in einem zweiten Brand aufgeschmolzen. Erstmals kam diese Art der Malerei in der XUANDE-Periode (1426-1435) der MING-Zeit (1368-1643) auf. Stücke der MING- und der QING-Zeit mit dieser Malerei zählen heute zu den kostbarsten Objekten des chinesischen Porzellans. Sehr selten bei Snuff Bottles.

Drache (LONG) Im Gegensatz zu Europa ist er ein gutartiges und Segen bringendes mythologisches Tier, welches im Himmel, in der Erde oder im Wasser haust und, wie archäologische Funde aus Jade zeigen, seit mindestens 5000 Jahren (HONGSHAN-Kultur) verehrt wird. Er ist das Symbol der schöpferischen Allmacht des Kosmos, des DAO und des Kaisers, ursprünglich als Regen bringendes Krokodil, das vom Herrscher – als Mittler zwischen Himmel und Erde – um Regen für gute Ernten beschworen wurde. Wichtigstes Emblem der männlichen YANG-Kraft; in Gestalt eines grünen Drachens gilt er als Sinnbild des Ostens, des Frühlings und des Elements Holz, häufig zusammen dargestellt mit der weiblichen YIN-Kraft in Form des roten Phönix (s. d., als Sinnbild von Süden, Sommer, Feuer). Beliebte Darstellungen sind zwei Drachen, die einer flammenden Perle nachjagen und dabei Donner und Regen (Urgewalten des Himmels) verursachen. Es ist das fünfte Tier im »Tierkreiszeichen« (s. d.).

Der Drache wird häufig gezeigt mit neun Söhnen, die jeweils eine bestimmte Eigenschaft charakterisieren. Ein GUILONG ist der Herr über die neun Drachensöhne, typisch für frühe Abbildungen aus der SHANG-, ZHOU- und HAN-Epoche, sehr formalisiert (entspricht auch der Bezeichnung CHILONG oder als GUAILONG/»gebogener Drache«) mit schlängelndem Leib im Profil und weit geöffnetem Maul dargestellt. Sehr volkstümlich sind auch die vier Drachenkönige LONGWANG, die Herrscher

über die die Erde umgebenden vier Meere sind. Diese Meeresdrachenkönige (Hailong) leben in herrlichen Palästen unter dem Meer und werden von Glückskindern besucht. Ein glückliches Zusammenspiel von Drache und Phoenix – eine der häufigsten Abbildungen – ist ein Segen für die Welt, da der lebensspendende Regen zur rechten Zeit fällt. Eine auf Snuff Bottles sehr frei stilisierte Drachenabbildung nennt man auch »Strohdrachen« (Caolong), ein Relief mit Drache Longwen und ein gravierter oder eingeschnittener Drache Kelong. »Drachenspeichel« (Longtuo) ist eine Bezeichnung für Bernstein (s. d.).

Abb. 307 Bronze-Drache, vergoldet, Tang-Epoche

Drachenklauen In der Qing-Dynastie wurde bei Darstellungen eines Drachens die Anzahl seiner Klauen formal zu einem Hinweis auf den Rang der Personengruppe, für die das dekorierte Objekt bestimmt war:
– Fünfklauige Drachen waren dem Kaiser, seinen Söhnen und den Prinzen des ersten und zweiten Grades vorbehalten,
– vierklauige Drachen galten für Prinzen des dritten und vierten Grades,
– dreiklauige Drachen waren keiner Einschränkung unterworfen. Allerdings wurde schon im 19. Jahrhundert diese Regel in vielen kunsthandwerklichen Bereichen immer weniger eingehalten, nur bei Gegenständen und Gewändern, die innerhalb des Hofes Verwendung fanden oder amtlich waren, gab es keine Ausnahmen.

Drei-Farben-Glasur (Sancaiyou) Seit der Tang-Epoche wichtige Glasurapplikation mit drei- oder mehrfarbigen Glasuren in der Keramik.

Drei Freunde (Suihan Sanyou) Kiefer, Bambus und Pflaume sind die »drei Freunde des Winters« und Symbole des langen Lebens und der Schönheit.

Drei Glücks- und Sternengötter (Sanxing) Es sind Fuxing (Glück), Luxing (Reichtum) und Shouxing (langes Leben). Häufiges Motiv in der Kunst.

Drei Reine (Sanqing) Sinnbild in der Kunst, s. »Felsen«.

Drei Schätze s. Sanbao.

Drei Schwurbrüder/Gerechte (Sanyi) im Pfirsichgarten. Berühmte, historisch inspirierte Legende (nach dem Roman »Geschichte der drei Königreiche/Sanguozhi Yanyi« aus dem 14. Jahrhundert) aus der Sanguo-

Periode (220-265). Sie stehen für Vertragstreue und Verläßlichkeit, weshalb sie insbesondere von Kaufleuten verehrt werden. Ihnen zu Ehren wurden Tempel (SANYIMIAO/»Tempel der Drei Gerechten«) errichtet. Häufiges Motiv in der Kunst.

Drei Sternengötter (SANXING) s. »Drei Glücksgötter«.

Drei Überflüsse (SANFENG) Pfirsich, Persimone oder Buddha-Handfrucht und Granatapfel.

E

Eheglück Als Symbole des Eheglücks gelten die Tiere Phönix, Ente, Gans, Eisvogel und Elster und die Pflanzen Lotos, Orchidee und Narzisse.

Eichhörnchen (SONGSHU) oder Siebenschläfer. Häufig in der Kunst mit Weintraubenranken dargestellt: Wunsch für ein langes Leben.

Einhorn (QILIN) Fabeltier, symbolisiert Gerechtigkeit und Güte. Er gehört mit dem Drachen, der Schildkröte und dem Phönix zu den vier Wundertieren.

Elefant (XIANG) Symbolisiert Klugheit, Kraft und Wundererscheinungen (XIANG). Er ist ein Reittier im Buddhismus.

Elster (XIAO) Kündet von kommendem Glück, deshalb auch XIQIAO (»Freuden-Elster«). Die Anzahl der Elstern auf einem Bild bedeutet die Zahl guter Wünsche. Zwei Elstern bedeuten »Hochzeit« und ehelichen Beischlaf.

Endloser Knoten (ZHANG) Symbolisiert die Eingeweide Buddhas, die Ewigkeit und den Wunsch für langes Leben.

Ente (YA) beziehungsweise Wildente, symbolisiert Glück und eheliche Treue (meistens als Paar dargestellt).

Eule (MAOTOUYING) Versinnbildlicht das Dunkle und den YIN-Aspekt als Nachtvogel, auch das von Chinesen aufgrund ihrer wechselvollen Geschichte am meisten Gefürchtete: das Chaos (LUAN).

F

Fächer (SHAN) Symbolisiert Rang und ist Attribut mehrerer daoistischer Gottheiten. Homophon mit SHAN »Wohltat« und »gut«.

Falke (YING) Symbol für Tapferkeit (gleichfalls YING) und Mut. Ihn zu besitzen war ein Zeichen für Macht und Autorität.

Fasan (YEJI) Ist ein Glück bringendes Tier und symbolisiert Schönheit.

Feen (XIANNÜ/»**Unsterbliche Frauen**« oder TIANNÜ/»**Himmelsfrauen**«) Zwischen Feen und Göttinnen (SHEN) werden kaum Unterschiede gemacht, ausgenommen die zu SHEN (s. d.) Erhobenen, die verehrt und angefleht werden und eigene Tempel besitzen. S. a. XIWANGMU, CHANGHE, MAGU, MAZU, NÜGUA.

Felsen (SHI oder PANSHI) Symbolisiert Festigkeit und Dauer; zusammen mit Bambus und einem alten Baum Sinnbild der »drei Reinen« (SANQING).

Abb. 308 Große Schnupftabak-Tischflasche aus Porzellan, feinste FENCAI-Malerei mit der bildlichen Darstellung der »Mondterasse«, 12,3 cm, Sechs-Zeichen-QIANLONG-Marke und aus der Periode (1736-1795) in eisenroter Siegelschrift auf mittig erhöhter Basis, rückseitig Kalligraphie mit 68 Schriftzeichen und drei Siegel, Typ GUYUEXUAN (»alte Mondterasse«)

FENCAI-Malerei (»zarte Farben«) auch als »famille rose« bezeichnet, eine Weiterentwicklung (ab ca. 1720) der polychromen Malerei mit Emailfarben, basierend auf dem Mitte des 17. Jahrhunderts erfundenen europäischen Rubinglasrot (YANGHONG) und einem neuen Weißpigment, welches sich erstmals mit den anderen Farben mischen ließ und somit eine reiche Palette abgetönter Farben möglich machte, u.a. das dominierende Rosa. Hinzu trat noch ein Kanariengelb. Die FENCAI-Malerei dominierte seit 1720 die gesamte chinesische Emailmalerei auf Porzellan, Metall und Glas, sowie das Cloisonné.

Feuer s. »Flammen«.

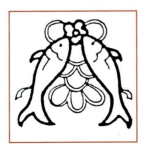

Fisch(e) (YU oder SHUANGYU) Symbolisierten Reichtum beziehungsweise Überfluß (auch YU), als Goldfische (JINYU) Reichtum in Gold und Edelsteinen, als Paar Harmonie, eheliche sexuelle Freuden und Kindersegen, ansonsten Schutz vor dem Bösen.

Fischdrachen Symbolisiert erfolgreich bestandene Prüfungen, s. a. »Drachen«.

Flammen (Huo) Häufiges Dekor-Motiv in der Kunst.

Flammenperle s. »Perle«.

Flaschenkürbis (Hulu) Symbolisiert daoistische Magie und Wissenschaft, auch Sinnbild für männliche Nachkommenschaft und langes Leben.

Fledermaus (Fu oder Pianfu) Symbolisiert Glück (auch Fu) und langes Leben. Fünf Fledermäuse bedeuten die »fünf Glücksgötter« (s. d.). Die Abbildung einer Fledermaus über zwei Fischen bedeutet »Glück vom Himmel«.

Abb. 309 Fledermäuse und Wolken, Unterglasurmalerei mit Eisenrot, Ende QING-Epoche

Fliegenwedel (CHENWEI oder FUZI) Er ist ein priesterliches Würdezeichen und symbolisiert das Vertreiben weltlicher Wünsche und Begierden.

Flöte (DI oder XIAO) Symbolisiert langes Leben und eine gewisse Sexualpraxis.

Fo Chinesische Bezeichnung für Buddha (s. d.).

Fo-Löwe oder »Fo-Hund« Mit dem Buddhismus kam das Sinnbild des Löwen (welcher in Ostasien nie vorkam) nach China, da Buddha in der Vergangenheit zehnmal als Löwe geboren worden war. Der Fo-Löwe (FOSHI) symbolisiert durch sein Gebrüll die Erweckung der Menschheit durch die buddhistische Lehre. Wegen der eigentümlichen Gestaltung beziehungsweise Ähnlichkeit mit dem Pekinesen-Hund spricht man auch vom »Fo-Hund«.

Frosch (Wa) Wie die Kröte ist er ein Mondtier. Beide gelten als sehr fruchtbar.

Fu Wort für Glück, Segen und Gelingen. Eines der häufigsten Glückssymbole.

Fuchs (Huli) Symbolisiert Schlauheit sowie Sinnlichkeit, weil er nach hundert Jahren sich in einen übelwollenden »Fuchsgeist« in Gestalt eines schönen Mädchens verwandeln kann, welches jungen Männern während des Beischlafs deren Lebensessenz raubt.

Fünf (Wu) Wichtige Zahl in der Zahlenmystik. Entspricht zum Beispiel den fünf chinesischen Weltenrichtungen, wozu die Mitte gehört, den fünf Elementen (Metall, Erde, Holz, Feuer, Wasser), den »Fünf Sitten« (Fest-, Trauer-, Gast-, Heeres- und Glückwunschsitten) und den »Fünf Verboten« (Wujie) im Buddhismus.

Fünf-Farben-Malerei s. Wucaihua.

Fünf Fledermäuse (Wufu) Gleiche Bedeutung wie »Fünf Glücksgüter« (s. d.).

Fünf Glücksgötter (Wufu) oder die fünf Glücksgüter oder Segnungen. In roter Beamtenkleidung dargestellt sind es die Götter für langes Leben, Reichtum, Frieden, Gesundheit, Tugend sowie Tod ohne Leid.

Fünf magische Wesen Der »grüne Drache«, der »rote Vogel«, der »dunkle Krieger«, die Schildkröte und der »weiße Tiger«, ihr Erscheinen ist das Zeichen einer gerechten Regierung.

Fünf Reine (Wuqing) Mond, Wasser, Kiefer, Bambus und Pflaume.

Fünf Tierarten (Wushou) Es sind als »Essenz« der Haartiere das Qilin (s. d.), der Federtiere der Phönix, der Schalentiere die Schildkröte, der Schuppentiere der Drachen und der »nackten Tiere« der Mensch.

Fuxing Glücksgott (s. d.).

G

Gans (O) Symbol für Eheglück.

Gardenie (BAICHAN) Blume des 11. Monats.

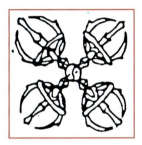

Gekreuzte Donnerkeile s. »Donnerkeil«.

Gelb (HUANG) Farbe der Mitte, der Erde und der Wohlfahrt, seit der HAN-Epoche symbolische Farbe des Kaisers aufgrund der Homophonie von »Gelb« und »Kaiser« (s. HUANGDI). Symbolisiert YIN (s. d.). Farbe der QING-Dynastie. Bei Glasuren und Snuff Bottle-Glasfarben bezeichnet man ein intensives Eigelb, im Gegensatz zu anderen Gelbtönen, als »kaiserliches Gelb« (englisch »Imperial yellow«), chinesisch MINGHUANG, auch »Hühnchenfettgelb« (JIYOUHUANG) oder »Gelbholz-Gelb« (JIAOHUANG).

Geld, Münzen (QIAN) Seit über zweitausend Jahren waren quadratisch-gelochte Bronze-Rundmünzen (BI), Silberbarren (DING) und kurzzeitig in der YUAN- und MING-Epoche Papiergeld als Zahlungsmittel in Gebrauch. Alte (gelochte) Bronzemünzen (bis Ende QING-Epoche) waren eines der wichtigsten Wunschsymbole für Glück und Reichtum. Neun Münzen, an einer Schnur (QIANLIAN) aufgereiht, bedeuten »immerwährendes Glück«. Münzen wurden auch – oft abgewandelt – als Amulett gegen böse Geister getragen oder es wurde ein aus Münzen »geflochtenes« Schwert aufgehängt. Silbermünzen (YUAN) nach dem Vorbild des

mexikanischen und nordamerikanischen Silberdollars (welche in der zweiten Hälfte der QING-Epoche als eine Parallelwährung in China kursierten) kamen nur vereinzelt erst ab Mitte des 19. Jahrhunderts als Zahlungsmittel zusätzlich auf und lösten ab 1912 offiziell die Bronzemünzen ab. Modernes Papiergeld kennt man erst seit Ende der QING-Dynastie.

Gelehrter (SHI oder BOSHI) In China führte die Staatsdoktrin des Konfuzianismus und das auf Staatsprüfungen basierende System der Bürokratie beziehungsweise der Beamtenschaft dazu, daß Gelehrte, Literaten und staatliche Funktionsträger (GUAN) praktisch identisch waren.

Gemälde (HUA) s. »Bild«

Gesprungenes Eis (BINGPIAN) Wichtiger unterglasurblauer Dekor seit der KANGXI-Periode.

Glocke (ZHONG oder BOZHONG) Reich geschmückte Bronzeglocken waren ein frühes Musikinstrument, wobei eine ganze Reihe von Glocken mit verschiedenen Tönen zum Einsatz kam (s. a. »Glockenspiel«). In der Folge wichtiges Instrument in buddhistischen Tempeln. Symbolisiert allgemein Verehrung und Autorität. Im tibetanischen Buddhismus als Gebetsglocke Sinnbild der Erkenntnis und des Erbarmens. Da ZHONG auch »glücken« bedeutet, ist die Glocke auch Wunschsymbol für »Prüfungen bestehen«.

Glück Verschiedene chinesische Schriftzeichen und Begriffe hierzu:
- FU (Glück, glückselig, Segen),
- HU (Segnung, Glück),
- JI (glücklich, Glück verheißend),
- JIA (Glück verheißend),
- JU (kombiniert groß, gigantisch),
- LI (Vorteile haben),
- LU (Wohlstand, Reichtum),
- XI (Freude) häufigstes Wunschsymbol »doppelte Freude«, »doppelt glücklich«,
- XIXI formalisiert dargestellt, s. a. »Vierfaches Glück«, (sich freuen, glücklich, fröhlich),
- XIANG (sich freuen, glücklich sein über...),
- XING (Glück, Glück bringend, glücken; Glückwunsch, Freude),
- YU (Überfluß) und
- YU (glücklich, fröhlich).

Glücksgötter (FU) s. »Fünf Glücksgötter« (WUFU).

GONGBI »Sorgfältiger Pinsel«, sehr feine, konturierende Pinselführung in der Malerei. In der MING-Epoche trat alternativ ein mit lebhaften intuitiven Pinselstrichen geführter »freier Stil« (XIEYI) hinzu, der fast ohne Konturlinien auskam.

Gott des Reichtums (CAISHEN) Häufig dargestellt als Gelehrter mit langem Bart oder als einer der vier Glücksgötter, figürlich oder symbolisch in Form einer Fledermaus. CAISHEN ist auch oft auf einem schwarzen Tiger reitend dargestellt. Häufiges Motiv in der Kunst.

Granatapfel (SHILIU) Symbolisiert Fruchtbarkeit und männliche Nachkommen.

Granatapfelblüte (SHILIUHUA) Repräsentiert den 6. Monat und bildet zusammen mit den Blüten des wilden Apfels, der Orchidee und der Schwertlilie die »Blüten der vier Jahreszeiten«.

Grille (XISHUAI) Symbolisiert Mut und Sommer.

Grisaillemalerei (MOCAI) s. »MOCAI«.

Grün (LÜ) Farbe des Lebens und des Frühlings sowie des inneren Friedens. Farbe der MING-Dynastie.

GUAN Beamter, Mandarin, s. »Beamter«.

GUANDI, auch GUANYU, gilt als »Kriegsgott« und als WUCAISHEN, auch »Kriegsgott des Reichtums« sowie als »Gott der Gerechtigkeit«, der die Menschen vor Streit und Krieg bewahrt (!), aber auch als »Gott der Literatur«. Er lebte in der SANGUO-Periode als berühmter General, wurde im Jahre 220 von CAOCAO gefangengenommen und wegen seiner Standfe-

Abb. 310 GUANDI, »Gott des Krieges«, auch »Gott der Literatur«, SANCAI, MING-Epoche

stigkeit geköpft, später im Volksglauben vergöttlicht, ab 676 wurde er »Wächtergott am Jadestrom« und 1594 erhielt er den Titel DI (»Höchster«) und wurde sogar im 19. Jahrhundert mit KONGZI (s. d.) gleichgesetzt.

GUANYAO s. MINYAO

GUANYIN (»die, welche die Klagen erhört«) oder GUANSHIYIN PUMENPIN (GUAN/»hören, achten«, SHI/»Welt«, YIN/»Stimme, Rufe«, PU/»überall«, MEN/»Tore«, PIN/»Eigenschaft«, i. S. »die die Eigenschaft besitzt, auf alle verzweifelnden Rufe/Bitten von überall zu achten und die Tore [der Erfüllung, der Hilfe] zu öffnen«), GUANYIN ist der/die Bodhisattva (s. d.) Avalokitesvara (Sanskrit), auch Padmapani (Sanskrit), »Göttin der Barmherzigkeit«, in China vermutlich ab dem 5. Jahrhundert eingeführt, etwas später in Japan (KANNON). Der GUANYIN, seit der SONG-Epoche (wie die meisten Bodhisattvas) *die* GUANYIN, ist der bedeutendste Bodhisattva beziehungsweise Göttin im chinesischen und japanischen Buddhismus. Sein/ihr Kult entstand in China aufgrund des 25. Kapitels des »Lotos-Sutra« ab 406. Er/sie besitzt eine Vielzahl von Fähigkeiten, um die Menschen auf den rechten Weg zu führen und zu beschützen. Im tibetanischen Buddhismus auch Retterin der »hungrigen Geister« (GUI). GUANYIN wird oft mit vier (SIBI GUANYIN) oder mehr Armen (QIANSHOU-GUANYIN, »Tausend-Hände«-GUANYIN) dargestellt, wobei jede Hand das Symbol einer göttlichen Fähigkeit hält. Um den Menschen zu Hilfe zu kommen, bedient sich der/die GUANYIN auch verschiedenster Erscheinungsformen, in der Literatur werden bis zu 35 Verwandlungen aufgezählt. Ikonographisch sitzt die GUANYIN meistens auf einem Lotosthron, manchmal reitet sie auch auf einem Drachen; als NANHAI-(»Süd-Meer«)-GUANYIN ruht sie auf einem Felsen inmitten von Meereswogen. Seit der SONG-Epoche gibt es eine Reihe weiterer Darstellungen mit verschiedenen Bedeutungen, so u.a. eine Darstellung mit Kind, die SONGZI (»Kinder schenkende«)-GUANYIN, sie symbolisiert die Erfüllung des Wunsches nach Kindersegen; ferner die NANHAI-(»Süd-Meer«)-GUANYIN der Seeleute, die BAIYI-(»weißes Gewand«)-GUANYIN, die SHUIYUE-(»Wasser-Mond«)-GUANYIN, die die Nichtstofflichkeit der materiellen Welt anmahnt. Wichtige Attribute der GUANYIN sind Schriftrolle und JINGSHUIPING (Kundikaflasche, s. d.) mit Lebenselixier (JINGSHUI), das wunscherfüllende RUYI-Zepter, der »Rosenkranz« und – im Gegensatz zu Buddhadarstellungen – ein reicher Hals- und Kopfschmuck.

Abb. 311 GUANYIN, Elfenbein, 18./19. Jh.

古月軒

Wohnsitz der GUANYIN ist im Osten die Insel PUTOUSHAN. Die GUANYIN wurde im Laufe der Zeit auch zu einer Gottheit des volkstümlichen Daoismus.

GUOHUA Traditionelle Malerei mit Tusche und Wasserfarben.

GUYUEXUAN »Alte Mond-Terrasse«, in FENCAI-Farben (s. d.) bemaltes Porzellan- oder Glas-Snuff Bottle der späten QIANLONG-Periode und Anfang des 19. Jahrhunderts von subtilster Qualität mit der Marke GUYUEXUAN, höchstwahrscheinlich für den kaiserlichen Haushalt angefertigt.

H

Hahn (GONGJI) Zehntes Tier im chinesischen Tierkreiszeichen (s. d.). Symbolisiert Mut. Ein weißer Hahn (aber auch ein Huhn) vertreibt Dämonen, ein roter das Feuer. Die Darstellung eines Hahns über einem Hahn bedeutet »im Rang steigen«.

Hakenkreuz oder Svastika (WAN) Sowohl rechts- als auch linksgedreht. Symbol für »Zehntausend« (WAN, s. d.), Begriff für das Unendliche und Vielfache, multipliziert die dargebrachten Wünsche, rechtsgedreht Symbol für das Siegel des Herzens Buddhas beziehungsweise Symbol für seine Lehre. Es ist auch Zeichen für die vier Weltgegenden.

HAN XIANGZI Einer der »Acht Unsterblichen« (s. d.) und Beschützer der Musiker (Attribut Flöte). Er war als historische Figur der Neffe des Gelehrten des HANYU (768-824).

Hängerolle oder Bildrolle (GUAFU) Wichtigste Bildform in der chinesischen Malerei.

Hase (TU) Er befindet sich im Mond als »Mondhase« (YUETU), er sorgt für das Lebenselixier. Als »Jadehase« (YUTU) ist er ein Symbol für langes Leben, Vitalität und Reinheit. Der Hase ist das vierte Tier im chinesischen »Tierkreiszeichen« (s. d.). In der WANLI-Periode und im 17. Jahrhundert häufig auch Bildmarke auf Blauweißporzellan.

Herz (XIN) Ort der Gefühle und Symbol des Lebens. XINGAN (»Herz-Leber«) heißt »Liebling«. Im Konfuzianismus Begriff für »Aufrichtigkeit«.

Folgende linke Seite von links oben nach rechts unten

Abb. 312 Basalt-Snuff Bottle, 5,7 cm, 1760-1850, Gallery Hall, London und Paris
Abb. 313 Überfangglas-Snuff Bottle in Form einer chinesischen Weste, 19. Jh.
Abb. 314 Porzellan-Snuff Bottle, zweiseitig verschiedene Darstellungen einer Grille in FENCAI-Malerei, Vier-Zeichen-Siegelmarke YONGZHENG, zweite Hälfte 19. Jh.
Abb. 315 Überfangglas-Snuff Bottle mit sieben Farben (QICAI TIAOLIAO), 7,1 cm, QIANLONG-Periode, 1760-1795, Gallery Hall, London und Paris

Folgende rechte Seite von links oben nach rechts unten

Abb. 316 NEIHUA-Snuff Bottle, Porträt der Kaisermutter bzw. der inoffiziellen Herrscherin Chinas, »Kaiserin« CIXI, der GUANGXU-Periode, erste Hälfte 20. Jh., Ps. Lehmann, Ascona
Abb. 317 Zwei Walnuß-Snuff Bottles, teilweise figürlich geschnitzt (rechts mit 18 LOHANS), 19. Jh. oder später, links Ps. Sch.
Abb. 318 Stehender Bhudda mit Mandorla (BEIGUANG), Jade imitierender, grünlich gefleckter Glasguß, typologisch identisch mit Bronzefiguren der gleichen Zeit, Spuren vom Ton der Gußform, TANG-Epoche, Periode XUANZONG, auch MINGHAUNG genannt, rückseitig datiert KAIYUAN (713-742) und mit Inschrift FOGUANG SHANJIN, »Bhuddas Licht erstrahlt wie Gold« (über der Welt), gefunden in der Provinz HENAN, chin. Ps.

244

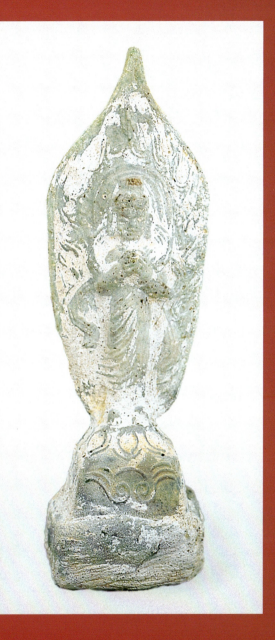

Hehe Er Xian (Hehe-Zwillinge) Götter des Reichtums (einer mit Schale, der andere mit Lotos) und der ehelichen Eintracht, auch Schutzgötter der Töpfer.

He Xiangu Die einzige weibliche der »Acht Unsterblichen« (s. d.), Beschützerin des Haushaltes (Attribute Lotos und Pfirsich).

Hirsch (Lu) Symbolisiert Ehre, Beamtentum und Langlebigkeit (als Begleiter des Shoulao, s. d.) sowie Reichtum.

Huang oder Huangdi »Kaiser«/»Kaiserlicher Höchster«, seit der Han-Epoche ist die Farbe Gelb (Huang), Homophon zu dem Schriftzeichen »Kaiser«, eine ausschließlich dem Kaiser vorbehaltene Farbe.

Huaniao Malerei mit Vögel und Blumen.

Hund (Gou) Elftes Tier der chinesischen Tierkreiszeichen. Begleiter des göttlichen Dämonenvertreibers Erlang. Im Norden Chinas nicht sonderlich geschätzt, ist er im Süden ein Symbol der Treue und Überbringer des Reises.

Hundert Antiquitäten (Baigu) Abbildung einer Vielzahl verschiedenster hochgeschätzter Gegenstände, wie zum Beispiel Musikinstrumente, Bücher, Vasen, Bronzen, Bildrollen u. ä.

Hundert Blumen (Baihua) Die Oberfläche vollkommen überdeckender Blumendekor in der Porzellanmalerei (französisch »mille fleurs«).

Hundert spielende Kinder (Baixiaohai) Häufiges Motiv in der Kunst, symbolisiert Kindersegen, Jugend und Lebensfreude.

J

Jade (Yu) Halbedelstein, mineralogisch Nephrit-Jade aus China sowie ab Mitte des 18. Jahrhunderts auch Jadeit und Chloromelanit aus Birma. Seit dem Altertum wurden ihm heilende und magische Kräfte zugeschrieben. Jade war auch eine Nahrung der »Unsterblichen« (Xian, s. d.) und versinnbildlicht die Lebenskraft. Darüber hinaus Symbol für Reinheit, aber auch für alle sexuellen Anspielungen; so bedeutet »mit Jade spielen« (Nungyu) Beischlaf, »Jadetür« (Yumen) Vagina und »Jadestengel« (Yugun) Penis.

Jahreszeitenblumen und -fruchtblüten (Jijiehua) Es symbolisiert die Päonie (Pfingstrose) den Frühling, der Lotos den Sommer, die Chrysantheme den Herbst und die Pflaume den Winter.

Jingdezhen Wichtigstes Produktionszentrum für Porzellan seit der Song-Epoche (im Norden der Provinz Jiangxi). Seit Mitte der yuan-Zeit wurde fast alles Porzellan in Jingdezhen bis heute hergestellt. Anfang des 18. Jahrhunderts sollen 18.000 Familien mit einer Gesamtbevölkerung von ca. einer Million Menschen dort tätig gewesen sein.

Juwel (Baoshi, aber auch als Perle, Zhu) Symbolisiert Reinheit und weibliche Schönheit sowie das Herz Buddhas.

K

Kaiser s. Huang.

Kai Shu Chinesische Standardschrift.

Kalligraphie (Shufa oder Shuhua) Die Kunst des Schönschreibens. In China ist es eine Frage der Bildung, der Reputation und des persönlichen Stolzes, »schön« zu schreiben. Im Abendland sind es nur wenige Buchstaben, die für die Schönschreibkunst beherrscht werden müssen, in China sind es Tausende von komplexen Zeichen. Im Abendland zählt die Genauigkeit des Federstrichs, in China die gekonnt »freie«, schwungvolle Führung des Pinsels. Allein hieraus wird deutlich, daß die Entwicklung der chinesischen Schrift und Schrifttechnik eine Schreibkunst geradezu erzwang. Große Persönlichkeiten interpretierten und entwickelten Stile, formulierten ästhetische Ideale und schufen einzigartige kalligraphische Kunstwerke. Durch den notwendigerweise geschickten Umgang mit dem Pinsel bei der Wiedergabe bildhafter Schriftzeichen konnte jeder Schreiber zum Maler werden, und jeder Maler sah in der Kalligraphie eine weitere Ausdrucksmöglichkeit für sein künstlerisches Können. S.a. »Schrift«.

Kamel (Lotuo) Das zweihöckerige (echte) Kamel kam aus Zentralasien nach China als Lasttier für trockene Regionen. Als Mingqi-Keramik (Grabbeigaben) häufigste Tierfigur neben dem Pferd in Tang-Gräbern.

Karpfen (Li) Aufgrund des Homophons »Vorteil« (Li) versinnbildlicht er geschäftlichen Vorteil, ferner Willenskraft und Ausdauer beziehungsweise aufgrund seiner Sprünge aus dem Wasser den Wunsch, das Staatsexamen zu bestehen.

Kastagnetten Emblem der Musik.

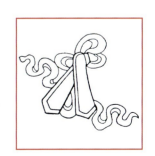

Katze (Mao) Symbolisiert Geisteraustreibung und langes Leben, Beschützer der Seidenraupen. Bild mit Katze und Schmetterling bedeutet hohes Alter, Katze mit Päonie »Reichtum in einem langen Leben«.

Kiefer (SONG oder SONGSHU) Symbolisiert langes Leben. Zusammen mit Bambus und Pflaumenblüte bildet sie das Sinnbild der »drei winterlichen Freunde«, die für Beständigkeit und Langlebigkeit stehen.

Kinder (XIAOHAI) Entsprechend chinesischen Wunschvorstellungen sind »Kinder« immer Knaben beziehungsweise Söhne, die für Wohlstand und Ahnenverehrung stehen, viele Kinder symbolisieren unschuldige Fröhlichkeit. Zwei Knaben sind die Glücksgötter HEHE (s. d.) der ehelichen Harmonie. Ehelicher Beischlaf bedeutet die Darstellung zweier sich anblickender Kinder, s. a. SIXI und WAWA.

Kirsche (YINGDAO) Dient als Begriff zur Beschreibung weiblicher Schönheit, zum Beispiel »Kirschmund« (YINGDAOKOU).

Kirschblüte (YING(DAO)HUA) Sinnbild für weibliche Erotik, wie im Sinne von »Kirschmund«. Blüte des 4. Monats.

Klangstein (SHENG oder QING) Symbolisiert Treue sowie Musikalität. Emblem eines Ministers.

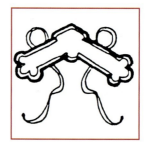

Klassen s. »Stände«.

 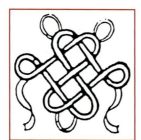

Knoten, endloser (ZHANG) Symbolisiert die Eingeweide Buddhas, Großzügigkeit und Langlebigkeit.

Konfuzianismus (RUJIA) »Sanfte-(Lehr-)Richtung«, im 4. Jahrhundert v. Chr. von KONGQUI, KONGZI oder KONGFUZI (Konfuzius/FU »Meister«/551-479 v. Chr.) begründete Staatslehre beziehungsweise »Staatsreligion«, die von der HAN-Epoche an bis Ende der QING-Dynastie zur vorherrschenden Staatsdoktrin wurde. Weitere bedeutende Konfuzianer sind MENGZI (372-281 v. Chr.) und XUNZI (310-230 v. Chr.). Der

Konfuzianismus regelt die Beziehungen zwischen der höchsten Himmelsmacht (TIAN) und den Menschen sowie den Menschen untereinander als Teil einer absoluten Weltordnung. Im Mittelpunkt steht ein festes Gefüge von Über- und Unterordnung, Riten und Ahnenkult. Nur durch das »rechte« Handeln (LI) aller Menschen in Verbindung mit Tugendhaftigkeit (DE), Gerechtigkeit (YI), Menschlichkeit (REN) und Aufrichtigkeit (XIN) kann Harmonie herrschen und das so gefürchtete Chaos (DUNLUAN) vermieden werden.

Konfuzius (KONGZI) s. »Konfuzianismus«.

König (WANG) Bis zur QIN-Dynastie (221 v. Chr.) trugen alle Herrscher einer Dynastie den Titel WANG. S. auch HUANGDI.

Königinmutter des Westens (XI WANGMU) In ihrem Palastgarten im KUNLUN-Gebirge am Jaspissee (den unterschiedlichen literarischen Quellen gemäß) reifen alle 1000, 3000 oder 9000 Jahre die Pfirsiche der Unsterblichkeit, worauf alle »Unsterblichen« (s. d.) zu einem Festessen eingeladen werden. In einer frühen Form (HAN-Epoche) war sie mit Tigerzähnen Herrin des Unheils und der Seuchen.

Koralle (SHANHU) Symbolisiert Langlebigkeit und Karriere.

Abb. 319 DEHUA-Porzellan, »Königinmutter des Westens« (XIWANGMU) in ihrem Paradies (Teilauschnitt), 19. Jh.

Krabbe (XIA) Getrocknet an der Haustür befestigt, wehrt sie Dämonen ab. Pulverisiert ein Potenzmittel.

Kranich (HE) Symbolisiert langes Leben und persönlichen Erfolg. Er hält Zwiesprache mit den himmlischen Mächten und ist ihr Bote. Zwei Kraniche oder zwei Vögel nebeneinander stehend oder zusammen fliegend bedeuten »zusammen alt werden«. Hundert Kraniche symbolisieren den Wunsch nach hundert Kindern.

Krebs (XIE oder XIA) Symbol der Ehe und der Harmonie, des Reichtums und sogar der ewigen Jugend.

249

Kriegsgott s. GUANDI.

Kröte (SHAN oder HAMA) Dreibeinig, symbolisiert den Mond, das Geldverdienen und langes Leben. Attribut des LIUHAI (s. d.).

Kundika-Flasche (JINGSHUIPING) oder GUANYIN-Flasche, Gefäß für »heiliges Wasser« (JINGSHUI) zwecks ritueller Reinigung, häufig auch als Lebenselixier, Nektar der Unsterblichkeit oder »himmlischer Tau« bezeichnet, s.a. GUANYIN.

Kürbis (HULU) Seit jeher als Flasche für Getränke und Medizin verwendet. In Verbindung mit anderen Symbolen wunschverstärkend und vervielfachend. Ansonsten Sinnbild für ein langes Leben (und Attribut des SHOULAO und des LI TIEGUAI, s. d.), Heilung und Kindersegen, daher im Volksmund auch als BAIZI (»hundert Söhne«) bezeichnet. Eine der beliebtesten Formen in der Kunst beziehungsweise bei Snuff Bottles.

L

Lachender Dickbauch-Buddha s. BUDAI.

Laichkraut (ZAO) Symbolisiert die Geister des Wassers.

LAN CAIHE Einer der »Acht Unsterblichen« (s. d.) und Beschützer der Gärtner und Bänkelsänger (Attribut Früchte- oder Blumenkorb, manchmal auch mit Flöte).

Landschaftsmalerei (SHANSHUIHUA/»Berg-Wasser-Malerei«) In der SONG-, YUAN- und MING-Epoche entwickelte sich eine daoistisch geprägte Landschaftsmalerei, die die Erhabenheit der Natur vermitteln wollte. Die Landschaft ist nie eine reale, sie ist immer eine erdachte, eine idealisierte. Der Berg steht für Ewigkeit und Stille, das Wasser für Wandel und Vergänglichkeit. In diesem Sinne ist das Landschaftsbild der »Einblick« in die ewige Schönheit der Schöpfung.

LAOZI (ca. 480-390 v. Chr.) Gilt als legendärer Begründer des philosophischen Daoismus, eine Art Naturphilosophie, in deren Mittelpunkt das

DAO, das ewige und absolute Wirken, der ununterbrochene Wandel des Kosmos, steht. Er soll das Buch DAODEJING (»Weg und Tugend«) geschrieben haben. Seinen tiefsten künstlerischen Ausdruck fand der Daoismus in der Landschaftsmalerei. S. »Daoismus«.

Langlebigkeit s. SHOU

Abb. 320 Silber-Snuff Bottle in Form des Glücksgottes LIUHAI mit dreibeiniger Kröte (SHAN) auf der Schulter und Geldschnüren (CASH), 8,2 cm, auf der Basis mit der Inschrift »PENGKAIBAO« (»Kostbarkeit aus dem Studio PENGKAI«) CHENGZUYIN (»aus massivem, reinen Silber«) HUADE, (als Wunsch: »Blühende Tugend«), frühes MINGUO

Laterne (TENG) Sie leuchtet den Gästen und den Seelen der Verstorbenen. Am 15. Tag des ersten Monats zum Ende des Neujahrsfestes wurde überall in den Straßen ein Laternenfest veranstaltet. Im Buddhismus symbolisiert die Laterne beziehungsweise das Licht die »Erleuchtung«.

LEIWEN s. »Mäandermuster«.

Leopard (BAO) Symbolisiert Kraft und Tapferkeit, aber auch Grausamkeit (auch BAO). Auf Bildern Begriff für »Verkünden«, zum Beispiel zusammen mit fünf Fledermäusen »Erfüllung der fünf Wünsche«.

LINGZHI Ein pilzähnliches Zauberkraut, dessen Verzehr 500 Jahre Unsterblichkeit bewirken soll. Symbol der Langlebigkeit und in der frühen KANGXI-Periode auch Bildmarke auf Porzellan.

LIUHAI Ein hilfreicher, glücksbringender daoistischer Heiliger und Unsterblicher, dargestellt als junger Mann auf oder mit einer dreibeinigen Kröte (s. d.), eine Schnur mit gelochten Münzen schwingend.

Lilie (BAIHE) Sie vertreibt Geister und Sorgen. »Goldene Lilien« (JINBAIHE) bezeichnet man die verkrüppelten Füße bei Frauen; diese Technik wurde vor allem in der QING-Epoche praktiziert.

LIULICHANG Berühmte Antiquitäten-Einkaufsstraße im Zentrum von BEIJING, wurde nach 1949 weitgehend zerstört und später teilweise wiederaufgebaut. Heute wieder ein wichtiges Einkaufszentrum für semi-antikes und neues Kunsthandwerk.

Lishu Kanzleischrift (s. »Schrift«).

Li Tieguai Einer der »Acht Unsterblichen« (s. d.). Er ist ein Zauberer und seine Attribute sind ein eiserner Krückstock und ein Flaschenkürbis. Er hat die Gestalt eines auf einem Bein lahmenden Bettlers.

Lizhi Eine südchinesische Frucht, versinnbildlicht Kindersegen.

Lohan oder Luohan 18 buddhistische Mönche oder Schüler Buddhas, dessen Weisheit oder »Erleuchtung« sie von allem Leid befreite und zu Heiligen werden ließ. In der Kunst wird jeder Lohan mit einem bestimmten Attribut dargestellt.

Long »Drache« (s. d.)

Lotos (Lian oder Lianhua oder Hehua) Symbolisiert Reinheit, Treue, Schöpferkraft und Sitz Buddhas; aufgrund der Wortgleichheit auch die Bedeutung für »ehelich verbinden«, »lieben«, »Bescheidenheit« oder »Harmonie«. Zwei Lotosblüten sind das Sinnbild für »ein Herz und eine Seele«. Lotosblatt und Lotosknospe symbolisieren den Wunsch, das kaiserliche Examen zu bestehen. Eine blaue Lotosblüte (Qing) bedeutet Reinheit (Jing), eine rote (Hong) die Vagina. In der frühen Kangxi-Periode auch eine Bildmarke.

Lotos-Blüte (Lianhua oder He) Symbolisiert Sommer, Schöpferkraft, Eintracht und Liebe. Blume des 7. Monats.

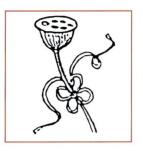 

Lotos-Frucht, Lotos-Fruchtkapsel (LIANBENG) Symbolisiert Fruchtbarkeit, Kindersegen beziehungsweise Nachkommenschaft.

Löwe (SHI) Symbolisiert Kraft und Tapferkeit. Reittier des Bodhisattva WENSHU (s. d.), Bodhisattva der Weisheit. Der Löwe, der auch in China als König der Tiere bezeichnet wird, kam dort nicht vor. Einige Exemplare mögen als Gastgeschenke aus Kleinasien nach China gekommen sein. Schon seit dem 3. Jahrhundert n. Chr. gibt es in China Steinskulpturen des Löwen in großer Zahl, aber erst in der MING- und QING-Epoche als Wächterpaar vor Palästen und Amtsgebäuden (Die »Noppen« am Kopf entsprechen dem Rang des Amtsinhabers). Ein Löwenpaar ist häufigste Wächterfigur gegen Dämonen vor Palästen und Tempeln. Das rechte, männliche Exemplar spielt dabei mit einem Brokatball, Symbol des Kleinodes der buddhistischen Lehre beziehungsweise Wunderknäuel (XIUQUI), das weibliche Tier mit einem jungen Löwen. Die Darstellung bedeutet den Wunsch nach einem hohen Rang oder Schwiegervater des Kaisers (durch die Schönheit der Tochter) zu werden.

Abb. 321 Zwei Wächterlöwen als Kerzenständer, SANCAI-Dekor auf Biskuit-Porzellan, KANGXI-Periode

Der sogenannte »Löwentanz« findet zusammen mit dem »Laternenfest« am 15. Tag des ersten Monats statt. Im Buddhismus ist der Löwe ein Wächter der Lehre, s. a. WENSHU und »Fo-Löwe«.

LU Chinesisches Wort für Reichtum und Glück.

LÜ DONGBIN Einer der »Acht Unsterblichen« und Beschützer der Kranken mit den Attributen Geisterschwert und Pferdeschweif.

M

Mäandermuster (LEIWEN oder HUIWEN) Schon in der neolithischen Keramik (ca. 3500 v. Chr.!) in China verwendet, ist es das wichtigste Band-, aber auch Einzelmotiv in der chinesischen Kunst. LEI bedeutet »Donner«, WEN »Schriftzeichen, Zeichen, Muster«. Da es auch dem Schriftzeichen HUI (»zurückkehren«) ähnelt, versinnbildlicht es im Buddhismus die »Wiedergeburt«. Auch Symbol für »Zehntausend« (WAN).

Magnolie (Mulan) Symbolisiert den 5. Monat und die weibliche Schönheit, wird auch als Heilmittel verwendet.

Malve (Jinkuei) Symbolisiert den 9. Monat und den Herbst.

Mandarine (Ju) Glück bringende Frucht. Wunsch für ein langes Eheleben.

Mandarinente (Yuanyang) Sie wechseln nie den Partner und sind deshalb das Symbol einer glücklichen Ehe.

Mandoline (Pipa) Versinnbildlicht Glück und Liebe.

Marken (Kuan oder Hao) In der chinesischen Kunst ist eine Reihe von verschiedenen Marken gebräuchlich. Im Gegensatz zu den europäischen Marken sind es in der Regel bis Ende der Qing-Epoche keine »Produzentenmarken«, sondern fast immer *»Regierungsmarken«* (Nianhao). Sie entsprechen der offiziellen Regierungsdevise, die zu Beginn der Regierungszeit eines Kaisers ausgerufen wurde, wie zum Beispiel Daoguang (»Leuchtendes Ziel«). Bis zur Ming-Epoche konnte diese Devise ein- oder mehrjährig sein, ab der Ming-Epoche (1368) umfaßte sie den ganzen Zeitraum der Regierung eines Kaisers und wurde so zum »Synonym« seiner Person. Seit diesem Zeitpunkt ist es in der Geschichtsschreibung allgemein üblich, einen Kaiser nicht mit seinem persönlichen Namen zu bezeichnen, zum Beispiel dem Herrschernamen Shen Zong (Familienname Zhu) oder seinem Eigennamen Yijun, sondern ihn nach seiner Regierungsdevise Wanli (»Zehntausendfache Nachfolge«) zu benennen. Die Regierungsmarken konnten auch mit einer traditionellen Datierung verbunden sein. S. a. Nianhao und im Anhang »Datierungssysteme«. In der Regel sind Regierungsmarken auf Porzellan und anderen kunsthandwerklichen Gegenständen bis ca. 1720 in Normalschrift (Kaishu), dann zunehmend, aber nur teilweise in Siegelschrift (Zhuanshu). Außer den Regierungsmarken, die nur auf einem Bruchteil der Objekte zu finden sind, existieren noch drei andere Arten von Marken, und zwar »Hallen- oder Palastmarken«, »Wunsch- und Symbolmarken« und »Künstlermarken«. *Hallen- und Palastmarken* (TANGMINGKUAN) nahmen Bezug auf einen Palast oder einen Tempel, für den der Gegenstand hergestellt wurde. Das bekannteste Beispiel ist die Marke SHENDE TANGZHI (»für die Halle zur Pflege der Tugendhaftigkeit gemacht«). Es handelt sich um einen Palast des Kaisers DAOGUANG (1821-1850). Einige Hallenmarken scheinen auch »Markenzeichen« einer privaten Manufaktur oder eines Studios gewesen zu sein. *Symbol- und Wunschmarken* stellen entweder ein Bildzeichen (JIHAO) dar, wie Hase oder Raute (beliebt im 16. und 17. Jahrhundert), oder bestehen aus ein bis vier Schriftzeichen (JIYANKUAN), die einen bestimmten Wunsch für den Eigentümer oder den Beschenkten signifizieren. In der Regel befinden sich fast alle Marken auf der Basis des Objektes. *Künstlernamen oder -marken* (RENMINGKUAN) auf einem Bild oder Objekt, die den Namen des Künstlers wiedergeben oder frei gewählt wurden (was auch in Europa als »Künstlernamen« bezeichnet wird), sind in der Kalligraphie und Malerei in Form eines Siegels (ZHUAN) und einer Signatur (QIANMING) sehr häufig, ansonsten aber selten. S.a. NIANHAO.

Meeresmuschel s. »Muschel«.

Meereswogen (BOLAN) Entstehen durch die Bewegung der im Meer (HAI) wohnenden Drachen oder durch die über das Wasser springenden »Meerpferde« (HAIMA).

MEIGUHUA »Ohne-Knochen-Malerei«, Malerei ohne Konturlinien.

MEIHUA Winterpflaumenblüte, s. »Pflaumenblüte«.

MEIREN »Schöner Mensch«, wird aber nur für die Darstellung junger, schöner Damen gebraucht.

Melone (TIANGUO) Symbol der Fruchtbarkeit und des Wohlstandes.

Messer (DAO) Symbolisiert Opfer und Verehrung.

MILUOFO s. BUDAI.

Abb. 322 Monochrom braunes MINYAO-Keramik-Fläschchen mit Reliefdekor, 19. Jh.

MINYAO Volkstümliche (MIN) Keramik (YAO) beziehungsweise Porzellan für breite Bevölkerungsschichten, häufig schlicht getöpfert und etwas oberflächlich bemalt. Der Begriff MINYAO wird manchmal unsinnigerweise als Abgrenzung zu dem Begriff GUANYAO »offizielle Keramik« (für den Palastbedarf) gebraucht, da in JINGDEZHEN (s. d.) unzählige private Manufakturen hochwertiges Porzellan für den chinesischen oder ab dem 16. Jahrhundert für den europäischen Markt herstellten. Dagegen wurde das meiste MINYAO-Porzellan an verschiedenen Orten in China in kleineren Manufakturen produziert. In diesem Sinne muß MINYAO besser mit dem Begriff »provinzielle Keramik« übersetzt werden.

MOCAI Grisaillemalerei, »Tuschmalerei«, das heißt in der Porzellanmalerei einheitlich schwärzliche oder dunkelbräunliche (auch ZHEMOCAI), matte Farbtöne auf einem glasierten oder unglasierten Scherben.

MOGU Konturlose Fleckentechnik in der Malerei.

MOHAI »Tuschemeer«, Ausdruck für umfassende Bildung.

Mohnblüte Symbolisiert den 12. Monat.

Monatsblumen und -fruchtblüten (YUEHUA) Die zwölf Monate des Jahres von Januar bis Dezember werden in der Kunst wie folgt versinnbildlicht: Pflaume, Aprikose, Pfirsich, Rose, Holzapfel oder Kirsche, Päonie (Pfingstrose) oder Magnolie, Lotos, Granatapfel oder Birne, Zimt oder Kassia oder Malve, Chrysantheme, Orchidee oder Gardenie und Narzisse oder Mohn.

Mond (YIN oder YUE) Symbolisiert das weibliche Element.

Mondkröte s. Kröte.

Münze (QIANBI) Symbolisiert Reichtum. Das Loch einer alten Münze heißt »Auge« (YAN), s. a. »Geld«.

Münzenschwert (QIANDADAO) Münzen werden in Form eines Schwertes zusammengeknüpft. So bewahren sie, über dem Bett aufgehängt, Neugeborene vor Dämonen.

Muschel (LO) Symbolisiert Königtum, gute Reise und die Stimme des Buddha.

N

Narzisse (SHUIXIAN) Die »Wasserunsterbliche« symbolisiert Glück im neuen Jahr und Harmonie in der Ehe.

NIANHAO oder NIANGUAN Kaiserliche ein-, mehrjährige oder regierungsperiodenidentische Regierungsdevise. Seit der MING-Zeit identisch mit der Regierungsperiode eines Kaisers, die allgemein wiederum zur Bezeichnung des jeweiligen Kaisers wurde. Als Marke auf Porzellan und anderen Kunstobjekten wurde sie (bis auf seltene Ausnahmen) bis Anfang des 18. Jahrhunderts in KAISHU (Normalschrift) geschrieben, danach teilweise auch in ZHUANSHU (Siegelschrift). Solche Regierungsmarken bestehen meistens aus sechs Zeichen, manchmal aber nur aus vier (ohne DAQING, also ohne Dynastieangabe). In der Regel bedeutete das dritte Zeichen (bei vier Zeichen) oder das fünfte Zeichen (bei sechs Zeichen) »Periode« (NIAN). Es gab aber auch in sehr seltenen Fällen in der ersten Hälfte des 18. Jahrhunderts eine Vier-Zeichen-Marke mit dem dritten Zeichen »auf Befehl« (YU), weshalb angenommen wird, daß diese Marke nur auf Stücke des persönlichen Gebrauchs oder aufgrund eines persönlichen Interesses des Kaisers Verwendung fand. Andererseits trugen fast alle Objekte des kaiserlichen Haushaltes die Marke mit »Periode-gemacht«. Beispiel einer Sechs-Zeichen-NIANHAO-Marke der QIANLONG-Periode der QING-Epoche:
DA-QING-QIAN-LONG-NIAN-ZHI; »Große-**QING**-(Dynastie)/QIANLONG (Devise: «Himmlischer Wohlstand«)/Periode gemacht«, s. a. »Marken«.

NIANHUA Glückwunschbild zu Neujahr.

O

Ochse und Wasserbüffel (Nui und Shuinui) Symbolisiert die Arbeit und die Beschwernisse des Bauern. Zweites Tier im chinesischen Tierkreiszeichen.

Orchidee oder Orchis (Lanhua) Symbolisiert Schönheit sowie Liebe und weibliche Düfte. Ein Orchideenzimmer ist das eheliche Schlafzimmer (Lanhuafang).

Orange/Apfelsine oder Mandarine (Ju oder Gan) Die Orange ist eine glücksbringende Frucht und Symbol der Pietät. Zwei Mandarinen sollen ein langes gemeinsames Leben eines Ehepaares andeuten.

Orange, bittere (Yuan) Lautgleich mit Yuan (Schicksal), bedeutet sie das Schicksal eines Menschen.

Ornamente s. Zhang.

P

Päonie, Pfingstrose (Mudanhua) Repräsentiert den Frühling und den 3. Monat im Jahr und wird als vielgerühmte »Königin der Blumen« in der Dichtung und in der Malerei verehrt. Symbolisiert Vornehmheit und Wohlhabenheit (auch bezeichnet als Fuguihua/»Blume des Reichtums und der Vornehmheit«) sowie die Vulva und die angenehmen Gedanken an ein wunderschönes und, als weiße Pfingstrose, auch kluges Mädchen (Baimudan).

Palmblatt (Zonglü) Symbolisiert die Selbsterziehung und ist ein wichtiges Ornament in der Porzellanmalerei seit der Ming-Epoche.

Panther s. »Leopard«.

Papagei (Yingwu) Begleitet oft Guanyin (s. d.). Begriff für »junges Mädchen«.

Perle (Zhu) Symbolisiert Erfüllung der Wünsche (Ruyizhu), die Sonne und Yin-Yang (s. d.), als buddhistisches Emblem das Herz Buddhas oder

auch ein reines Herz oder eine wunderbewirkende Perle. Sie gilt auch als Schutz gegen Feuersbrunst. Ansonsten häufig als flammende Perle (Huozhu) mit Drachen abgebildet. Xiaozhu (»kleine Perle«) ist ein Wort für Tränen. Im Daoismus ist die Perle die Essenz des Mondes. S.a. »Juwel«.

Persimone oder Kaki, auch Dattelpflaume oder Chinafeige (Shi) Symbolisiert erfolgreiche geschäftliche Vorhaben, aber auch Freude, mit Ruyi-Zepter (s. d.) bedeutet sie Wunscherfüllung.

Pfau (Kongque) Er schützt vor dem Bösen und versinnbildlicht das Schöne und die Würde. In der Kunst hat er eine glückverheißende Bedeutung. Die Pfauenfeder war in der Qing-Epoche Beamtenabzeichen ab dem fünften Rang (Ränge darunter trugen Fasanenfedern), zweiäugige Pfauenfedern waren nur den Ministern und dreiäugige allein der kaiserlichen Familie vorbehalten.

Pferd (Ma) Pferde erfuhren in China häufig ein leidenschaftliches Interesse, wie Grabbeigaben aus Keramik (und sehr selten aus Bronze) belegen, vor allem gilt dies für die Han- und Tang-Epoche. Sie waren militärisch im Kampf gegen die immer wieder in China einfallenden berittenen Barbarenvölker von größter Bedeutung. Sie wurden zur Zucht aus der Mongolei, aus Tibet und als edle Araberpferde aus westlichen Ländern nach China eingeführt. Eine beliebte Darstellung sind die acht Pferde des Königs Mu (Muwang, s. d.) oder als Querrolle »Hundert Pferde« (Baima), welche alle mit unterschiedlicher Zeichnung, Farbe und Stellung abgebildet sind. Im Altertum wurde einer Gottheit als »Ahn der Pferde« (Zuma) geopfert. So galten auch große Pferdeskulpturen vor Gräbern bis in die Qing-Epoche hinein als Dämonenschutz. Das Pferd ist das siebte Tier im »Tierkreiszeichen« (s. d.).

Abb. 323 Porzellan-Fläschchen in Form eines Pferdes mit unterglasurblauer Malerei auf erbsengrünem Grund, Guangxu-Periode (1875-1908) mit Vier-Zeichen-Nianhao

Pfirsich (Tao) In der Kunst das häufigste Symbol für Unsterblichkeit beziehungsweise Langlebigkeit sowie Fruchtbarkeit (s.a. Xi Wangmu); Pfirsichzweige vertreiben Dämonen.

259

Pfirsichblüte (Taohua) Blume für den 2. Monat, schützt vor dem Bösen, symbolisiert das daoistische Paradies. Ihre Farbe wird mit der Gesichtsfarbe eines jungen Mädchens verglichen. Die »Pfirsichblütenglasur« (europäische Bezeichnung, chinesisch Pingguohong/»roter Apfel«) ist eine seltene und kostbare Kupferglasur aus dem letzten Drittel der Kangxi-Periode.

 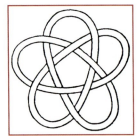
Pflaume (Mei) Symbolisiert den Winter beziehungsweise zusammen mit der Kiefer und dem Bambus die »drei Freunde« des Winters sowie ein unberührtes Mädchen. Auch Sinnbild für Perfektion und Schönheit (Mei).

Pflaumenblüte oder Winterpflaumenblüte (Meihua oder Wufo) Symbolisiert Schönheit und Reinheit, ist die Blume des 1. Monats. Wichtiges Motiv der Kangxi-Periode in der Blauweißmalerei, häufig dargestellt mit »gebrochenem Eis« (s. d.), wobei ihre fünf Blütenblätter die »fünf Glücksgötter« (s. d.) bedeuten. Auch als Bildmarke der frühen Kangxi-Periode.

Phönix (Feng Huang) Mystischer Vogel und Essenz der »gefiederten Tiere«, symbolisiert das Weibliche. So ist er als weiblicher (Huang) roter Phönix das Emblem der Kaiserin sowie der Schönheit und Tugend (De).

Abb. 324 Phönix, Unterglasurmalerei, JIAQING-Periode

260

Ferner vertritt ein roter YIN-Phönix den Süden, den Sommer und das Element Feuer. Als solcher ist er in der Kunst häufig mit dem Drachen abgebildet. Der männliche Phönix heißt FENG. Abbildungen eines weiblichen mit einem männlichen Phönix bedeuten eheliche Freuden.

Pilz (GU oder JUN oder LINGZHI) Symbol der Unsterblichkeit und Langlebigkeit.

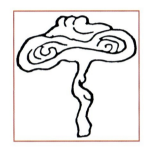 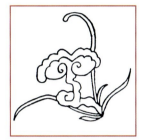

PING Chinesisches Wort für Vase oder Flasche und (mit einem anderen Schriftzeichen) Frieden und Harmonie, die mit einer Vase symbolisiert werden.

Pinsel (BI) Symbolisiert Gelehrtentum. Auf Bildern bedeutet er eine Verstärkung der »versteckten« Botschaft.

Pinselbecher (BITONG) Symbolisiert Gelehrtentum, Pinselhalter steht für die Talente des Gelehrten.

PIPA Chinesische Laute mit vier Saiten.

Porträtmalerei (XIEZHAOHUA oder HUAXIANG) Eine Porträtmalerei in unserem Sinne findet sich nur vereinzelt durch europäischen Einfluß seit dem 18. Jahrhundert, jedoch Anfang des 20. Jahrhunderts als »Innen-Malerei« (NEIHUA) bei transparenten Schnupftabakfläschchen. Ansonsten war die Porträtmalerei in China eine idealistische und völlig formalistische Ahnenbildmalerei (XIANHUA). Nur bei den wenigen historiographischen Abbildungen hoher oder kaiserlicher Persönlichkeiten auf der Jagd oder auf Reisen oder während einer Zeremonie kann man von einer gewissen historischen Authentizität ausgehen.

Q

QILIN »Einhorn«-Fabelwesen, in dem männliche und weibliche Wesenseigenschaften vereint sind. Es kann in die Zukunft sehen und symbolisiert in der Kunst Friedfertigkeit und Gerechtigkeit. Sein Erscheinen war ein gutes Omen. Emblem des aufrechten Richters GAOYAO. Es hat den Körper eines Hirsches und ein einziges haariges Horn. Auch versinnbildlicht es die Tugenden der Verstorbenen und die Weisheit von deren Nachkommen.

QIN Chinesische Zither mit ursprünglich fünf, jetzt sieben oder manchmal neun (YANG-Zahlen) Saiten. Eines der Kleinode des Gelehrten.

QINGCI s. »Seladon«.

QINGFENCAI Eine relativ seltene Malerei auf Porzellan mit FENCAI-Emailfarben (s. d.) und Unterglasurblau. Nicht zu verwechseln mit der DOUCAI-Malerei (s. d.), bei der nur die Konturlinien in Unterglasurblau gemalt waren.

QINGHUA s. »Unterglasurblau-Malerei«.

R

Rabe (YA) Er ist ein Verkünder des Unglücks, also ein »Unglücksvogel«. Doch als dreibeiniger Rabe ist er das Tier der Sonne und Bote der »Königinmutter des Westens« (s. d.).

Rad der (buddhistischen) Lehre oder des Gesetzes (Dharmacakra, chin. FALUN) Symbol für die Person Buddhas und für die Wahrheit der Lehre, zermalmt den Unglauben. Analog dem »Achtfachen Pfad« besitzt es acht Speichen. Nach tibetischer Auffassung wurde das »Rad der Lehre« dreimal in Bewegung gesetzt: mit der ersten Lehrrede Buddhas im Damhirschpark (Hinayana), mit der Entstehung des Mahayana und mit der Lehre des Vajrayana. S.a. »Buddhismus« und »Acht buddhistische Symbole«.

Ranke (MAN) Symbolisiert wie WAN die Zahl »Zehntausend« im Sinne eines »zehntausendfachen Erfolgs«.

Ratte (DASHU) Steht sinnbildlich in Verbindung mit Geld; so wird ein Geizhals als »Geldratte« (QIANDASHU) bezeichnet. Sie ist das erste Tier im »Tierkreiszeichen« (s. d.).

Raute (Lingxing) Symbolisiert eine gute Regierung, Glück und Sieg. Als Doppelraute (Fangzheng) wirkt sie als Abwehrzauber.

Regen (Yu) Durch Paarung von Yin und Yang entsteht Regen. Deshalb Symbol für die Ehe, der Regenbogen aber für die Unzucht.

Regierungsmarken s. Nianhao und »Marken«.

Reichtum s. Caishen und Lu.

Reiher (Lu) Bedeutet Weg (auch Lu). Beliebtes Motiv in der Malerei.

Reiskörner (Fenmi) Symbolisieren Fruchtbarkeit und Reichtum.

Religionen, chinesische s. »Daoismus«, »Buddhismus«, »Konfuzianismus«.

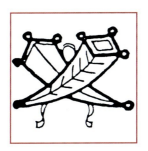

Rhinozeroshorn-Becher (Xique) Symbolisiert Glück und den Charakter eines Gelehrten. Schutz gegen Gift in einem Getränk.

Rhombus s. »Raute«.

Rind (Niu) Es ist ein Symbol für den Frühling und das zweite Tier im Tierkreiszeichen (s. d.).

Ring (Huan) Symbol des Dauerhaften, auch wie im westlichen Verständnis in der Liebe.

Rosa (Fenhong) Versinnbildlicht die Unzucht. Typische Farbe in der Fencai-Malerei (s. d.).

Rosenkranz (Nianzhu) Stammt aus dem Buddhismus und besteht aus normalerweise 108 Perlen aus Holz, Elfenbein, Halbedelsteinen oder Fruchtkernen, wobei die Zahl 100 für 100 Gebete steht und 8 Perlen fürs Verzählen (!). Über den Islam vom Christentum übernommen.

Rot (Hong) Farbe des Glücks und des Reichtums, der Freude, der Festlichkeiten, der Lebenskraft und des Südens, der Sonne, des Sommers; sie ist YANG zugeordnet (s. d.). Farbe der ZHOU-Dynastie. »Roter Vertrag« ist ein amtlich (mit roter Siegelpaste) versiegelter Vertrag. Rot symbolisiert auch die Wahrheit, Aufrichtigkeit, Loyalität und Rechtschaffenheit. HONG mit anderem Schriftzeichen bedeutet »groß, großartig, grandios«, weshalb Rot auch hierfür ein Symbol ist.

RUYI-Zepter (»nach Belieben«), symbolisiert als Geschenk die Wunscherfüllung, ansonsten Eheglück sowie die Würde des Beamten. Auch ein Attribut der GUANYIN. Häufig in der Form eines LINGZHI-Pilzes dargestellt.

S

Saiteninstrument s. a. PIPA.

SANXING »Drei Sterne«, siehe »Drei Glücksgötter«.

Schachbrett (WEIQI) Symbolisiert Gelehrsamkeit und scharfsinnige Intelligenz.

Schaf (YANG) Versinnbildlicht die Kindespflicht (XIAO) und das Opfer, aber auch bildlich die »Drei YANG« (SANYANG, die drei unter der YANG-Kraft stehenden Frühlingsmonate) mit der Bedeutung »Frühling, Glück, Erfolg«. Es ist das achte Tier im »Tierkreiszeichen« (s. d.). Ziegen, die auch als »Bergschaf« (SHANYANG) bezeichnet werden, haben die gleiche Bedeutung.

Schildkröte (GUI) Symbolisiert Unsterblichkeit und den Norden, den Winter und das Element Wasser sowie die Beständigkeit, weshalb steinerne Stelen mit Inschriften häufig auf einer Schildkröte beziehungsweise einem Schildkrötendrachen (s. d.) stehen. Eine Schildkröte mit einer um sie gewundenen Schlange wird auch als »dunkler Krieger« bezeichnet. Sie gilt als ein geheimnisvoll mit den kosmischen Kräften verbundenes Wesen. Die Zeichnung auf ihrem Panzer galt als Sinnbild des Himmels und der Unterteil als das der Erde, weshalb ihr Schildpatt in der SHANG-Epoche dem Orakel diente (mittels der durch Hitze entstandenen Sprünge im Panzer)

Schildkrötendrachen (GUILONG) Mächtiger Flußgott mit dem Körper einer Schildkröte und dem Kopf eines Drachens. Häufig Basis einer Stele oder Oberteil eines amtlichen oder kaiserlichen Siegels. Auch Emblem der Literatur.

Schirm (SAN) Symbolisiert Rang und Reinheit sowie die Milz Buddhas. Zusammenklappbare Schirme sind schon über 2000 Jahre im Gebrauch.

Schlange (SHE) Symbolisiert Schläue und Hinterlist sowie Sinnlichkeit. Sie ist das fünfte Tier im »Tierkreiszeichen«(s. d.). Ein »Schlangenherz« (SHEXIN) bedeutet eine hinterlistige Person.

Schmetterling (HUDIE) Symbolisiert den Sommer, einen verliebten Mann oder den Wunsch, 70 Jahre alt zu werden, aber auch allgemein Schönheit, eheliche Freuden und Frohsinn sowie Harmonie und im besonderen die Unsterblichkeit der Seele, s. a. »Katze«.

Schrift, Kalligraphie (SHU, SHUFA, WEN), Schriftzeichen (ZI, WENZI, HANZI) Die chinesische Schrift, eine Begriffsschrift (Ideogramm), hat ihren Ursprung in Bildzeichen (Piktogramm), die im 2. Jahrtausend v. Chr. innerhalb des Orakelkultes auftraten und schließlich sich zu einem Schriftsystem entwickelten. Diese erste Schrift wird deshalb als »Orakelknochenschrift«

bezeichnet. Bis zum 9. vorchristlichen Jahrhundert formte sich aus der »Orakelknochenschrift« die sogenannte »große Siegelschrift« (DAZHUANSHU), die damals erstmals kanonisiert wurde. Im Laufe der Zeit waren diese Bildzeichen großen Veränderungen unterworfen, und gleichzeitig entwickelten sich immer mehr aus der Kombination von zwei oder drei Schriftzeichen zusammengesetzte Zeichen, wobei in über 15% der Fälle ein Zeichen die Lautform anzeigt und die anderen der Sinngebung dienen. Schließlich wurde dann aus der »großen Siegelschrift« in der QIN-Dynastie (221-206 v. Chr.) eine sogenannte »kleine Siegelschrift« (ZHUANSHU) abgeleitet. Diese Siegelschrift eignete sich besonders für Gravierung oder Guß, weniger aber für die damals aufkommende Schreibtechnik mit dem Pinsel. Aus diesem Grunde wurde schon in der QIN-Periode und der anschließenden HAN-Epoche die bis heute gültige »Kanzleischrift« (LISHU) geschaffen, die gleichzeitig die Grundlage für die »Normalschrift« (KAISHU) beziehungsweise für alle anderen Schrifttypen abgab.

Insgesamt unterscheidet man bei der chinesischen Schrift (SHU oder SHUFA oder WENZI) folgende acht Hauptstilarten:

1. JIA GU WEN (archaisch) oder Orakelknochen-, QI- oder BUZIYIN-Schrift (bis 11. Jh. v. Chr.)
2. JIN WEN oder Große Siegelschrift, Bronze-DAZHUAN SHUWEN ZHOU-Schrift (bis 256 v. Chr.)
3. XIAO ZHUAN SHU Kleine Siegelschrift oder QIN-Schrift (bis Ende HAN-Epoche/für Siegel bis heute)
4. LI SHU Kanzleischrift oder HAN-Kurial-Schrift
5. KAI SHU Standard-, Regel- oder Normalschrift (Ende HAN bis heute)
6. CAO SHU Konzeptschrift, sogenannte Grasschrift, »wilde Schnellschrift« (ab Ende HAN bis heute) oder als extremste »unentzifferbare« Form KUANGCAO (»verrückte Konzeptschrift«)
7. XING SHU oder XIETIZI Kursivschrift oder »allgemeine Schreibschrift«, eine Kombination von KAI SHU und CAO SHU
8. YINSHUA SHU Druckschrift, entspricht gewissermaßen KAISHU in formalisierterer Form, da ursprünglich die Schriftzeichen in Holz geschnitten wurden.

Bis auf die nur für Siegel noch gebräuchliche »Orakelknochenschrift« und die »große Siegelschrift« sind alle Stilarten bis heute für Texte in Gebrauch.

In der 6000 Jahre alten neolithischen Siedlung BANPO, heute ein Vorort von XI AN, entdeckte man auf Tongefäßen 56 unterschiedliche Bildzeichen, die möglicherweise weltweit als die frühesten Schriftsymbole aufgefaßt werden können, s. a. »Kalligraphie«.

Schwalbe (YAN) Sie versinnbildlicht Glück und Kinderreichtum und die Beziehung zwischen älterem und jüngerem Bruder sowie den Frühling und in diesem Sinne auch den Wunsch nach Genesung. Schwalbennestersuppe von Seeschwalben am Indischen Ozean gilt als Delikatesse und Potenzmittel.

Schwarz (HEI) Farbe des Wassers, des Nordens und der Ehre, aber auch Tod. Farbe der XIA- und QIN-Dynastie.

Schwein (ZHU) Symbolisiert männliche Kraft und Erfolg bei Prüfungen. Es ist das letzte Tier im Tierkreiszeichen (s. d.).

Schwert (Dadao) Attribut des Unsterblichen Lüdongbin (s. d.), symbolisiert den Sieg der Magie und der Weisheit. Im Buddhismus verkörpert es das »Abschneiden von Unwissenheit« und dient zur Vertreibung aller Gegner der Lehre., s. a. »Münzenschwert«.

Sechs (Liu) Entspricht den »Sechs Gefühlen« Liebe, Haß, Freude, Zorn, Lust und Schmerz oder den »Sechs Richtungen« oben und unten sowie den vier Himmelsrichtungen.

Sepia-Malerei (Mocai) s. »Mocai«.

Shou Schriftzeichen für »langes Leben«, in der Kunst manchmal in 100 Varianten geschrieben (Sinnbild für Ewigkeit), meistens stilisiert in runder oder hocheckiger Form oder in antikisierender Siegelschrift. Als volkstümlich daoistisches Symbol wird dem Schriftzeichen magische Wirkung zugeschrieben, s. a. Shoulao.

Shoulao oder Shouxing »Gott der Langlebigkeit« (eine Gestirnsgottheit) oder »Gott des südlichen Scheffels« mit übergroßem Kopf und langem weißem Bart, mit einem knorrigen Stab, einem Hirsch oder Kranich und einem Dienerknaben dargestellt. Sein Erscheinen bedeutet Frieden. Er ist ein Helfer des Dongyodadi (s. d.) und hat das Sterbedatum der Menschen festzusetzen.

Shouxing s. Shoulao.

Shuiyu Guanyin s. Guanyin.

Siegel (Yin) Symbolisiert Autorität und kann Wunden heilen.

Sinologie Studium der chinesischen Sprache, chinesisch Hanxue (»Wissenschaft von Han«), s. a. »China«.

Sixi s. »Vierfaches Glück«.

Songzi-Guanyin s. Guanyin.

Abb. 325 Überfangglas-Fläschchen, 6,5 cm, mit SHOULAO und rückseitig MILUOFO-Buddha (GRC 3.5), frühes MINGUO, wahrscheinlich 1912-1915

Sonne (YANG oder RI) Entspricht dem männlichen, »positiven« Prinzip (YANG), dem Osten, dem Frühling und der Farbe Rot. Sie ist Symbol des Kaisers.

Spiegel (JING) Symbolisiert weibliche Eitelkeit, das eheliche Glück (zerbrochen die Trennung) und schützt vor bösen Kräften. Macht Geister sichtbar. Bis in die QING-Zeit hinein kannte man nur polierte Bronzespiegel (TONGJING), meist mit prachtvoll reliefierter Rückseite. Sie wurden von der SHANG- bis zur TANG-Epoche für magische und religiöse Zwecke und deshalb auch als Grabbeigabe (MINGQI) verwendet. Erst seit der TANG-Zeit dienten sie als hilfreicher Gegenstand für das »schönere« Geschlecht. Im Buddhismus zeigt der Spiegel die zukünftige Inkarnation. Er ist auch Hilfsmittel zur Heilung Besessener und Attribut der daoistischen Gottheit DIANMU. Darüber hinaus bedeutet einen »Spiegel polieren« (JINGGUANG) das Streicheln der Vagina.

Staatsschirm s. »Schirm«.

Stände (SHENFEN) Die klassischen Stände sind in folgender Rangfolge: Gelehrter beziehungsweise Beamter, Bauer (!), Handwerker und Kaufmann. Durch das Fehlen einer Aristokratie im europäischen Sinne (der erste Rang konnte im Prinzip nur durch Leistung, das heißt durch Staatsprüfungen erlangt werden) kannte man in China keinen eigentlichen »Standesdünkel«.

Sterne (XING) Symbolisieren China und das Herz des Kaisers.

Storch (GUAN) Gleichfalls wie der Kranich ein Symbol für langes Leben.

Süden (NAN) Region des Lebens und des »Gottes des südlichen Scheffels« beziehungsweise des »Gottes der Langlebigkeit« (SHOULAO oder SHOUXING, s. d.).

Swastika (WAN) Hakenkreuz, symbolisiert das Herz Buddhas und die Lehre beziehungsweise das Rad der Lehre Buddhas, und die Zahl Zehntausend (Zahl der Unendlichkeit), multipliziert die dargebrachten Wünsche. In der frühen KANGXI-Periode manchmal auch als Bildmarke verwendet.

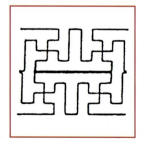 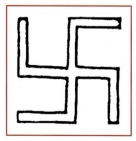 

T

Tag (TIAN, gleiches Schriftzeichen wie Himmel oder RI wie Sonne) Traditionell ist in China der Tag in zwölf Doppelstunden eingeteilt, heute dominiert jedoch die westliche Zeitrechnung.

TAOTIE-Maske Schrecken erregendes, tigerähnliches Fratzenmotiv auf CONG-Jadestücken aus der LIANGZHU-Kultur, das nachfolgend in vielen Abwandlungen bei den frühen chinesischen Bronzen und Keramiken auftaucht (SHANG- und ZHOU-Epoche), danach hauptsächlich als Henkelmotiv bei ZHANGUO-, QIN- und HAN-Bronzen und -Keramik. Wichtiges henkelartiges Seitenmotiv bis in die Neuzeit an Gefäßen aller Art. Die Bedeutung dieses Maskenmotivs liegt weitestgehend im dunkeln, unter anderem soll es ein menschenfressendes Ungeheuer oder der zornige, mit Überschwemmungen zerstörende Regendrache sein. Der Ausdruck TAOTIE stammt erst aus der HAN-Epoche. In der Kleinkunst der späteren Zeit symbolisierte die TAOTIE-Maske kriegerischen Mut und im Volksglauben Schutz vor dem Übel (u.a. als Türbeschläge).

Snuff Bottles tragen sehr häufig an den beiden Seiten einen TAOTIE-Henkel-Dekor. Stilistisch ist der Ring des Henkeldekors bis Ende des 18. Jahrhunderts beinahe rund oder etwas gebaucht, danach mehr oval bis länglich oval. (s. Abb. 326)

Abb. 326   Verschiedene Henkelmasken (TAOTIE), von links: Porzellan und JIAOLIAO-Glas zweite Hälfte 18. Jh., Glas 19. Jh., Glas MINGUO, Glas Neuzeit

Taube (GE) Versinnbildlicht Treue und Langlebigkeit.

Tiger (HU) Symbolisiert Mut und Kraft sowie als weißer Tiger den Westen, den Herbst und das Element Metall. Auf den Gräbern sollen steinerne Tiger die Dämonen vertreiben. Einerseits galt sein Bild oder sein Schriftzeichen als Abwehrzauber gegen böse Geister (GUI), andererseits wurde der Tiger als Menschenfresser gefürchtet, wobei die Seele des Menschen sein Sklave wurde. Eine Abbildung mit fünf Tigern versinnbildlicht die fünf berühmtesten Feldherrn in der Geschichte Chinas. Tiger mit Tigerkind bedeutet Mutterglück.

Tierkreisjahreszeichen (Zodiak), chinesische (HUANGDAO) Es sind Ratte, Ochse, Tiger, Hase, Drache, Schlange, Pferd, Ziege, Affe, Hahn, Hund und Eber.

Trigramm s. BAGUA.

Tuschreibestein (YAN) Symbolisiert Gelehrtentum.

U

Unsterbliche, daoistische (XIAN) »Unsterbliche« sind Heilige, vergöttlichte Verstorbene oder legendäre Gestalten, die es im chinesischen Volksglauben in großer Zahl gibt. Sie leben im KUNLUN-Gebirge oder auf den »Inseln des Ostens« und werden meist lokal verehrt. Zeitweise können sie auch auf Erden wandeln und in der Not helfen. Jeder Unsterbliche ist an seinen Attributen zu erkennen. In ganz China berühmt und verehrt sind die »Acht Unsterblichen« (BAXIAN), s. d.

V

Vase oder Flasche (PING) Symbolisiert ewige Harmonie, Frieden (PING) und Weiblichkeit, s. a. GUANYIN.

Vier (SI) Sie ist die Zahl des Westens und auch der (»viereckigen«) Erde, das »Reich der Mitte« ist von »vier Meeren« und »vier Barbarenvölkern« umgeben. »Vier Seile« sind vier konfuzianische Forderungen: Riten, Pflicht, Scham und Unbestechlichkeit. Die »Vier Künste oder Fertigkeiten« (SISHU) der Gelehrten werden versinnbildlicht durch Bild, Buch, Gitarre und Schachbrett. SIBAO sind die vier Schätze des Gelehrten: Tusche, Tuschreibestein, Pinsel und Papier.

Vier Edle (SIJUNZI) Es sind Orchidee, Pflaumenblüte, Chrysantheme und Bambus.

Vierfaches Glück (SIXI) Glückwunsch, analog zu doppeltem Glück XIXI, zum Beispiel bildlich durch vier Knaben ausgedrückt.

Vier Grundberufe (SIZHI) s. »Berufe«.

Vier Stände (SISHENFEN) s. »Stände«.

Vier Wundertiere (SILING) Die vier beseelten mythologischen Tiere sind »Drache«, »Einhorn«, »Phönix« und »Schildkröte«.

W

Wachtel (ANCHUN) Symbol für Mut, aber auch Armut.

WAN »Zehntausend«, Zeichen, häufig in Swastika-Form als Vervielfachung eines Wunsches.

WANHUA Dekor in der Porzellanmalerei mit »zehntausend Blumen« (französisch »mille fleurs«)

Wasser (SHUI) Entspricht der Farbe Schwarz, dem Geschmack salzig und ist Sinnbild des Nordens; repräsentiert die kosmische Kraft YIN.

Wasserbüffel (SHUINUI) oder Ochse (NUI) Bildlich oft als Reittier des LAOZI oder eines Knaben dargestellt. Symbol des harten Bauernlebens.

Wassermotiv (SHUI) Daoistisches Sinnbild.

WAWA Darstellung von »100« spielenden Kindern, symbolisieren Glück und Nachkommen.

Weihrauchgefäß (DING) Symbolisiert Ahnenverehrung.

Weintrauben (PUTAO) s. »Eichhörnchen«.

Weiß (BAI) Farbe des Westens, des Herbstes, des Alters, der Reinheit. Farbe der SHANG-Dynastie. QINGBAI (»reines Weiß«) bedeutet Jungfräulichkeit. Die Trauerfarbe der Gewänder ist nicht – wie oft behauptet wird – weiß, sondern naturfarben, das heißt ungefärbt (SU), also hellbeige.

Wellen (Bolang) Symbolisieren den Wohnsitz der Drachen. Ornament unter anderem am Saum der Hofkleider und in der Porzellanmalerei.

Wolken (Yun) Symbolisieren Regen und Fruchtbarkeit. Sie sind der Wohnsitz der Drachen und entsprechen der Himmelsrichtung Westen.

Wolkenköpfchen (Yuntou) Kleines Wolkenmotiv in der Kunst.

Wucai-Malerei »Fünf-Farben«-Malerei auf Porzellan seit der Jiajing-Periode (1522-1566) der Ming-Epoche mit Emailfarben und als flächenfüllende blaue Farbe Unterglasurblau. Die Konturenlinien des Dekors waren rot oder schwarz. Die Zahl Fünf ist dabei nicht wörtlich zu nehmen. Die Farben waren Rot, verschiedene Grüntöne, Türkis, Schwarz, Gelb, Aubergine und Blau, s. a. Doucai.

Wufang Die fünf Himmelsrichtungen oder Himmelsgegenden sind Westen, Osten, Norden, Süden und Mitte.

Wufu s. »Fünf Glücksgötter«, »Fünf Glücksgüter« und »Fünf Fledermäuse«.

Wundertiere s. »Vier Wundertiere«.

Wunschzepter* s. »Ruyi«.

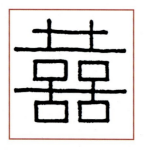

Xi Bedeutet »Freude«, **Xixi** »doppelte Freude«, im besonderen in bezug auf eheliches Glück. Häufigstes Glückssymbol. **Xibao** »freudige Nachricht«.

Xian s. »Acht daoistische Unsterbliche«.

Xiaozhuan Shu Kleine Siegelschrift, s. »Schrift«.

Xiesheng oder Xieshi »nach der Natur malen«, naturalistischer Malstil.

Xiezhai Mischwesen aus Pferd und Löwe, symbolisiert die Gerechtigkeit, brüllt, wenn Unrecht geschieht.

Xing Shu Kursivschrift, s. »Schrift«.

Xi Wangmu s. »Königinmutter des Westens«.

Xiuquiwen »Stickknäuel«-Muster, Sternmuster aus sich überschneidenden Kreisen.

Y

Yang »Männliche« Naturkraft, kosmisch das Schöpferische (s. a. Bagua), eine Yang-Linie wird durch eine durchgehende Linie symbolisiert. Yang ist das Aktive, das Harte, die Sonne, der Himmel, der Süden, das Licht, das Äußere, die Wärme, das Trockene, die Farbe Rot, das Metall Quecksilber, der Drache und alle ungeraden Zahlen, s. a. Yin-Yang.

Yicai-Malerei Überglasur-Porzellanmalerei mit nur einer (Yi) Farbe (meist mit Eisenrot), eine zusätzliche Vergoldung wird nicht gezählt.

Yin »Weibliche« Naturkraft, kosmisch das Empfangende, eine Yin-Linie ist unterbrochen (s. a. Bagua), Yin sind alle geraden Zahlen, das Passive, das Weiche, der Mond, die Erde, der Norden, der Schatten und das Dunkle, das Innere, die Kälte, das Wasser und die Wolken, die Farbe Schwarz, das Metall Blei, die Schildkröte. S.a. Yin-Yang.

Yingcai-Malerei Auch als »famille verte« bezeichnet, Porzellanmalerei auf Glasur (ab ca. 1680) mit »harten« (Ying), das heißt nicht mit Weiß gemischten (s. Fencai) Emailfarben der Wucai-Farbpalette; im Gegensatz zu Wucai (s. d.) der Ming-Epoche wurde als flächenfüllendes Blau nicht ein Unterglasurblau, sondern jetzt eine blaue Emailfarbe eingesetzt

Yin-Yang Symbolisiert die alles gebärende kosmische Polarität (»polare Zweiheit« nach Richard Wilhelm) von Yin (s. d.) und Yang (s. d.), die Existenz des Antithetischen, die Gegensätzlichkeit aller Wesensformen. Die Darstellung erfolgt durch einen Kreis, der geteilt ist durch eine S-Linie in ein helles und ein dunkles Feld. Die ursprüngliche Bedeutung »dunkel und hell« als Shang-Schriftzeichen symbolisierte das »Höchste Prinzip« Taiqi. Yin und Yang sind aber keine Gegensätze, die »im Streit liegen«, sondern polare Manifestationen des DAO (s. d.) beziehungsweise des TAIQI, sie sind alles durchdringende, komplementär zueinander wirkende, alles erschaffende, kosmische Kräfte. Das Emblem gilt als Schutz vor dem Übel.

Z

Zahl(en) Gerade Zahlen sind YIN, ungerade YANG, s. a. YIN-YANG.

Zehntausend (WAN) Im Alltag höchste Zahl für Wünsche und Flüche, für Überfluß und Leid, Symbole sind unter anderem das Hakenkreuz (s. d.) und das Mäandermuster (s. d.), in der Kosmologie des LAOZI entstehen aus der »Drei« zuletzt die »zehntausend Dinge«.

Zepter s. RUYI.

ZHANG Die »zwölf Stickereiornamente«, häufige Embleme in der Kunst: Sonne (RI), Mond (YUE), drei Sterne (XINGZHEN), Berg (SHAN), Drachen (LONG), Fasan (HUACHONG), zwei Vasen (PING), Wassergras (CAO), Feuer (HUO), Hirsekörner (FENMI), Axt (FU) und ein Symbol des Glücks (FU). Alle zusammen stehen für Autorität und Würde.

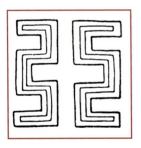 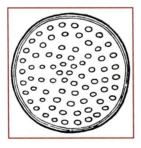  

ZHANG GUOLAO Einer der »Acht Unsterblichen« (s. d.). Er sitzt rückwärts gewandt auf einem weißen Esel. Sein Attribut ist eine Fischtrommel (YUGU) in Form einer langen Bambusröhre.

ZHONG LIQUAI Er ist das Oberhaupt der »Acht Unsterblichen« (s. d.). Seine Attribute sind Pfirsich und Fächer oder Fliegenwedel, mit dem er Tote wieder beleben kann. Oft mit nacktem Bauch dargestellt.

Ziege (SHANYANG) Drei Ziegen bedeuten großes beginnendes Glück oder ein erfolgreiches kommendes Jahr, s. a. »Schaf«.

Zikade (SHAN) Symbol der Langlebigkeit und für das Weiterleben der Seele (Unsterblichkeit). Toten legte man deshalb in frühen Zeiten eine Jade-Zikade in den Mund.

Zither (QIN) Symbolisiert Musikalität, eheliches Glück.

Zwei (ER oder LIANG) Sie ist der Erde zugeordnet. Ansonsten umfaßt sie alle dualistischen Aspekte in der chinesischen Symbolik.

Zwölf Eingeweide Die chinesische Medizin unterscheidet zwölf Innereien: Lunge, Herz, Herzbeutel, Leber, Milz, Niere, Galle, Magen, ein Hohlorgan, große und kleine Gedärme.

Zwölf Ornamente oder Symbole (SHIERZHANG) s. ZHANG.

Abb. 327 Grün glasiertes MINYAO-Keramik-Snuff Bottle in Form einer Zikade, 5,3 cm, 19. Jh.

11. HINWEISE UND RAND-BEMERKUNGEN FÜR DEN SAMMLER

Alle Abbildungen im Buch können nur als Beispiele verstanden werden, die tatsächliche Vielfalt ist dagegen fast grenzenlos. In Museen der ostasiatischen Kunst sind Snuff Bottles selten oder nur am Rande mit ein paar Einzelstücken ausgestellt. Eine kleine Ausnahme mit einigen Schnupftabakfläschchen, die Hall bei einem Besuch im Magazin entdeckte, bildet neuerdings das Rietberg Museum in Zürich. Dagegen findet man Snuff Bottles in allen renommierten, auf Asiatika oder chinesische Kunst spezialisierten Antiquitätengeschäften (zum Beispiel bei Robert Hall oder Robert Kleiner, beide London, oder in der Galerie Sandvoss, Hannover) und auf Auktionen. Darüber hinaus werden Snuff Bottles relativ häufig in Läden mit gemischt antikem und semiantikem Sortiment angeboten. Im europäischen Ausland ist die Situation in ihrer Struktur ähnlich, und trotzdem gibt es einen wesentlichen Unterschied: Die Länder, die die deutschsprachigen Staaten umgeben, besitzen eine große Tradition kultureller Weltoffenheit, wie es in Deutschland kaum vorstellbar ist. Es gibt kaum eine gutbürgerliche Wohnung ohne liebevoll plazierte Asiatikas. Dementsprechend ist das Angebot in den dortigen Geschäften weitgefaßt. Das bedeutet, daß der Sammler Reisen ins Ausland immer mit seiner Passion verbinden sollte. Mit der ausgewiesenen Kennerschaft der dortigen Händler hat das Angebot aber wenig zu tun: Auch seriöse Händler sind vorsichtig oder meist überfordert, eine »sichere« Beschreibung und Zuordnung für ein Snuff Bottle anzubieten. Diese Situation birgt auch Glücksmöglichkeiten für den Sammler. Ausgerüstet mit einem Wissen, das der Sammler aus diesem Buch und anderen Quellen erworben hat, sowie aufgrund eigener Studien und Erfahrungen, wird sein stillschweigendes Urteil manchmal mehr Wahrscheinlichkeit besitzen als das des Händlers. Bei nicht spezialisierten Händlern kann kaum ein anderer Wissensstand erwartet werden. Wenn es sich jedoch um hochpreisige Objekte handelt, müssen eine klare Zuordnung und die Garantie des Händlers Basis für den Kauf sein.

Man vergesse nicht, daß das Sammeln von Snuff Bottles sich in zwei Punkten weitgehend von anderen Sammelgebieten chinesischer Kunst unterscheidet: Zum einen sind Snuff Bottles kunsthandwerklich und historisch gesehen Produkte der neueren Zeit und deshalb vergleichsweise schwierig zu differenzieren und in engen Grenzen einer Periode zuzuordnen. Zum anderen wurden Snuff Bottles seit dreihundert, aber in einer unvergleichlichen und immer wieder überraschenden Vielfalt seit mindestens zweihundert Jahren hergestellt, so daß – wie kaum auf einem anderen Sammelgebiet – die **rein persönliche Affinität** zu einem Stück für

Abb. 329   JIAOLIAO-Snuff Bottle, 19. Jh.

Abb. 328   Gruppe: Links und Mitte FENCAI-Malerei auf Porzellan, rechts Sepiamalerei (MOCAI), 19. Jh., Ps. Sch.

einen Kauf im Vordergrund stehen sollte. Da aber mit der stetigen Hinwendung zu einer Sache zunehmend Erfahrung und Kenntnis wächst, möge sich der Kunstliebhaber und Sammler Gelegenheit verschaffen, so oft wie möglich Snuff Bottles zu studieren. Diese Möglichkeit bietet sich in allererster Linie bei der Durchsicht der Ausstellungs- und Auktionskataloge sowie bei der Besichtigung der Auktionsstücke. In Deutschland, Österreich und der Schweiz wird regelmäßig auf Asiatika-Auktionen eine mehr oder weniger große Anzahl Snuff Bottles angeboten, in London, New York und HONG KONG gibt es sogar Spezialauktionen ausschließlich für Snuff Bottles von verschiedenen Häusern, unter anderem von Christie's und Sotheby's. Die im Laufe von zwei bis drei Jahren dargebotene Auktionsware gibt dem Sammler einen Überblick über den tatsächlichen Markt, schult sein Auge und schärft die Instinkte. Auf diesen internationalen Auktionen kann man gehäuft auch seltene Stücke bewundern und die oberen Preisgrenzen vergleichen. Es ist erstaunlich, welche Preise auf internationaler Basis in Einzelfällen erzielt werden: Die Preise seltener oder aus kostbaren Steinen gefertigter Snuff Bottles bewegen sich zwischen 1.000,– bis 10.000,– Euro; einige Male im Jahr erreichen extreme Seltenheiten, wie beispielsweise Kupfer-, Glas- und Porzellanfläschchen mit Emailmalerei der ersten Hälfte des 18. Jahrhunderts mit Regierungsmarke Preise von über 50.000,–

Abb. 330 Snuff Bottle mit Schildpatt, mit mosaikartig aufgelegten Plättchen und Elfenbeindekor, teilweise geschnitzt, 6,9 cm, erste Hälfte 19. Jh.

Euro (Extremes Beispiel: Emailmalerei auf Glas der QIANLONG-Periode bei Sotheby's Hong Kong 1. Mai 2001: mittlerer Schätzpreis ca. 300.000,–USD), aber auch ein Glasfläschchen mit Emailmalerei von YE BENGQI (ca. 1933-1943) erzielt einen Liebhaberpreis bis 20.000,– Euro. Doch dürfen solche Einzelfälle nicht irritieren: Fast alle Stücke, die ein Sammlerherz begehrt und darüber hinaus in großer Vielfältigkeit zu finden sind, liegen unter 1.000,– Euro, viele Preise bewegen sich sogar weit darunter, vor allem, wenn man ein sehr spezielles Sammelziel verfolgt. Von wenigen Ausnahmen abgesehen, sind zum Beispiel Glas- und Porzellanfläschchen der schönsten Art für jedes Sammlerbudget realistisch.

Ältere Fläschchen, die bis Ende des 19. Jahrhunderts und teilweise noch in der MINGUO-Periode entstanden sind, zeichnen sich aufgrund eines bis dahin bestehenden technologisch-traditionellen Standards weitgehend durch eine gute bis sehr gute, vereinzelt sogar exzellente Qualität aus. Einige wenige zeitgenössische Snuff Bottles scheinen manchmal noch durch eine »meisterliche Hand« gegangen zu sein. In Zweifelsfällen hilft der Standpunkt, daß die einem Werk innewohnende künstlerische Güte zeitlos ist. Selbst auf großen internationalen Auktionen kann beobachtet werden, daß bei einer Reihe von Snuff Bottles, die durchaus Preise von mindestens 1.500,– Euro erzielen, verzichtet wird, diese einer Entstehungszeit zuzuordnen: Dies deutet eigentlich eher darauf hin, daß der Sachverständige sie der Neuzeit zurechnet. In vielen Fällen ist es eben ernsthaft nicht möglich oder unsinnig, ein Snuff Bottle eindeutig einer eng umrissenen Periode zuzuordnen. Zu häufig wurden sie typologisch nachempfunden oder mit Stolz in bester handwerklicher Tradition kopiert, zu oft lassen Farbe oder Material kein sicheres Urteil zu.

Auf seinen Reisen in China entdeckte der Autor in Antique-Shops Beispiele einer anderen Dimension verwegener **Imitationen** der technisch modernen Art: **Kunststoff-Snuff Bottles**, die z. B. ein TAOLIAO mit sieben Farben vortäuschen (korrektere langatmige Bezeichnung wäre TAOLIAOFANG SULIAO HU, »Überfangglas-Imitation-Kunststoff-Fläschchen«, das zweite LIAO bedeutet hier nicht Glas, sondern Material und SULIAO »Kunststoff«, wörtlich »schlichtes Material«). Solche, mit älteren Augen recht hübsch anzusehende Kunststofffläschchen, die auch andere Materialien wie Porzellan, Bernstein, Chalcedon, Türkis, Koralle, Elfenbein, Knochen, Lack und Holz imitieren, verraten sich unter anderem durch eine dunkle, künstliche Schmutz-Patina in den Vertiefungen, welche, im Gegensatz zu einer echten, nicht abwaschbar ist. Von Händlern werden sie leider als echtes Material ausgegeben, wobei selbst das »spezifische« Gewicht des vorzutäuschenden Materials technisch so berücksichtigt wurde, daß bei flüchtiger Betrachtung man durchaus getäuscht werden kann. Zumindest bei der Imitation von Halbedelsteinen gibt es einen einfachen Test: Steine fühlen sich an der Wange oder in der Hand immer kalt an, Kunststoff (aber auch organisches Material wie Bernstein oder Elfenbein) nicht. Deshalb können Kunststoff-Imitationen von Lack, Elfenbein und Bernstein einen Käufer leicht täuschen.

Abb. 331 Kunststoff-Imitation eines Korallen-Fläschchens

Seit einiger Zeit gibt es in China massenhaft, ehrlich erworben, sehr billige **falsche NEIHUA-Fläschchen** (JIANEIHUA HU). Die Bilder wurden nicht handgemalt (SHOUHUAZUO), sondern mit Hilfe eines fototechnischen Verfahrens innenseitig aufgebracht.

Reisende nach China müssen Folgendes bedenken: Kaum ein Antique-Shop, in dem nicht Snuff Bottles angeboten werden. Der Inhaber wird mit großen Geschichten seine Kenntnis (bei einem »schlechten« Stück) oder seine Unkenntnis (bei einem »guten« Stück) zu verbergen wissen. Wenn man illusionslos davon ausgeht, daß mittlerweile 90% aller Snuff Bottles der Neuzeit entstammen, kann man mit Glück und Nase darauf vertrauen, fündig zu werden.

Mit Gelassenheit und Aufmerksamkeit wird man in China bald zwischen neuzeitlichen Snuff Bottles der »lieblosen« (MAHU), minderwertigen und der »ernsthaften« (JIEZUO), durchaus interessanten Art unterscheiden können. Da neuzeitliche Snuff Bottles für Touristen ein attraktives Aussehen haben müssen, gibt es so gut wie keine undekorierten Fläschchen. Das hat den Vorteil, daß die Qualität der Schnitzerei, Malerei oder des Materials primärer Gradmesser ist. Anhand einiger Vergleiche kann dies fast immer direkt vor Ort relativ einfach beurteilt werden. In den meisten Shops liegt die mehrheitlich für einen Sammler uninteressanten mit der vereinzelt interessanten Ware so wild durcheinander, daß es eine Lust ist, diese zu entdecken. Dazu gehört auch ein typisch chinesisches Händlerverhalten: Bemerkt er, daß gezieltes Interesse vorhanden ist (was mit einem Fingerzeigen auf die verschlossenen Schränke verdeutlicht werden kann), wird der Händler aus Schubladen und Schränken seine – häufig nur vermeintlichen – Schätze hervorholen. Der Nachteil ist, daß er mit hohen Preisen in die Verhandlung gehen wird. Gefällt ein Snuff Bottle, so mache man jetzt mit sich eine ehrliche Wertschätzung aus, die Festlegung eines »inneren« Preises, das heißt, die Überlegung, welche Summe man subjektiv bereit ist, für diese kleine »Herrlichkeit« zu zahlen. Ist die Differenz größer als Faktor Drei, so ist eine Verhandlung aussichtslos. Man versucht sein Glück im nächsten Shop nach der alten Sammlerweisheit: Was im einen Shop unerreichbar scheint, wird in einem anderen Shop glücken. Nirgendwo trifft dies mehr zu als in China. Möchte man mehrere Stücke erwerben, erfrage man immer sofort den Einzelpreis, solange der Händler noch vermutet, man interessiere sich nur für ein

Abb. 332 Sieben verschiedene Material-Imitationen aus Kunststoff, von links nach rechts, oben: Überfangglas, Türkis, Porzellan, unten: Bernstein oder Chalcedon und Steatit (exakt gleiches Fläschchen häufig auch in bestens patinierter Bronze), Türkis, Elfenbein oder Knochen und Holz, Ende 20. Jh.

Stück. So erhält man einen gewaltigen Spielraum bei den Verhandlungen für den Kauf aller Stücke. Solche Preisdispute sollte man mit viel Herzlichkeit, Theatralik und Humor führen, es ist Spaß auf beiden Seiten und beeinflußt durchaus positiv die Preisbildung. Nichts ist unangemessener, als einem chinesischen Händler mit Arroganz und dümmlichem Mißtrauen zu begegnen. Das Spiel hat feste Regeln, und sie zu ergründen und daran teilzunehmen gehört zu den herzerfrischendsten Erinnerungen an China. Auf keine andere Weise kann der Reisende ein echtes Stück China erleben und mit seiner Freude an der großen und kleinen Kunst Chinas dem Chinesen seine Referenz erweisen. (Siehe auch vom Autor »Chinesische Kunst«, Heyne-Verlag 1997, Seite 254-256)

Abb. 333   Buddha-Porzellan-Fläschchen, Ende des 20. Jh.

Beabsichtigt ein Snuff-Bottle-Sammler – wo immer – ein Fläschchen zu erwerben, so sind für ihn zunächst drei allseits bekannte, subjektive **Kaufkriterien** entscheidend:
– wie erfreut mich dieses Stück ?
– wie erweitert und ergänzt es meine Sammlung ?
– wieweit erlaubt es mein Budget?

Doch ohne zehn objektive Kriterien, die für jeden Händler beim Einkauf ausschlaggebend sind, sollte auch der Sammler eher mehr als weniger berücksichtigen. Diese Kriterien beziehungsweise Bewertungen zu verifizieren, verlangt ein gewisses Maß an Kenntnissen und Erfahrungen. Es handelt sich um:
– Kategorie und Typ des Snuff Bottles und Wert des Materials (Steine)
– ästhetisch-qualitativer Gesamteindruck
– allgemeiner und spezieller Erhaltungszustand
– Formtyp und Qualität der Ausarbeitung
– Dekortechnik und Qualität der Ausführung
– Thematik und Stil des Dekors und der Kalligraphie
– Signierungen, Datierungen und Regierungsmarken
– Eingrenzung der Entstehungsperiode
– relative Seltenheit
– allgemeiner Marktwert

Soweit als möglich wurden diese Beurteilungskriterien direkt und indirekt innerhalb der vorhergehenden Kapitel angesprochen. Doch einige nachfolgende Anmerkungen mögen noch hilfreich sein.

Zum Material gehört der **Erhaltungszustand** des Stückes, das heißt Beschädigungen durch Unachtsamkeit und Gebrauchsspuren. Vom Zustand des Fläschchens ist der Preisfaktor unmittelbar abhängig. Beschädigungen, welche die Gesamtwirkung des Stückes nicht oder kaum beeinträchtigen, sollten jedoch nicht überbewertet werden. Der nicht merkantil-spekulativ ausgerichtete Liebhaber wird einem älteren Stück gewisse Beschädigungen oder Gebrauchsspuren als Teil von dessen Geschichte zugestehen und sich seine Freude darüber nicht trüben lassen. Auch darf an dieser Stelle auf eine feinsinnige philosophische Einstellung des Chinesen hin-

Abb. 334 »Schattenholz«-Fläschchen (YINGZIMU), erste Hälfte 20. Jh.

Abb. 335 Rot eingefärbte Korallenimitation aus Elfenbein in Form eines Buddha-Kopfes, die Ushnisha als Stöpsel, 19./20. Jh.

gewiesen werden, die besagt, daß nur den Göttern das Vollkommene zusteht. Manches Kleinkunstwerk wurde nach Fertigstellung bewußt mit einer kleinen Beschädigung vom Schöpfer selbst versehen – ein Umstand, der allerdings bei Snuff Bottles nicht verbürgt ist. Dies trifft aber nicht bei Materialsprüngen (Porzellan) und nachträglich verursachten Rissen zu. An diesen Stellen fürchtet (allerdings nur) der Asiate dämonische Einflüsse. Ansonsten beweist sich der »wahre« Liebhaber in der Toleranz bei kleineren Beschädigungen.

Gerade in der Kunst gibt es Kriterien und Ausdrücke, die sich einer objektiven Beschreibung weitgehend entziehen, aber einem allgemeinen Konsens unterliegen. Derartige Ausdrücke sind beispielsweise »bedeutend« (englisch »highly important«), »exzellent« oder »ungewöhnlich«, womit die Gesamtheit aller künstlerischen und kunsthandwerklichen Qualitäten im historischen Kontext, die ein Objekt ausmachen, angedeutet wird. Und doch weiß jeder, was damit gemeint ist, wenn er als Liebhaber und Sammler solch ein Snuff Bottle sinnend in der Hand hält.

Die **Form** (XING) eines Snuff Bottles ist ein offensichtliches, aber auch »unsicheres« Indiz für die Einordnung in eine Periode. Im allgemeinen werden zwei Typen unterschieden: die »Flaschenform«, der Regelfall, und seltener die »Objektform«. Unter einer »Objektform« (WUXING) versteht man ein Fläschchen, das ein natürliches Objekt, wie eine Frucht oder Tierfigur, zum Vorbild hat; häufigstes Beispiel beim Snuff Bottle ist die Kürbisform. Die »Flaschenform« (PINGXING) orientiert sich nur nach der Funktion eines kleinen Gefäßes mit einer engen Öffnung, die leicht mit einem kleinen Stöpsel geschlossen werden kann, wobei sich funktionell bedingt nur wenige typische Formen entwickelt haben. Ausgefallene Flaschenformen und erst recht »Objektformen« können allein Anreiz für eine Sammelidee sein. Darüber hinaus entstanden innerhalb einer Materialgruppe typische Fläschchenformen.

Grundsätzlich sind Snuff Bottles rund (YUAN), kugelig (QIU), oder aus sicher praktischen Erwägungen am häufigsten flach (BIAN). Insgesamt lassen sich – vereinfacht – sieben verschiedene, mehr oder weniger **flache Grundformen**, unabhängig davon, ob undekoriert, reliefgeschnitzt oder bemalt, differenzieren:
- *Herzform* (XINXING), gedrungen oder länglich, beispielsweise relativ typisch für Fläschchen aus Schnitzlack und bemalte Porzellanfläschchen der QIANLONG-Periode,
- *Vollmondform* (YUEXING), beispielsweise relativ typisch für frühe Fläsch-

Formen-Identifikations-System für Snuff Bottles

In den einzelnen materialbezogenen Kapiteln sind 140 dominierende **perioden-typische Formen** in der Gestalt von »**Snuff Bottle-Schattenbilder**« wiedergegeben. Zusammen mit den Abbildungen der Snuff Bottles stellen sie für den Leser eine umfassende Vergleichssammlung dar. Einige Formen sind innerhalb einer Materialgruppe vorherrschend, andere wiederum findet man identisch oder ähnlich bei mehreren Materialkategorien. Auch lassen sich stilistisch innerhalb der einzelnen Perioden bestimmte Tendenzen erkennen.

Diese aus einer großen Anzahl von Abbildungen ausgewählten Formenbilder können insgesamt auch als ein *Snuff Bottle Formen-Identifikations-System* **(kurz: SIS, »Shape-Identification-System«)** genutzt werden. Im Brief- oder Telefonverkehr zwischen Händler und Sammler können Informationen über einen bestimmten Formtyp auf einfachste Weise durch eine kurze Formel übermittelt werden. Zu diesem Zweck besitzt jeder gezeigte Formtyp in diesem Buch eine *Identifikationsnummer* innerhalb der Materialgruppe. Mit der Materialkurzformel und der Typennummer wird jeder den Formentyp eines zur Diskussion stehenden Snuff Bottles festlegen können, zum Beispiel:

SIS:EMP/5 = »Email painting Nr. 5« oder
SIS:OLG/24 = »Overlay glass Nr.24«.

Insgesamt wurden zu diesem Zweck Formtypen von elf Materialgruppen mit folgenden internationalen **Kurzbezeichnungen** zusammengestellt:

Achate, Chalcedon:	AG	(Agate)
Bergkristalle:	QC	(Quarz crystal)
Bernstein:	AB	(Amber)
Emailmalerei:	EMP	(Email painting)
Glasemailmalerei:	PG	(Painting on glass)
Hinterglasmalerei:	IPG	(Inside painting)
Jade:	J	(Jade)
Monochromes Glas:	MG	(Monochrom glass)
Porzellanmalerei:	PP	(Porcelain painting)
Überfangglas:	OLG	(Overlay glass)
Yixing-Keramik:	YX	(Yixing)

Der Vielfalt und relativen Seltenheit wegen wurde auf Formbilder von monochromen Porzellan-Snuff Bottles verzichtet.

Ergänzend zu diesen Kurzbezeichnungen können bei Porzellan-Snuff Bottles noch einige weitere Informationskürzel angegeben werden, zum Beispiel:

DG-M: mit »Marke Daoguang« (oder YZ = Yongzheng / QL = Qianlong / JQ = Jiaqing) »dat« »datiert«
UGP: »Unterglasurmale arei« (ohne Angabe immer »mit Emailmalerei«)

Fläschchenformen aus organischem Material, wie Holz, Elfenbein und Lack, folgen vergleichsweise eher originellen und materialspezifischen Gestaltungsideen, weshalb auf einen Formenkatalog verzichtet wurde.

chen mit Emailmalerei, für undekorierte, bemalte oder geschnittene Glasfläschchen der QIANLONG-Periode und Glas- und Porzellanfläschchen der DAOGUANG-Periode,

– mehr oder weniger quadratische oder *rechteckige Formen* (FANGXING), beispielsweise relativ typisch für Fläschchen aus Jade und anderen Steinen, (mehr quadratisch) und mehr rechteckig für einen Teil der YANGZHOU-Glasfläschchen sowie Glas- und Kristallfläschchen mit Inside-Malerei,

– *zylinderförmige Formen* (ZHITONG XING/»Vertikales Gefäß«), beispielsweise relativ typisch für einige der frühesten Porzellanfläschchen und eine sehr verbreitete Reihe von Porzellanfläschchen des 19. Jahrhunderts, mehrheitlich mit Unterglasurmalerei,

– *Balusterform* (MEIPINGXING), beispielsweise typisch für eine Gruppe mehrheitlich blauweiß bemalter Porzellanfläschchen des 19. Jahrhunderts,

– ovale, *»eiförmige«* (LUANXING) beziehungsweise *»birnenförmige«* Form (LIXING), sehr verbreitet, aber weniger typisch für bestimmte Perioden oder Kategorien,

– *Sackform* (KOUDAI), leicht mit »birnenförmiger« Form zu verwechseln, jedoch im unteren Bereich breiter, beispielsweise relativ typisch für einige sehr seltene Glasfläschchen aus der QIANLONG-Periode, monochrom oder mit Emailmalerei und abgewandelt ab dem 19. Jahrhundert bei Glas-Snuff Bottles sowie stark ausgeprägt bei großen Fläschchen mit NEIHUA-Malerei der letzten Jahrzehnte.

Abb. 336 Kokosnußholz-Snuff Bottle (YEZIMU) mit Lotosdekor, 5,8 cm, 19. Jh.

Abb. 337 Plastisch-floraler Dekor auf gelber Glasur, 5,4 cm, DAOGUANG-Periode (1821-1850) mit Vier-Zeichen-NIANHAO

Dekormotive, Dekortechnik und Dekorstilistik sind sehr wichtige Beurteilungsansätze. Die Vielfalt der Themen und die Dominanz einzelner *Sujets* wurden in den einzelnen Kapiteln umrissen und aufgezählt. Zumindest im Laufe des 19. Jahrhunderts geben sie immer weniger oder nur bedingt Hinweis auf einen bestimmten Zeitabschnitt. Neue Sujets sind selten, der Rückgriff auf frühere Vorlagen herrscht vor. Trotzdem gibt es einige Sujets, die typischerweise erst zu einem bestimmten Zeitpunkt auftauchten, oder traditionelle Motive, die in einer späteren Periode wieder bevorzugt wurden. Nur wenige verfügen über eine ausreichende Kenntnis der historisch-stilistischen Entwicklungen. Dagegen läßt sich unschwer eine Zäsur in der Art und Qualität der Schnitztechnik erkennen. Hierfür gibt es zwei neuzeitlich bedingte Gründe oder Entwicklungen. Einerseits verflachte im 20. Jahrhundert immer mehr der qualitative Standard und andererseits wurde das Schnitzen mit traditionellen Werkzeugen zunehmend abgelöst von dem »Schnitzen« mit elektrisch angetriebenen Werkzeugen und den daraus folgenden neuartigen Bearbeitungsmethoden.

Mit der Einführung dieser Werkzeugtechnik im 20. Jahrhundert endete nicht nur in China, sondern weltweit das »Ringen« des Schnitzers mit der herausfordernden Eigenwilligkeit des Materials und es ging bis zu einem gewisse Grade die künstlerische »Intimität« zwischen Schöpfer und Werk verloren. Diese Problematik betrifft alle Materialbereiche, in unserem Fall die der Stein-, Glas-, Lack-, Holz-, Horn- und Elfenbeinschnitzerei. Solche Schnitzarbeiten verraten sich vor allem durch gröbere Konturen und eine künstlerisch nachlässigere Ausarbeitung der Bildelemente. Es ist auch das Resultat einer mit Hilfe dieser Technik erzwungenen schnellen (ökonomisch rationellen) Arbeitsweise. Das Ergebnis ist ein seltsam lieb- und lebloses Gesamtbild des ganzen Objektes. Außerdem ist es schwierig, bei einer Massenfertigung genügend künstlerisch begabte oder motivierte Handwerker zu finden. Schon die Palastwerkstätten des 18. Jahrhunderts mit ihrer stückzahlmäßig geringen Produktion konnten, trotz großer Bemühungen, kaum ausreichend geeignete Kunsthandwerker für den geforderten Standard rekrutieren. Man hüte sich aber davon auszugehen, daß es nicht Ausnahmen gäbe. Mit Sicherheit finden sich in einigen privaten Werkstätten noch heute »wahre« Meister, die sich mit der traditionellen Arbeitstechnik verbunden fühlen, der direkten und subtilen Beherrschung des Werkzeugs durch die Hand, ohne entfremdenden »Zwang« und »Eigendynamik« einer Maschine. Auch bei neuzeitlichen Snuff Bottles gibt es qualitativ unbestreitbar große Unterschiede.

Abb. 338 Cloisonné-Snuff Bottle, 7,8 cm, 1750-1800, Gallery Hall, London und Paris

In bezug auf die Dekorstilistik ist die Malerei bedeutend aussagestärker als bei der Schnitzarbeit. Gleiche oder ähnliche Sujets aus dem 18., 19. oder 20. Jahrhundert lassen häufig gewisse stilistische und einige maltechnische Unterschiede erkennen. Sie unterscheiden zu können erfordert (leider) ein Examinieren vieler bemalter Fläschchen. Schwierig wird es, wenn es sich aber um Meisterkopien aus dem 19. Jahrhundert von Fläschchen des 18. Jahrhunderts handelt. Ganz allgemein läßt sich im 20. Jahrhundert eine immer »süßlichere« Darstellung von menschlichen Figuren, insbesondere von MEIREN (»schönen Menschen«, gemeint sind aber nur hübsche Damen), feststellen. Am deutlichsten zeigt sich das in der tendenziell »glorifizierenden« Kunst seit Mitte des 20. Jahrhunderts.

Die Farbpalette und die Maltechnik ist seit Beginn der Malerei auf Email, Glas und Porzellan weitgehend gleich geblieben. Es lassen sich aber einige für eine Periode typische Farbtöne und gewisse Unterschiede in der zeitweisen Bevorzugung bestimmter Farben und Farbkombinationen feststellen.

12. ANHANG

Zeittafel der chinesischen Geschichte

NEOLITHISCHE KULTUREN	ca. 6000-1500 v. Chr.
XIA-DYNASTIE	ca. 2200-1800 v. Chr.
SHANG-DYNASTIE	ca. 1523-1028 v. Chr.
ZHOU-DYNASTIE	1028-221 v. Chr.
WEST-ZHOU	1028-771 v. Chr.
OST-ZHOU	772-221 v. Chr.
QIN-DYNASTIE	221-206 v. Chr.
HAN-DYNASTIE	206-220 n. Chr.
WEST-HAN	206-9 n. Chr.
OST-HAN	25-220 n. Chr.
DREI KÖNIGREICHE	220-265 n. Chr.
SECHS DYNASTIEN	265-589 n. Chr.
SUI-DYNASTIE	289-618 n. Chr.
TANG-DYNASTIE	618-906 n. Chr.
FÜNF DYNASTIEN	906-960 n. Chr.
SONG-DYNASTIE	960-1279 n. Chr.
NORD-SONG	960-1126 n. Chr.
SÜD-SONG UND JIN	1126-1279 n. Chr.
YUAN-DYNASTIE (Mongolen)	1279-1368 n. Chr.
MING-DYNASTIE	1368-1643 n. Chr.
QING-DYNASTIE (Mandschuren)	1644-1912 n. Chr.
REPUBLIK CHINA	1912-1949 n. Chr.
HONGXIAN (YUAN SHIKAI)	1916
VOLKSREPUBLIK CHINA	1949

Abb. 339 Glas-Snuff Bottle mit Emailmalerei von WANG XISAN, 5,3 cm, 1960-1975, Gallery Hall, London und Paris

Snuff Bottle-Perioden der Qing-Epoche

Neben den »Regierungsperioden«, benannt nach der jeweiligen Regierungsdevise (Nianhao) eines Kaisers, und den »Snuff-Bottle-Perioden« (Biyanhuqi) entwickelten sich in der Praxis mehr oder weniger umrissene sogenannte »Zuordnungsperioden für Snuff Bottles« zur historischen Einordnung eines Fläschchens.

Regierungsperioden:	*Snuff-Bottle-Perioden:*	*Zuordnungsperioden:*
Shunzi 1644-1661 »Respektierte Herrschaft«	**Mythologische-Periode** Shenmiqi **1644-1684**	
Kangxi 1662-1722 »Aufblühende Wohlfahrt«	**Palastperiode** Gongtingqi **1684-1730/40**	1700-1750 1720-1800
Yongzheng 1723-1735 »Aufrichtige Eintracht« **Qianlong** 1736-1795 »Himmlischer Wohlstand«	**Elitäre Periode** Shangliuqi **1730/40-1780**	1730/40-1780 1740-1820/30 1750-1800/20/50/60 1760-1820/40/50 1770-1830
Jiaqing 1796-1820 »Hohe Belobigung« **Daoguang** 1721-1850 »Leuchtendes Ziel« **Xianfeng** 1851-1861 »Allgemeiner Reichtum« **Tongzhi** 1862-1874 »Gemeinsame Herrschaft« **Guangxu** 1875-1908 »Glänzende Nachfolge« **Xuantong** 1909-1911 »Verkündete Einheit«	**Populäre Periode** Dazhongqi **1780-1912** Ende der Qing-Epoche	1780-1850/70 1800-1850/60/80* 1820-1850/60/80 1820-1960 1850-1900/20 1880-1920 1900-1930
Minguo 1912-1949 **Hongxian** (Kaiser) 1916 »Große Verfassung« **Renminguo** 1949	**Republik/R-Neuzeit** Min Jinqi ab 1912 **Volksrepublik/VR-Neuzeit** Renmin Jinqi ab 1949	1920-1930 1920-1950
	*Yangzhou-Überfangglas	1780-1850

288

Regierungsmarken (NIANHAO) der QING-Dynastie (1644-1911)　　　　　　　　清朝

大清順治年製
SHUNZHI
(1644-1661)

大清康熙年製
KANGXI
(1662-1722)

大清雍正年製
YONGZHENG
(1723-1735)

大清乾隆年製
QIANLONG
(1736-1795)

大清嘉慶年製
JIAQING
(1796-1820)

大清道光年製
DAOGUANG
(1821-1850)

大清咸豐年製
XIANFENG
(1851-1861)

大清同治年製
TONGZHI
(1862-1874)

大清光緒年製
GUANGXU
(1875-1908)

大清宣統年製
XUANTONG
(1909-1911)

民國
REPUBLIK
(1912-1949)

洪憲年製
HONGXIAN
(1916)

**Hinweise zur Aussprache chinesischer Begriffe
nach dem offiziellen PINYIN**
(phonetisches Transskriptionssystem)

Vokale:

a und i	gewöhnlich wie im Deutschen
i	nach den Zischlauten c, sh, z und zh: kurzer stimmhafter Nachklang (wie in Katze, Wäsche)
e	offenes o, zwischen ö und e
o	fast wie das deutsche u (SONG = sung)
u	meist wie im Deutschen, nach manchen Zischlauten aber wie
ü	(XUN = chün; JUN = djünn).

Konsonanten:

c	ts (CANG = tsang)
ch	tsch (CHANG = tschang)
h	fast wie das deutsche ch in ach (HAN = chan)
q	zwischen tj und tsch (QIN = tjin)
r	wie englisches r, in der Kehle gesprochen
sh	sch (SHUANG = schuang)
x	wie das deutsche ch in ich (XIANG = chiang)
y	wie deutsches j (YONG = jung)
z	stimmhaftes ds (ZONG = dsung)
zh	leicht stimmhaftes dsch (ZHOU = dschou)
Ji	: dji
Ju	: djü
Qi	: tji
Qu	: tjü

Die übrigen Konsonanten werden wie im Deutschen ausgesprochen. Traditionell geschriebene chinesische Texte werden immer von rechts nach links und von oben nach unten, das Buch von hinten nach vorne gelesen. Heute wird allerdings mehr und mehr der westliche Schreib- und Lesemodus angewandt.

Das traditionelle chinesische Datierungssystem

Hauptsächlich in der Malerei und in der Kalligraphie, seltener in der Keramik und anderen Kunstbereichen, wird etwa seit der HAN-Epoche ein Datierungssystem (GANZHI) verwendet, welches auf einem Zyklus von 60 Jahren fußt, d.h. alle 60 Jahre wird das gleiche Jahr wiederholt (hier Jahreszyklus genannt), ausgedrückt durch die Bezeichnung eines bestimmten »Stammes« (GAN) und eines bestimmten »Zweiges« (ZHI), also zweier Schriftzeichen, die jeweils zwischen den Jahren 1 und 60 eine bestimmte Jahreszahl bedeuten. Der Jahreszyklus entsteht also durch eine Kombination der Zyklen der zehn sogenannten »irdischen Stämme« und der zwölf sogenannten »irdischen Zweige« (s. Tabelle der Zyklen). Meist finden sich nach der Angabe des Jahreszyklus die Wörter NIAN ZHI (»im Jahr/in der Periode gemacht«), manchmal auch vor dem Jahreszyklus der NIANHAO der Regierungsperiode, aus welcher das Objekt stammt.

Irdische Stämme	甲 jia	乙 yi	丙 bing	丁 ding	戊 wu	己 ji	庚 geng	辛 xin	壬 ren	癸 gui		
Irdische Zweige	子 zi	丑 chou	寅 yin	卯 mao	辰 chen	巳 si	午 wu	未 wei	申 shen	酉 you	戌 xu	亥 hai

TABELLE DER ZYKLEN

1. Schriftzeichen	甲	乙	丙	丁	戊	己	庚	辛	壬	癸
2. Schriftzeichen	子 0	丑 1	寅 2	卯 3	辰 4	巳 5	午 6	未 7	申 8	酉 9
	戌 10	亥 11	子 12	丑 13	寅 14	卯 15	辰 16	巳 17	午 18	未 19
	申 20	酉 21	戌 22	亥 23	子 24	丑 25	寅 26	卯 27	辰 28	巳 29
	午 30	未 31	申 32	酉 33	戌 34	亥 35	子 36	丑 37	寅 38	卯 39
	辰 40	巳 41	午 42	未 43	申 44	酉 45	戌 46	亥 47	子 48	丑 49
	寅 50	卯 51	辰 52	巳 53	午 54	未 55	申 56	酉 57	戌 58	亥 59

Da das chinesische Datierungssystem damit eine völlig andere Zeiteinteilung kennt als das christliche, nämlich nur einen Zyklus von 60 Jahren, und diese Zyklen nicht weitergezählt werden, muß man das Jahr des chinesischen Jahreszyklus dem ersten christlich datierten Jahr der jeweiligen chinesischen Zeitperiode (s. Tabelle der »ersten Jahre«) hinzuzählen, um so das Jahr entsprechend unserer Zeitrechnung zu erhalten. Die damit verbundene Schwierigkeit besteht in der Notwendigkeit, das datierte Objekt auf einen Zeitraum von etwa 60 Jahren einzuschätzen, so daß von einem bestimmten »ersten Jahr« einer angenommenen Zeitperiode ausgegangen werden kann.

Ein Beispiel: Das Objekt entspricht stilistisch und materialtechnisch der ersten Hälfte des 16. Jahrhunderts und trägt den Jahreszyklus REN ZHI, welcher das Jahr 48 bedeutet. Man zählt nun zum »ersten Jahr« der chinesischen Zeitrechnung im beginnenden 16. Jahrhundert (entsprechend der Tabelle das Jahr 1504) 48 Jahre hinzu und erhält so das Jahr 1552, in welchem das Objekt vermutlich entstanden ist.

Heute wird dieses traditionelle Datierungssystem kaum mehr verwendet. Zeitgenössische Kunstobjekte und solche, die seit dem ersten Drittel unseres Jahrhunderts geschaffen wurden, sind fast immer mit chinesischen Zahlen nach christlicher Zeitrechnung datiert.

Ein anderes traditionelles, aber eindeutiges Datierungssystem war regierungsbezogen und bestand darin, daß der Text z.B. lautete »im elften Jahr der Regierung(speriode) WANLI«, d.h. im Jahr 1584 n. Chr. (1573 + 11 = 1584), oftmals davor mit der Angabe von Tag und Monat, wie z.B. »am fünfzehnten Tag im dritten Monat«.

Tabelle des jeweiligen »ersten Jahres« der chinesischen Zeitperioden nach christlicher Zeitrechnung

4	64	124	184	244	304	364	424
484	544	604	664	724	784	844	904
964	1024	1084	1144	1204	1264	1324	1384
1444	1504	1564	1624	1684	1744	1804	1864

Kleines deutsch-chinesisches Fachwörterbuch

Alt	GU	Famille verte	YINGCAI
Alte (antike) Jade	GUYU	Farbe, farbig	CAI
Balusterform	MEIPING	Figurenmalerei	RENWU
Bambus	ZHU	Fläschchen	HU
Bambusmalerei (Sujet)	ZHUHUA	Flaschenform	HUXING
Bambus(tabak)fläschchen	ZHU(YAN)HU	Form	XING
Bernstein	HUPO	Fünffarbenmalerei	WUCAI
Bernstein(tabak)fläschchen	HUPO(YAN)HU	Gelb	HUANG
Bild	HUA	Gemisch	JIAO
Bild (Abbildung)	XIANG	Gemischtes Glas	JIAOLIAO
Bildmarke	JIHAO	Glas	LIAO
Birnenform	LIXING	Glasfarbe	LIAOCAI
Biskuit(-scherben), unglasiert	SUTAI	Glas gießen, gegossen	ZHULIAO
Blau	LAN/QING	Glas(tabak)fläschchen	LIAO(YAN)HU
Blauweißmalerei	QINGHUA	Glasieren	SHANGYOU
Blüte/Blumen	HUA	Glasur	YOU
Blumen-Vögel-Malerei	HUANIAO	Gold	JIN
Bohren	ZUAN	Goldmalerei	JINHUA
Braun	HE	Grabbeigabe	MINGQI
Bronze	TONG	Gravur	HUAKE
Buddha	FO(TUO)	Grisaillemalerei	MOCAI
China	ZHONGGUO	Grün	LÜ/QING
Chinese	HANREN	Halbedelstein	BAOSHI
Cloisonné	FALANG	Hallen-/Palastmarke	TANGMINGKUAN
Datum/Datierung	RICHUO	Herzform	XINXING
Doppelüberfangglas	SHUANGTAOLIAO	Hochschnitt	YANGKE/GAODIAO
Drache	LONG	Holz	MU
Dreifarbenglasur	SANCAI	Holz(tabak)fläschchen	MU(YAN)HU
Edel-/Halbedelstein	BAOSHI	Horn	JIAO
Eiform	DANXING	Horn(tabak)fläschchen	JIAO(YAN)HU
Einfarbenmalerei	YICAI	Imitation	FANG
Eisenrot	TIEHONG	Innen(glas)malerei	NEIHUA
Elfenbein	YA	Intarsien	QIAN
Elfenbeinschnitzerei	YAKE/YADIAO	Jade (Nephrit)	YU
Elfenbein(tabak)fläschchen	YA(YAN)HU	Jadeit	FEICUI
Elitäre Periode	SHANGLIQI	Kaiser	HUANGDI
Emailfarben	FALANGCAI	Kaiserlich	HUANG
Emailmalerei	FALANGHUA	Kalligraphie	SHU/SHUFA
Epoche/Dynastie	DAI	Kopie	FUBEN
Europäische Figur	XIYANGRENXIANG	Künstler	YUSHUJIA
Europäisches Sujet	XIYANGRENWU	Künstlermarke	RENMINGKUAN
Fälschung	WEIZAO	Kürbis	GUA
Falsche Jade	FUYU	Kunst	YISHU/MEISHU
Famille rose	FENCAI	Kunstliebhaber	YISHUAIHAO(ZHE)

Kupferrot	TONGHONG	Schlicht/undekoriert	SU
Lack	QI	Schnitzen/Schneiden	DIAO/KE/DIAOKE
Lack(tabak)fläschchen	QI(YAN)HU	Schnitzlack, rot	QIHONG
Landschaft	SHANSHUI	Schrift	WEN
Literatenmalerei	WENRENHUA	Schriftzeichen	WENZI
Maler	HUAJIA	Schwarz	HEI / MO
Malerei	HUA	Seladon	QINGCI
Marke	KUAN/HAO	Sepiamalerei, Grisaille	MOCAI
Meister	JIA	Siegel	ZHUAN
Mensch	REN	Siegelschrift	ZHUANSHU
Messing, Gelbbronze	HUANGTONG	Signatur	QIANMING
Metall	JIN	Silber	YIN
Miniaturschnitzerei	WEIDIAO	Skulptur	DIAOSU/DIAOXIANG
Mischglas	JIAOLIAO	Snuff Bottle	BIYANHU
Model/Form	XING	Soft paste	HUASHI
Modellieren	DIAOSU	Stein	SHI
Mondform	YUEXING	Stein(tabak)fläschchen	SHI(YAN)HU
Monochrom	DANCAI	Sujet	TICAI
Motiv	TICAI	Symbolmarke	JIHAO
Mythologische Periode	SHENMIQI	Tabak	YAN/YANCAO/TANBAKU
Nase	BI	Tabakfläschchen	YANHU
Neuzeit	JINQI/JINDAI	Tabakschnupfen	XIBIYAN
Normalschrift	KAISHU	Tiefschnitt	YINKE
Palast-/Hallenmarke	TANHMINGKUAN	Tier/Bestie	SHOU
Palast-Periode	GONGTINGQI	Tiermalerei	LINGNAO
Periode	QI	Traditionelle Malerei	HUAHUA
Perlmutt	ZHUMU	Tusche	MOZHI
Pferdemalerei	MAANMA	Tuschmalerei	MOCAI
Pinsel	BI	Überfang	TAO
Plastik/Skulptur	DIAOSU/DIAOXIANG	Überfangglas	TAOLIAO
Polieren	GUANGHUA	Überglasurmalerei	CAIHUA
Populäre Periode	DAZHONGQI	Unglasiert, Biskuit	SUTAI
Porträt	XIANG	Unterglasurblau	QINGHUA
Porzellan	CIQI	Unterglasurmalerei	YOULIHUA
Porzellan(tabak)fläschchen	CI(YAN)HU	Unterglasurrot	YOULIHONG
Quadratische Form	FANGXING	Vasenform	PINGXING
Regierungsdevise	NIANHAO	Versteckter Dekor	ANHUA
Regierungsmarke	NIANHAO	Weiß	BAI
Reliefschnitt	YANGKE	Weißbronze	BAITONG
Rosa	FENHONG		
Rot	HONG		
Rotlack	QIHONG		
Rubinrot	YANGHONG		
Schildpatt	GUIJAI		
Schildpatt(tabak)fläschchen	GUIJIA(YAN)HU		
Schleifen	MO		

Übertragungstabellen Wade-Giles – PINYIN und PINYIN – Wade-Giles

Die Volksrepublik China ersetzte 1979 die bisher in der Literatur verwendete romanisierte internationale Lautumschrift des Chinesischen, des 1859 erstmals durch Thomas Wade entwickelten phonetischen Transkriptionssystems Wade, später durch Giles verbessert und als »Wade-Giles« bekannt, durch eine neue verbindliche Umschrift, das PINYIN. Die PINYIN-Umschrift gilt aber noch nicht in der »Republik China« (TAIWAN).

Wade-Giles	PINYIN	Wade-Giles	PINYIN	Wade-Giles	PINYIN
cha	zha	ch'iu	qiu	hsiang	xiang
ch'a	cha	chiung	jiong	hsiao	xiao
chai	zhai	ch'iung	qiong	hsieh	xie
ch'ai	chai	cho	zhuo	hsien	xian
ch'an	chan	ch'o	chuo	hsin	xin
chang	zhang	chou	zhou	hsing	xing
ch'ang	chang	ch'ou	chou	hsiu	xiu
chao	zhao	chu	zhu	hsiung	xiong
ch'ao	chao,	ch'u	chu	hsü	xu
che	zhe	chü	ju	hsüan	xuan
ch'e	che	ch'ü	qu	hsüeh	xue
chei	zhei	chua	zhua	hsün	xun
chen	zhen	ch'ua	chua	hung	hong
ch'en	chen	chuai	zhuai	jan	ran
cheng	zheng	ch'uai	chuai	jang	rang
ch'eng	cheng	chuan	zhuan	jao	rao
chi	ji	ch'uan	chuan	je	re
ch'i	qi	chüan	juan	jen	ren
chia	jia	ch'üan	quan	jeng	reng
ch'ia	qia	chuang	zhuang	jih	ri
chiang	jiang	ch'uang	chuang	jo	ruo
ch'iang	qiang	chüeh	jue	jou	rou
chiao	jiao	ch'üeh	que	ju	ru
ch'iao	qiao	chui	zhui	juan	ruan
chieh	jie	ch'ui	chui	jui	rui
ch'ieh	qie	chun	zhun	jun	run
chien	jian	ch'un	chun	jung	rong
ch'ien	qian	chün	jun	ka	ga
chih	zhi	ch'ün	qun	k'a	ka
ch'ih	chi	chung	zhong	kai	gai
chin	jin	ch'ung	chong	k'ai	kai
ch'in	qin	erh	er	kan	gan
ching	jing	ho	he	k'an	kan
ch'ing	qing	hsi	xi	kang	gang
chiu	jiu	hsia	xia	k'ang	kang

Wade-Giles	Pinyin	Wade-Giles	Pinyin	Wade-Giles	Pinyin
kao	gao	pai	bai	t'ao	tao
k'ao	kao	p'ai	pai	te	de
kei	gei	pan	ban	t'e	te
ken	gen	p'an	pan	tei	dei
k'en	ken	pang	bang	teng	deng
keng	geng	p'ang	pang	t'eng	teng
k'eng	keng	pao	bao	ti	di
ko	ge	p'ao	pao	t'i	ti
k'o	ke	pei	bei	tiao	diao
kou	gou	p'ei	pei	t'iao	tiao
k'ou	kou	pen	ben	tieh	die
ku	gu	p'en	pen	t'ieh	tie
k'u	ku	peng	beng	tien	dian
kua	gua	p'eng	peng	t'ien	tian
k'ua	kua	pi	bi	ting	ding
kuai	guai	p'i	pi	t'ing	ting
k'uai	kuai	piao	biao	tiu	diu
kuan	guan	p'iao	piao	to	duo
k'uan	kuan	pieh	bie	to	tou
kuang	guang	p'ieh	pie	tou	dou
k'uang	kuang	pien	bian	t'ou	tou
kuei	gui	p'ien	pian	tsa	za
k'uei	kui	pin	bin	ts'a	ca
kun	gun	p'in	pin	tsai	zai
k'un	kun	ping	bing	ts'ai	cai
kung	gong	p'ing	ping	tsan	zan
k'ung	kong	po	bo	ts'an	can
kuo	guo	p'o	po	tsang	zang
k'uo	kuo	p'ou	pou	ts'ang	cang
lieh	lie	pu	bu	tsao	zao
lien	lian	p'u	pu	ts'ao	cao
lo	luo	shih	shi	tse	ze
lüeh	lue	so	suo	ts'e	ce
lung	long	ssu	si	tsei	zei
mieh	mie	sung	song	tsen	zen
mien	mian	ta	da	ts'en	cen
nieh	nie	t'a	ta	tseng	zeng
nien	nian	tai	dai	ts'eng	ceng
no	nuo	t'ai	tai	tso	zuo
nueh	nue	tan	dan	ts'o	cuo
nung	nong	t'an	tan	ts'ong	cong
o	e	tang	dang	tsou	zou
pa	ba	t'ang	tang	ts'ou	cou
p'a	pa	tao	dao	tsu	zu

Wade-Giles	Pinyin	Pinyin	Wade-Giles	Pinyin	Wade-Giles
ts'u	cu	ba	pa	cong	ts'ong
tsuan	zuan	bai	pai	cou	ts'ou
ts'uan	cuan	ban	pan	cu	ts'u
tsui	zui	bang	pang	cuan	ts'uan
ts'ui	cui	bao	pao	cui	ts'ui
tsun	zun	bei	pei	cun	ts'un
ts'un	cun	ben	pen	cuo	ts'o
tsung	zong	beng	peng	da	ta
tu	du	bi	pi	dai	tai
t'u	tu	bian	pien	dan	tan
tuan	duan	biao	piao	dang	tang
t'uan	tuan	bie	pieh	dao	tao
tui	dui	bin	pin	de	te
t'ui	tui	bing	ping	dei	tei
tun	dun	bo	po	deng	teng
t'un	tun	bu	pu	di	ti
tung	dong	ca	ts'a	dian	tien
t'ung	tong	cai	ts'ai	diao	tiao
tzu	zi	can	ts'an	die	tieh
tz'u	ci	cang	ts'ang	ding	ting
yeh	ye	cao	ts'ao	diu	tiu
yen	yan	ce	ts'e	dong	tung
yu	you	cen	ts'en	dou	tou
yü	yu	ceng	ts'eng	du	tu
yüan	yuan	cha	ch'a	duan	tuan
yüeh	yue	chai	ch'ai	dui	tui
yün	yun	chan	ch'an	dun	tun
yung	yong	chang	ch'ang	duo	to
		chao,	ch'ao	e	o
		che	ch'e	er	erh
		chen	ch'en	ga	ka
		cheng	ch'eng	gai	kai
		chi	ch'ih	gan	kan
		chong	ch'ung	gang	kang
		chou	ch'ou	gao	kao
		chu	ch'u	ge	ko
		chua	ch'ua	gei	kei
		chuai	ch'uai	gen	ken
		chuan	ch'uan	geng	keng
		chuang	chu'ang	gong	kung
		chui	ch'ui	gou	kou
		chun	ch'un	gu	ku
		chuo	ch'o	gua	kua
		ci	tz'u	guai	kuai

Pinyin	Wade-Giles	Pinyin	Wade-Giles	Pinyin	Wade-Giles
guan	kuan	mian	mien	ri	jih
guang	kuang	mie	mieh	rong	jung
gui	kuei	nian	nien	rou	jou
gun	kun	nie	nieh	ru	ju
guo	kuo	nong	nung	ruan	juan
he	ho	nue	nueh	rui	jui
hong	hung	nuo	no	run	jun
ji	chi	pa	p'a	ruo	jo
jia	chia	pai	p'ai	shi	shih
jian	chien	pan	p'an	si	ssu
jiang	chiang	pang	p'ang	song	sung
jiao	chiao	pao	p'ao	suo	so
jie	chieh	pei	p'ei	ta	t'a
jin	chin	pen	p'en	tai	t'ai
jing	ching	peng	p'eng	tan	t'an
jiong	chiung	pi	p'i	tang	t'ang
jiu	chiu	pian	p'ien	tao	t'ao
ju	chü	piao	p'iao	te	t'e
juan	chüan	pie	p'ieh	teng	t'eng
jue	chüeh	pin	p'in	ti	t'i
jun	chün	ping	p'ing	tian	t'ien
ka	k'a	po	p'o	tiao	t'iao
kai	k'ai	pou	p'ou	tie	t'ieh
kan	k'an	pu	p'u	ting	t'ing
kang	k'ang	qi	ch'i	tong	t'ung
kao	k'ao	qia	ch'ia	tou	t'ou
ke	k'o	qian	ch'ien	tu	t'u
ken	k'en	qiang	ch'iang	tuan	t'uan
keng	k'eng	qiao	ch'iao	tui	t'ui
kong	k'ung	qie	ch'ieh	tun	t'un
kou	k'ou	qin	ch'in	xi	hsi
ku	k'u	qing	ch'ing	xia	hsia
kua	k'ua	qiong	ch'iung	xian	hsien
kuai	k'uai	qiu	ch'iu	xiang	hsiang
kuan	k'uan	qu	ch'ü	xiao	hsiao
kuang	k'uang	quan	ch'üan	xie	hsieh
kui	k'uei	que	ch'üeh	xin	hsin
kun	k'un	qun	ch'ün	xing	hsing
kuo	k'uo	ran	jan	xiong	hsiung
lian	lien	rang	jang	xiu	hsiu
lie	lieh	rao	jao	xu	hsü
long	lung	re	je	xuan	hsüan
lue	lüeh	ren	jen	xue	hsüeh
luo	lo	reng	jeng	xun	hsün

Pinyin	Wade-Giles	Pinyin	Wade-Giles	Pinyin	Wade-Giles
yan	yen	zen	tsen	zhuai	chuai
ye	yeh	zeng	tseng	zhuan	chuan
yong	yung	zha	cha	zhuang	chuang
you	yu	zhai	chai	zhui	chui
yu	yü	zhang	chang	zhun	chun
yuan	yüan	zhao	chao	zhuo	cho
yue	yüeh	zhe	che	zi	tzu
yun	yün	zhei	chei	zong	tsung
za	tsa	zhen	chen	zou	tsou
zai	tsai	zheng	cheng	zu	tsu
zan	tsan	zhi	chih	zuan	tsuan
zang	tsang	zhong	chung	zui	tsui
zao	tsao	zhou	chou	zun	tsun
ze	tse	zhu	chu	zuo	tso
zei	tsei	zhua	chua		

Literaturverzeichnis

Primär-Literatur

Guter, Josef, »Fernöstliches Universum. Snuff Bottles«. Chinesische Schnupftabakfläschchen, in: »Sammlerjournal«, Juli und August 2000

Journal of the International Chinese Snuff Bottle Society (ab 1969), Baltimore

Juthenau, Viviane, »Guide du Collectionneur de Tabatières Chinoise«, Paris 1980

Kaynes, Michael J., »The Snuff Bottle Collector« (»Newsletter of the Snuff Bottle Society HONGKONG«) und »Snuff Bottle Review«, HONGKONG 1969-1881

Kleiner, Robert, »Chinese Snuff Bottles«, HONG KONG 1994

Krug, Johanna, »Prisen aus kleinen Tabakflaschen«, München 1967

Moss, Hugh, »Snuff Bottles of China«, London 1971

Moss, Hugh, »Chinese Snuff Bottles«, A Magazine for the Collector and Student of Chinese Snuff Bottles, London o.J.

Perry, Lilla S., »Chinese Snuff Bottles«. The Adventures and Studies of a Collector, Tokyo 1960 und 1969

Stevens, Bob C., »The Collectors's Book of Snuff Bottles«, New York 1976, unveränderter Neudruck 1994

White, Helen, »Snuff Bottles from China«, London 1991

ZHANG RONG und ZHANG JIAN, »ZHANG ZHONG ZHEN WAN BIYANHU« (»Snuff Bottle. Vergnügliches Kleinod in (Deiner) Hand«), BEIJING 1994

ZHAO RUZHEN, »JIANPIAN BIYANHU«, TAIBEI 1994

ZHU PEICHU und XIA GENGQI, »BIYANHU SHIHUA« (»Die Geschichte des Snuff Bottles«), BEIJING 1988

Auswahl bedeutender Ausstellungskataloge

Cammann, Schuyler V.R., »Miniature Art from old China«, Montclair 1982

»Chinese Snuff Bottles, Exhibition of HONG KONG Museum« of Art, 1977

»Chinese Snuff Bottles. Mary and George Bloch Collection«, Exhibition of HONG KONG Museum of Art, 1994

Claar, Elmer, »Fine Snuff Bottles from the Collection of Elmer«, A. Claar, New York 1969/1970

Ford, John G., »The Edward Choate O'Dell Collection«, by the »International Chinese Snuff Bottle Society«, Baltimore 1990

GENG BAOCHANG, »ZHONGGUO BIYANHU ZHENGSHANG« (»Schätze chinesischer Snuff Bottles«), HONGKONG 1992

Graham, Victor E., »The French Connection«, by the »International Chinese Snuff Bottle Society«, Baltimore 1979

Hagen, R.H., »Pi Yen Hu«, Oakland 1981

Hall, Robert, »Chinese Snuff Bottles«, Catalogue I bis VIII, London 1987-1996

Hall, Robert, »Chinesische Schnupftabakfläschchen, Meisterwerke im Museum Rietberg«, Zürich 1993

Holden-Collection, »Rivers and Mountains far from the World«, New York o.J.

Hong Kong Chinese Snuff Bottles Society: »An Exhibtion of Chinese Snuff Bottles«, University of Hongkong, 1990

Hong Kong Museum of Art: »Snuff Bottles of the Ch'ing Dynasty (Qingdai Biyanhu), Hongkong 1978

Hui, Humphrey, »Hidden Treasures of the Dragon«, Sydney 1991

Kleiner, Robert, »Chinese Snuff Bottles in the White Wings Collection«, Hong Kong 1997

Kleiner, Robert, »Chinese Snuff Bottles in the Collection of Mary and George Bloch«, London 1995

Lawrence, Clare, »Miniature Masterpieces from the Middle Kingdom, The Monimar Collection of Chinese Snuff Bottles«, Chigaco o.J.

Li, Raymond, »A Glossary of Chinese Snuff Bottle Rebus«, Hong Kong 1976

»Masterpieces of Chinese Snuff Bottles in the Palace Museum«, Beijing 1995

»Masterpieces of Chinese Snuff Bottles in the National Palace Museum«, Taibei 1974

Ma Weidu, Ning Chengchun und Qin Gong, »Zhongguo Biyanhu Zhenshang« (»Chinesische Snuff Bottles, Schätze der Freude«), Hong Kong

Moss, Hugh/Graham V./Tsang Ka Bo, »The Art of the Chinese Snuff Bottle, The J. and J. Collection«, 2 Bände, Hong Kong 1993

Moss, Hugh/Tsang, Gerard, »Arts from the Scholar's Studio«, Exhibition Hong Kong 1986

Perry, Lilla S., »Chinese Snuff Bottles. The Adventures and Studies of a Collector«, Tokyo 1960

Randall, Chris, »Agate Masterpieces of the Qing Dynasty«, Peterborough 1992

»Snuff Bottles in the Collection of The National Palace Museum«, Taibei 1991

»Snuff Bottles of the Ch'ing-Dynasty«, Exhibition of Hong Kong Museum of Art 1978

Soler, Silvia, »Tabaqueras Chinas«, Madrid 1990

Tsui Museum of Art, »A Congregation of Snuff Bottle Connoisseurs«, by »The International Chinese Snuff Bottle Society«, Hong Kong 1996

White, Helen, »Snuff Bottles from China, The Victoria and Albert Museum Collection«, London 1992

Yeung, Tatche, »One Thousand Snuff Bottles«, Hong Kong 1995

Ergänzende Literatur

Bernard (Gebrüder) AG Regensburg, »225 Jahre Schnupftabak«, o.J.
Cudell, Robert, »Das Buch vom Tabak«, Köln 1927
DENG YOUMEI, »Das Schnupftabakfläschchen«, BEIJING 1990
Dillon, Michael, China. »A Cultural and Historical Dictionary«, Surrey 1998
Eberhard, Wolfram, »Lexikon chinesischer Symbole«, Köln 1987
Fazzioli, Edoardo, »Gemalte Wörter«, Bergisch-Gladbach 1990
Fischer, Jürgen Ludwig, »Chinesische Kunst«, München 1997
Gernet, Jacques, »Die chinesische Welt«, Frankfurt a. M. 1983
Goepper, Roger, »Kunst und Kunsthandwerk Ostasiens«, München 1968
Granet, Marcel, »Das chinesische Denken«, München 1971
Grotewold, Chr., »Die Tabakindustrie«, Stuttgart, 1907
Günther, Hubertus, »Chinesisches Porzellan«, München 1978
Jenyns, Soame, »Chinese Art«, Band 4, »The Minor Arts II«, London 1965
Langenscheidts »Handwörterbuch Chinesisch«, München 2000
Ledderose, Lothar (Hrsg.), »Palastmuseum Peking«, Frankfurt a. M. 1985
Ledderose, Lothar, »Ten Thousand Things«, Washington 2000
LIN YUTANG, »Mein Land und mein Volk«, Berlin 1936
Miklos, Pal, »Chinesische Malerei«, Köln 1982
Müller, Klaus G., »Eine Prise China. Schnupftabakflaschen. Spiegel der chinesischen Seele«, Wien/Köln/Weimar 1999
Munsterberg, Hugo, »Dictionary of Chinese and Japanese Art«, New York 1981
Pöschl, Ernst, »Schnupftabak-ABC«, Geisenhausen 1998
Rolf, Anita, »Kleine Geschichte der chinesischen Kunst«, Köln 1985
Schaefer, Heiner, »Brasilflaschl und Tabakbüchsl«, Grafenau 1982
Schaefer, Heiner, »Schnupftabak-Gläser«, Grafenau 1997
Wilhelm, Richard, »Die Seele Chinas«, Frankfurt a. M. 1980
Williams, Charles/Alfred Speed, »Outlines of Chinese Symbolism and Art Motives«, New York 1977
YANG ENLIN, »Chinesische Porzellanmalerei«, Leipzig 1986

Sammler-Interessengemeinschaften

Snuff Bottle Society
Shepway East
Lyrnpie Hill (near Hyrthe)
Gb – Kent CT 21 4 NX

International Snuff Bottles Society
2601 North Charles Street
Baltimore
USA – Maryland 21218

Abb. 340 Reich dekoriertes Messing-Snuff Bottle mit Schildkröt-Lackbemalung und Steinintarsien, 8,9 cm, 19.Jh., Sotheby's, London
Abb. 341 Reliefiertes Porzellan-Snuff Bottle mit Darstellung eines gebückt stehenden Kranichs von WANG BING-RONG, 7,0 cm, 1820-1860, Sotheby's, London

Register chinesischer Begriffe und Namen

Aiye 224, 225
Anchun 271
Anhua 136, 143
Anhui 49

Ba 78
Babao 224, 225
Bagua 225, 273
Bai 54, 271
Baichan 239
Baigu 246
Baigubao 198, 201
Baihai 21
Baihe 251
Baihua 246
Bailiao 51, 54
Baima 259
Baimudan 258
Baishanhu 175
Baitong 103
Baixiaohai 246
Baiyi-Guanyin 242
Baizi 250
Bajiao 226
Bajixiang 221
Banpo 266
Bantuoming 51, 54
Bao 43, 251
Baoshi 247, 292
Baoshike 58
Baozhutong 118
Baxian 224, 270
Beijing 28, 34, 36, 40, 51, 52, 53, 55, 69, 70, 73, 74, 83, 84, 107, 108, 110, 112, 117, 127, 147, 165, 207, 208, 210, 211, 212, 218, 251
Bi 48, 161, 179, 227, 239, 261
Bian 282
Bianhe 28
Bianhu 118
Bianyao 121
Bianyou 136
Biding Ruyi 226
Bingliao 54

Bingpian 240
Bi Rongjiu 210, 214
Bitong 261
Biyanhu 15, 25, 118
Biyanliao Hu 52
Biyanping 118, 133, 135
Biyu 175
Bo 123
Bogutu 127
Bolan 255
Bolang 272
Boli 45
Boshan 51, 52, 53, 208, 210, 214
Boshi 228, 240
Bozhong 228, 240
Bu 58, 77
Budai 179, 197, 228
Budai Heshang 228
Budai Miluofo 228
Butouming 51
Butoumingse 54
Buziyin 266

Cai 54, 77
Caihua 57, 123, 201
Cailiao 45
Caishen 230, 241
Cang Yingxuan 117
Cao 274
Cao Guojiu 230
Cao Guoqui 221, 224
Cao Shu 230, 266
Caocao 241
Caolong 233
Cash 103
Chajing 170, 175
Changhe 235
Chen Chuan 210
Chenghua 118, 142
Cheng Rongzhang 26, 103, 105
Chen Guozhi 139
Chen Guozhi Ke 139
Chen Shaofu 210
Chenwei 221, 237

Chen Zhongsan 210, 214
Chiang Kai-Shek 40, 69
Chilong 83, 190, 230, 232
Chongkui 230
Chongzhen, Kaiser (1628-1643) 18, 27
Chuan 228
Chuizhi 56
Chunbai 54
Cibiyanhu 117
Ciqi 117, 119
Cizhou 127
Cong 161, 230, 269

Dabei Guanyin 230
Dadao 267
Dali Shi 175
Damuyan 90
Dancailiao 57, 59
Dancailiao Du 52, 53
Dancaiyou 123, 133
Danxing 70
Dao 221, 231, 232, 251, 255, 274
Daodejing 231, 251
Daoguang 79, 83, 139
Daoguang Wanshang 139, 140
Daoguang, Kaiser (1821-1850) 254
Daojia 230
Daojiao 231
Daqing 83
Daqing Nianzhi 84
Dashu 262
Dazhuanshu 231, 265
Dazhuan Shuwen Zhou 266
De 165, 249, 260
Dehua 117, 120, 133
Deng Youmei 34
Di 237, 242
Diakoe 62
Dian 53, 65, 231
Dianlu Hu 65
Dianmu 268
Dianqi Shi 175

Diao 57
Diaoke 201
Diaosu Yanhu 137
Diaoxiang 193
Ding 46, 231, 239, 271
Dingchou 135
Ding Erzhong 210, 215
Ding Hong 210
Dingyao 120
Dong Xue 210
Dongyodadi 267
Doucai 130, 132, 149, 262
Duan 179
Duan Shi 175
Duanxi 175
Ducai 232
Dunluan 249
Duose Taoliao Hu 53

Er 275
Erlang 246

Fajing 170
Falang 110
Falang Qianliao 110, 113
Falangcai 52, 66, 105, 122, 127
Falangcaihua 107, 123
Falanghua 90
Falun 262
Fang 90, 123, 135, 136, 138
Fangdajingyan 89
Fangguijia 136
Fanggutong 136
Fangjiao 136
Fangmu 136
Fangsheng 224
Fangshi 62
Fangshiliao Hu 53
Fangxing 70, 123, 283
Fangyu 136
Fangzhumu 136
Feicui 161, 175
Fen 95, 123
Fencai 69, 70, 72, 84, 108, 109, 110, 117, 130, 132, 138, 143, 149, 235, 243, 262, 273, 275, 277

Feng 261
Feng Huang 260
Fengyangguan 165
Fengze 197
Fenhong 263
Fenmi 263, 274
Fo 140, 211, 229, 237, 238, 253
Fojiao 229
Foshi 237
Foshou 52, 229
Fotuo 229
Fu 109, 157, 179, 231, 236, 238, 240, 241, 274
Fudiao Yanhu 137
Fuguihua 258
Fujian 19, 117, 120, 133, 170, 189, 190, 204
Fuxing 233, 238
Fuzhou 204

Gai 221, 225
Gan 225, 258
Gansu 48
Gan Xuanwen 208, 210
Gaodiaoke Yanhu 137
Gaoke 78
Gao Shiqi 28
Gaoyao 262
Ge 269
Geyao 135
Gongji 243
Gou 246
Gu 195, 196, 221, 261
Guafu 243
Guai 77
Guailong 232
Guan 226, 240, 241, 242
Guandi 241
Guang 194
Guangdong 19, 49, 52, 107, 117, 186, 189, 190, 201, 208
Guanghua 88
Guanghui 88
Guangxi 69, 201
Guangxu 139
Guangyusui 175

Guangzhou (Provinz Guangdong) 29, 31, 49, 51, 52, 53, 107, 109, 112, 113, 117, 186, 190, 201, 208, 210
Guanshiyin Pumenpin 242
Guanyao 242, 256
Guanyin 45, 56, 59, 66, 69, 120, 171, 179, 190, 192, 216, 228, 242, 243, 264, 250, 258, 270
Guanyin Songzi 192
Guanyu 241
Gui 161, 242, 264, 269
Gui Xianggu 210
Guigong 142
Guigongqiu 190
Guilong 232, 265
Guiyou Nianzhi 146
Guizhou 201
Guliao 54, 89
Guohua 243
Guomindang 40
Guyu 159
Guyuexuan 72, 83, 85, 135, 146, 243

Hai 255
Hailanbaoshi 175
Hailong 233
Hailongwang 119
Haima 255
Haixiangya 189
Hama 250
Han Xiangzi 221, 224, 243
Hangzhou 165, 186
Hanren 230
Hanxue 267
Hanyu 159, 243
Hanzashiliao 54
Hanzi 265
Hao 214, 254
He 231, 249, 252
He Xiangu 221, 224, 246
Hebei 74, 89, 208, 214, 215, 216
Heding 192
Hehe 178, 179, 246, 248
Hehe Er Xian 246

Hehua 252
Hei 266
Henan 48, 200
Heng 46
Hengshui 74, 89, 91, 93, 208, 210, 212, 215, 216
Heshen 38
Heyu 159
Hong 252, 263, 264
Hongbaoshi 175
Hong Kong 105, 166
Honglingdan 105
Hongshanhu 175
Hongtong 103
Hongxian 40
Hongxian Nianzhi 40
Hotan 161
Hou 123, 224, 225
Hu 26, 211, 240, 269
Hua 57, 224, 227, 240
Hua Shi 175
Huachong 274
Huadian Liao 65
Huaiguan 165
Huake 204
Hualan 227
Hualiao Hu 52, 53
Huan 230, 263
Huang 161, 231, 239, 246, 260
Huang Zhongsan 214
Huangdao 270
Huangdi 230, 239, 246
Huangjing 175
Huangshuiying 175
Huangyu 160
Huaniao 70, 211, 246
Huantong 103
Huapan 227
Huashi 21, 40, 120, 121, 139, 140, 149
Huaxiang 211, 261
Hudie 265
Hui 253
Huiwen 253
Huiyuting 84
Huli 238

Hulu 197, 236, 250
Hunliao 54
Huo 236, 274
Huozhu 259
Hupo 171, 175
Husai 25
Huxing 136
Huyan Shi 175

Jezuo 279
Ji 240
Jia 240
Jiading 186
Jia Gu Wen 266
Jianeihua Hu 279
Jiangsu 55, 79, 107, 120, 147, 165, 186, 201
Jiangtai 120
Jianguo 189
Jiangxi 117, 119
Jiao 53, 58
Jiaohuang 239
Jiaoke 196
Jiaoliao 45, 48, 50, 53, 54, 58, 62, 63, 65, 69, 73, 83, 90, 136, 269, 277
Jiaoliao Hu 52, 62, 65, 66, 69
Jiaoshanshi 161
Jiaotai 48, 50
Jiaotao 63, 65, 147
Jiaoye 226
Jiaoyou 136
Jiaqing, Kaiser (1796-1820) 38, 109
Jiatiaoliao 78
Jiawu 208
Jiayu 158
Jiazhu 201
Jieszuo 39
Jieze 225
Jiganshi 65
Jiguyu 160
Jihao 255
Jijiehua 246
Jinbaihe 251
Jing 252, 268

Jingang 221
Jingdezhen 31, 39, 107, 117, 119, 120, 133, 142, 247, 256
Jingguang 268
Jingliao 55
Jingshui 45, 242, 250
Jingshuiping 69, 242, 250
Jinhua 57, 123, 201
Jinkuei 254
Jinqi 54
Jinqian 205
Jinsixun 20, 35
Jinyinqian 205
Jinyu 192, 235
Jiu 78
Jiuhaitang 226
Jiujiang 165, 186, 201
Jixuezhi 65, 66, 175
Jiyankuan 255
Jiyouhuang 239
Ju 240, 254, 258
Juhua 230
Jun 261
Juren Tangzhi 84

Kai Guo Yuan Xun 86
Kai Shu 247, 266
Kangxi, Kaiser (1662-1772) 15, 27, 28, 50, 51, 59, 66, 107, 165, 192
Kangxi Nianhao 109
Kangxi Yuzhi 83, 105, 113, 198
Kannon 242
Kashilun 175
Ke 139, 204
Kediao 90
Kehua 57, 90, 138
Kelong 233
Keshan 62
Keshu 62, 166
Kingque Shi 175
Kiu Detian 210
Kongfuzi 248
Kongque 259
Kongqui 248
Kongzi 225, 248, 249
Koudai 283

Kuai 92
Kuaihua Shi 175
Kuan 254
Kuanggao 266
Kueilong 161
Kunlun 249
Kyoto 205

Lan 122, 227
Lan Caihe 25, 221, 224, 250
Lanbaoshi 175
Lancaihe 179
Langfang 74, 91, 92, 95
Langyao 133
Lanhua 258
Lanhuafang 258
Laozi 231, 250
Lei 221, 253
Leiwen 232, 251, 253
Li 226, 227, 231, 240, 247, 249
Li Baoshen 89
Li Shouchang 215
Li Shu 266
Li Tieguai 130, 140, 197, 221, 224, 250, 252
Lian 252
Lianbeng 253
Liang 275
Lianhua 221, 252
Liao 58, 279
Liaofang Shajinshi 66, 168
Liaoke 58, 165
Liaoning 161
Liaoqi 45
Liaoyanhu 50
Libai 178
Liequi 227
Lin, Sophie 74, 119, 126, 143
Lin Piao (1907-1971) 86
Lin Yutang 39
Ling 224
Linglong 142
Linglong Yanhu 137
Lingnan 208
Lingnao 211
Lingxing 263

Lingzhi 178, 179, 251, 261, 264
Lishu 86, 252, 266
Liu 78, 267
Liu Baojun 210
Liu Baoshen 210
Liuhai 103, 140, 157, 178, 179, 250, 251
Liuli 45
Liulichang 199, 251
Liusheng 157
Liu Shouben 215
Lixing 136, 283
Liyan 175
Lizhi 252
Lo 221, 257
Lohan 139, 243, 252
Long 232, 252, 274
Longtuo 233
Longwen 233
Lotuo 247
Lu 240, 246, 253, 263
Lu Dong 204
Lü 241
Lü Dongbin 221, 224, 253
Lu Schouben 210
Luan 234
Luanxing 70, 283
Lüdongbin 267
Luheiliu Shi 175
Lun 221
Luohan 252
Lusong Shi 175
Luxing 233

Ma 259
Maanma 211
Ma Bingxuan 93
Magu 235
Mahu 279
Man 262
Manao 175
Mandschuko 74, 119
Mao 247
Ma Shaoxian 210, 215
Ma Shaoxuan 93, 209, 210, 217
Maotouying 234

Maoxiangya 189
Mao Zedong 40, 69
Mazu 235
Mei 165, 260
Meiguhua 255
Meihua 255, 260
Meiping 118, 127, 137
Meipingxing 283
Meiren 10, 12, 140, 255
Men 242
Meng Zishou 210, 216
Mengma 189
Mengzi 248
Miluofo 255
Min 256
Ming 231
Minghuang 57, 239
Mingqi 45, 157, 268
Mingzi 214
Minhou 204
Minyao 256
Mocai 120, 130, 146, 241, 256, 267, 277
Mocaihua 56, 69, 132, 209
Mogu 256
Mohai 256
Moshaliao 54
Mozhi 179
Mu 186
Mudanhua 258
Mulan 254
Muwang 224, 259
Muwang Bajunma 224
Muyu 161

Naibai 54
Nan 268
Nanhai 197
Nanhai-Guanyin 242
Nanjing 27, 165
Neihua 41, 54, 57, 72, 75, 86, 87, 89, 93, 170, 173, 207, 208, 209, 211, 212, 214, 215, 216, 217, 218, 261, 279
Neihuahu 207
Neihuajia 211

NEZHA NAOHAI 119
NIAN XIYAO 117
NIANGUAN 257
NIANHAO 65, 70, 72, 81, 83, 84, 118, 126, 127, 140, 142, 143, 146, 167, 201, 254, 257, 259, 283
NIANHUA 257
NIANZHI 113
NIANZHU 263
NIU 263
NÜGUA 235
NUI 258, 271
NUNGYU 246

O 239
OU YANGXUN 215

PAN CHUN 107
PANGU 230
PANSHI 235
PAO 197
PIANFU 236
PIN 242
PING 135, 221, 224, 225, 231, 261, 270, 274
PING(YANG)KE 78
PINGANSAN 105
PINGGUOHONG 260
PINGJINGYAN 89
PINGXING 136, 282
PINYIN 221
PIPA 221, 254, 261
PU 231, 242
PUSA 227
PUTAO 271
PUTOUSHAN 243

QI 78, 200, 266
QI BAISHI (1863-1957) 209, 212
QIAN 166, 193, 205, 224, 239
QIANBI 256
QIANDADAO 257
QIANDASHU 262
QIANDIAOKE 137
QIANDIAOKE YANHU 137
QIANLIAN 239

QIANLONG, KAISER (1736-1795) 10, 28, 29, 34, 38, 51, 79, 80, 108, 109, 161, 192
QIANLONG NIANHAO 94, 217
QIANLONG NIANZHI 17, 83, 84, 108, 123, 199
QIANLONG SHANGWAN 198, 199
QIANLONG YUWAN 83
QIANLONGYUZHI 83
QIANMING 255
QIANSHOU-GUANYIN 242
QIAODIAO 165
QIAOZUO 165
QICAI TIAOLIAO 243
QIHE 201
QIHEI 200
QIHONG 135, 200
QIHUANG 200
QIHUI 201
QILIN 178, 234, 238, 262
QILU 201
QIN 262, 275
QING 161, 224, 231, 248, 252
QINGBAI 117, 122, 271
QINGCI 135, 262
QINGCI HU 133
QINGDAILAN 110
QINGFENCAI 262
QINGGUAN YASHANG 9
QINGHUA 123, 262
QINGJIN SHI 175
QIU 282
QIYANHU 201
QUAN 58, 75, 77

REN 249
RENMINGKUAN 146, 147, 255
RENMINGONGGUO 40
RENWU 211
RI 268, 269, 274
RUANCAI 130
RUANYU 161
RUBAI 54
RUJIA 248
RUYI 259, 264
RUYIZHU 258

SA 65
SAJIN 59, 66
SAJIN HU 65, 66
SAN 77, 78, 221, 265
SANBAO 233
SANCAI 120, 228, 241, 253
SANCAI TAOLIAO 77
SANCAIYOU 142, 233
SANFENG 234
SANQING 233
SANSE TAOLIAO 77
SANTAOLIAO 77
SANXIANBAN 133, 135
SANXING 233, 234, 264
SANYANG 264
SANYI 233
SANYIMIAO 234
SE 54, 77
SHAANXI 48
SHAJINSHI 168, 175
SHAN 103, 157, 226, 235, 250, 274, 275
SHANDONG 49, 51, 52, 74, 208, 214
SHANGHAI 147
SHANHONG 135
SHANHU 249
SHANSHUI 127, 139, 211
SHANSHUIHUA
SHANYANG 264, 275
SHANYU 159
SHAOYU 160
SHAYAOWAN 105
SHE 265
SHEN 235
SHEN CHU 198
SHENDE TANGZHI 255
SHENDETANG 79
SHENFEN 268
SHENG 248
SHEXIN 265
SHI 235, 240, 242, 253, 259
SHI DA YUAN SHUA 86
SHIERZHANG 275
SHIJIAMONI 229
SHIJING 167, 170
SHIKE 165

SHILIU 241
SHILIUHUA 241
SHOU 83, 133, 135, 161, 179, 267
SHOUHUA ZUO 279
SHOULAO 197, 246, 250, 267, 268
SHOUXING 233, 267, 268
SHU 224, 228, 265, 266
SHUANG 73
SHUANGLIAN HU 139, 186
SHUANGTAOLIAO 25, 58, 75, 77, 78, 81, 93, 221
SHUANGYU 235
SHUFA 207, 211, 247, 265, 266
SHUHUA 247
SHUI 271
SHUIJING 175
SHUINIU JIAO 196
SHUINUI 258, 271
SHUIXIAN 257
SHUIYUE-GUANYIN 242
SHUKE 204
SHUNZHI, KAISER (1644-1661) 26
SI 78, 270
SIBAO 270
SIBI GUANYIN 242
SICAI TAOLIAO 77
SICHUAN 200
SIJUNZI 271
SISE TAOLIAO 77
SISHU 270
SIXI 248, 267, 271
SIZHI 271
SONG 48, 248
SONG LUO 59
SONGSHU 234, 248
SONGZI-GUANYIN 242
SU 90, 271
SU YANHU 137
SUIHAN SANYOU 233
SULIAO 279
SUN XINGWU 210
SUN YATSEN 40
SUNHOUZI 224
SUTAI 121, 130, 132, 138, 139, 147, 227
SUYANHU 59

SUZAO 137
SUZHOU 31, 165, 166, 167, 173, 186, 197, 201

TA 221
TAIPEH 69, 72
TAIPING 39
TAIQI 273, 274
TAIWAN 19, 40, 69, 174
TAN RONG 108
TANBAKU 19
TANG 142
TANG YING 117
TANG ZICHUAN 216
TANGMINGKUAN 146, 255
TANGREN 230
TAO 57, 109, 119, 259
TAO WENLIN 204
TAOHUA 260
TAOJIAOLIAO 57
TAOLIAO 57, 58, 73, 74, 77, 93, 279
TAOLIAO HU 52, 53, 73
TAOTIE 58, 59, 62, 63, 161, 179, 199, 230, 269
TENG 251
TIAN 249, 269
TIANGUO 255
TIANHUANG 158, 175
TIANJIN 165, 208
TIANMING 227
TIANNÜ 235
TIANQING SHI 175
TIANXING 188
TIANXING ZHU 188
TICAI 110, 132, 210
TIEBI 204
TIEHONG 130
TONG 103
TONGHONG 130
TONGJING 268
TSUDA 205
TU 243
TUOMING 51, 54
TUOTAI 201, 204

WA 238

WAN 243, 253, 262, 268, 271, 274
WANBI 227
WANG 230, 249
WANG BAICHUAN 210
WANG BINGRONG 139
WANG ERMEI 139
WANG GUANYU 210
WANG SHIGU 218
WANG SHIZEN, LITERAT (1634-1711) 28, 35
WANG XISAN 85, 209, 210, 211, 216, 217
WANGHAO 28
WANGMA 224
WANHUA 271
WANLI 254
WANPING 88
WANYAXUAN 84
WANYINGDING 105
WAWA 248, 271
WEIDIAO 189
WEIQI 264
WEN 253, 265
WENSHU 253
WENZI 265, 266
WU 78, 229
WU SHU 108
WUCAI 130, 232, 272, 273
WUCAIHUA 127, 238
WUCAISHEN 241
WUFANG 272
WUFO 260
WUFU 238, 241, 272
WUJIE 238
WUQING 238
WUSHOU 238
WUTAN 272
WUXING 282
WUXU 212
WUYIN 207

XI 240, 272
XI AN 266
XI WANGMU 224, 249, 259, 273
XIA 249
XIAN 140, 246, 270, 272

XIANDI SHENKE 193
XIANG 234, 240
XIANGQIAN 193
XIANGQIAN LUODIAN DE YANHU 204
XIANGSICAO 20
XIANGYA 189
XIANGYAN 23
XIANHUA 261
XIANNÜ 235
XIAO 234, 237, 264
XIAO ZHUAN SHU 266
XIAOFENG 120
XIAOHAI 248
XIAOXUE 210
XIAOZHU 259
XIAOZHUAN 273
XIBAO 272
XIBYAN 26
XIE 212, 249
XIESHENG 273
XIESHI 273
XIETIZI 266
XIEYI 241
XIEZHAI 273
XIEZHAOHUA 261
XIN 243, 249
XING 56, 136, 137, 225, 240, 268, 282
XING SHU 266, 273
XINGTIPEN 26
XINGXIANG 139
XINGXIBIYAN 26
XINGXING 136, 137
XINGZHEN 274
XINGZUO 137, 138, 140
XINIAO 192
XINIU JIAO 196
XINJIANG 161
XINXING 204, 282
XIONG 226
XIONGMAO 212
XIONGNU 224
XIQIAO 234
XIQUE 263
XISAN 212

XISHUAI 241
XIUQUI 253
XIUQUIWEN 273
XIUYANYU 161
XIWANGMU 108, 224, 225, 235
XIXI 232, 240, 272
XIYANGREN XIANG 108
XU SHEN 157
XUAN ZHANG 194
XUANTONG (PUYI), KAISER 40, 74
XUEHUALIAO 54
XUNZI 248

YA 189, 234, 262
YADIAO 193
YAKE 193
YAN 17, 256, 266, 270
YAN YUTIAN 210, 212, 216
YANCAO 19
YANDAI 27
YANG 225, 232, 262, 263, 264, 268, 273, 274
YANGCAIHUA 130
YANGHONG 130, 235
YANGKE 137, 193
YANGUO 27
YANGZHIYU 158, 160
YANGZHOU 31, 54, 55, 79, 80, 81, 93, 110, 165, 166, 201, 204
YANGZHOUJIA 79
YAO 256
YAOPING 36, 49
YAOPING HU 35
YAQIAN 205
YASHI 189
YE BENGQI 69, 70, 72, 84, 85, 209, 210, 211, 216, 278
YE BENGZHEN 210, 211, 217
YE SHUYIN 210, 217
YE XIAOFENG 210, 211, 217 (= FENGZHEN)
YE XIAOSAN 217 (= BENGQI)
YE ZHONGSAN 209, 210, 211
YE ZHONGSAN 217
YEJI 235
YEZIMU 9, 186, 283

YI 249, 273
YICAI 273
YICAIHUA 132
YIJING 225
YIN 225, 234, 239, 242, 256, 261, 263, 267, 273, 274
YING 123, 194, 173, 224, 235
YING(DAO)HUA 248
YINGCAI 11, 130, 132, 143, 149, 273
YINGCAIHUA 130
YINGDAO 248
YINGWU 258
YINGXIBIYAN 26
YING-YANG 258, 273
YINGYU 161
YINGZIMU 189, 282
YINHUA 123
YINKE 137, 193
YINQIAN 205
YINSHUA SHU 266
YINYANG 178
YIRU JUSHI 210
YIXING 33, 120, 143, 146 147 148 149
YONG SHOUTIAN 217
YONGZHENG, KAISER (1723-1735) 28, 29, 30, 51, 109, 107, 108, 113
YOUGUA 198
YOULIHONG 126
YOULIHUA 123
YU 157, 159, 221, 231, 235, 240, 246, 263
YU SHI 175
YU SHUYUN 210
YUAN 239, 258, 282
YUAN SHIKAI 40, 214, 216
YUANMINGYUAN 28, 51, 107, 108
YUANYANG 254
YUBAI 54
YUE 224, 256, 274
YUEGUANG 87
YUEHUA 256
YUETU 243
YUEXING 50, 59, 70, 109, 136, 204, 282
YUGU 274

Yugun 246
Yumen 246
Yun 272
Yunnan 23, 49, 50, 59, 70, 164, 171, 176, 190
Yuntou 272
Yuren Tangzhi 40
Yusui 175
Yutu 243
Yuzhi 113

Zao 250
Zaobanchu 28, 51
Zaoliao 84
Zaoxing 188
Zaoxing Zhu 188
Zhang 161, 221, 224, 234, 248, 274
Zhang Baosan (Baotian) 217
Zhang Baotian 210
Zhang Dunrui 214
Zhang Guolao 221, 224, 274
Zhang Rucai 210
Zhangzhou 190

Zhao Zjiqian 34
Zhejiang 133, 186
Zhemocai 256
Zhen 51
Zheng Mianzi 38
Zheng Xiao 74
Zhengke 79, 81
Zhenyu 158
Zhitong Xing 283
Zhiwu 139
Zhong 221, 240
Zhong Liquai 274
Zhong Liquan 221, 224
Zhongguo 230
Zhongguo Meishu 230
Zhongguo Meishujia Renming Cidian 218
Zhongguo Yishu 230
Zhongguoren 230
Zhongguowen 230
Zhongke 78
Zhou Leyuan 207, 209, 210, 211, 211, 215, 217, 218
Zhou Shaoyuan 210

Zhu 186, 221, 224, 226, 247, 258, 266
Zhuan 255
Zhuang 166, 230
Zhuangzi Nanhua Zhenjing 230, 231
Zhuanjia 79
Zhuanshu 83, 84, 142, 143, 214, 254, 265
Zhuhuang 186, 188
Zi 214, 265
Zi Yizi 210, 218
Zibo (Shandong) 31, 49, 51, 52, 53, 71, 74, 208, 214
Zijing 175
Zitan 189
Zitanmu 189
Zong 226
Zonglü 258
Zou Wenyu 108
Zujin Hu 105
Zuma 259
Zuyin Hu 105